数字技术与环境规制耦合推动中国
城市绿色发展的影响机制研究

张修凡　著

中国财经出版传媒集团

经济科学出版社
Economic Science Press

·北京·

图书在版编目（CIP）数据

数字技术与环境规制耦合推动中国城市绿色发展的影响机制研究/张修凡著 . —北京：经济科学出版社，2024.4

ISBN 978 - 7 - 5218 - 5742 - 9

Ⅰ.①数… Ⅱ.①张… Ⅲ.①城市经济 – 绿色经济 – 经济发展 – 研究 – 中国 Ⅳ.①F299.21

中国国家版本馆 CIP 数据核字（2024）第 064446 号

责任编辑：于　源　刘　悦
责任校对：李　建
责任印制：范　艳

数字技术与环境规制耦合推动中国城市绿色发展的影响机制研究

张修凡　著

经济科学出版社出版、发行　新华书店经销
社址：北京市海淀区阜成路甲 28 号　邮编：100142
总编部电话：010 - 88191217　发行部电话：010 - 88191522
网址：www. esp. com. cn
电子邮箱：esp@ esp. com. cn
天猫网店：经济科学出版社旗舰店
网址：http://jjkxcbs. tmall. com
北京季蜂印刷有限公司印装
710 × 1000　16 开　17.25 印张　260000 字
2024 年 4 月第 1 版　2024 年 4 月第 1 次印刷
ISBN 978 - 7 - 5218 - 5742 - 9　定价：76.00 元
（图书出现印装问题，本社负责调换。电话：010 - 88191545）
（版权所有　侵权必究　打击盗版　举报热线：010 - 88191661
QQ：2242791300　营销中心电话：010 - 88191537
电子邮箱：dbts@ esp. com. cn）

前 言
PREFACE

　　在"双碳"目标下，提升城市绿色效率是我国推行可持续发展目标的关键，具有深远的现实背景和重要意义。在中国推进大规模城镇化建设的过程中，工业化发展带来的空气质量恶化、河流严重污染、垃圾处理不当等环境保护问题不容忽视。我国经济增长的内生动力亟待转变。环境污染的挑战集中出现在城市区域内，经济的快速增长导致对能源与资源的需求不断增加，从而使碳排放总量迅速上升，造成严重的气候和环境问题，也为我国城市绿色发展带来了巨大的挑战。我国致力于加强生态文明建设，实现经济增长与绿色发展的相辅而行、相互融合，这对于实现生态环境保护、促进中国城市可持续发展具有重要意义。正确处理经济发展与生态保护的关系，其核心是践行绿色发展理念，满足日益增长的"绿色发展"需求。2021年10月，国务院办公厅印发《关于推动城乡建设绿色发展的意见》，明确指出实现经济发展与生态资源相协调，其关键是遵循人与自然和谐共生的原则，实施城市绿色发展战略。因此，实现城市的"经济—社会—生态"协调，走绿色发展道路是必然选择。

　　《数字中国建设整体布局规划》中提出推进数字技术与经济、政治、文化、社会、生态文明建设"五位一体"深度融合。学术界关于数字技术、环境规制与城市绿色发展议题的探讨十分丰富，取得了丰硕成果。从国际组织与学术界研究动态与发展趋势来看，数字技术和环境规制相融合正逐渐成为数字经济与城市绿色发展领域的前沿热点

1

议题。但现有研究较少关注数字技术与环境规制的耦合机制研究，目前对环境规制与数字技术耦合推动城市绿色发展的影响机制及作用机理尚未形成统一的结论，仍存在进一步拓展的空间。从研究方法上看，现有研究建立实证模型分别探讨数字技术或环境规制对城市绿色发展的影响，对耦合效应的检验与分析较少。数字技术为环境规制提供强劲的监督手段，可能放大环境规制的指引及约束作用。现有研究普遍聚焦于数字技术在环境规制中的应用及作用，基于数据的量化实证研究有待进一步深入。同时，针对城市绿色效率的测度方法大多采用单一指标，研究方法有待进一步完善。因此，"数字技术与环境规制如何耦合推动城市绿色发展"这一问题尚待解答。

为了突破现有研究的局限性与瓶颈，本书以耦合协调理论、数字创新理论、环境成本公平性理论和信息不对称理论等为基础，从理论与实证层面剖析数字技术与环境规制在时间和空间尺度的耦合机理，以及二者耦合推动城市绿色发展的影响机制及作用路径。运用多期双重差分模型检验数字技术与环境规制的动态性与时序性对城市绿色发展效率的影响，进而建立多重中介模型探讨数字技术与环境规制耦合推动城市绿色发展的影响机制，构建公众参与、产业升级与要素配置的作用路径。运用门槛模型探索数字技术与环境规制的耦合协调度对三条作用路径的门槛效应，从而构建数字技术和环境规制耦合作用下城市绿色发展的整体框架。本书围绕核心研究问题，从耦合治理视角出发，基于数字技术创新的投入、产出与环境规制工具类型，在理论和实证上揭示互相驱动的作用机理，深入探索二者耦合提升城市绿色发展效率的内在机理。

本书聚焦于探讨环境规制和数字技术的交互作用，探究环境规制和数字技术二者之间是否存在格兰杰的因果关联，分析影响为单向还是双向互动。本书详细阐述了环境规制和数字技术的交互作用关系。这对于准确理解环境规制和数字技术的耦合协同作用，从而充分发挥其对城市绿色发展的引导和示范作用有重要意义。据此，提出具有针对性的数字技术和环境规制的耦合协调管理的策略，有序推动二者的相互促进和城市绿色发展，助力实现中国的高质量发展和可持续发展模式。同时，实现数字技术与环境规制深度耦合，进而厘清二者耦合推动我国城市绿色发展的影响机制及作用路径是亟待理论阐释与实证研究的重要科学问题。本书分析了数字技术与环境规制耦合推动城市绿色发展的内在机理、影响机制、作用路径与治理效能，刻画了数字技术和环境规制对绿色发展的影响机制。建立多期双重差分模型检验智慧城市试点、低碳城市试点以及双试点的不同情境下数字技术与环境规制的城市绿色发展效应，从而剖析城市数字技术与环境规制发展的动态性与时序性对城市绿色发展的影响。建立多重中介模型实证研究城市数字技术与环境规制的耦合协调度对城市绿色发展的影响机制及作用路径。构建面板门槛模型分析数字技术与环境规制的耦合协调度的门槛效应，探寻数字技术与环境规制耦合推动城市绿色发展的最优政策体系和多维路径。充分发挥互补优势，构建城市绿色发展的组合路径。具体而言，本书侧重回答以下五个方面的问题。

第一，中国城市绿色发展效率及演化趋势如何？通过构建中国城市绿色发展评价指标体系，将城市绿色发展阶段划分为发展阶段与转型治理阶段，利用超效率 SBM（slacks-based measure）模型计算每个城市单元的绿色发展效率。选择 2007 年、2014 年和 2021 年作为时间断面，依据城市绿色发展效率等级总结城市绿色发展效率的时空演变规律。

第二，数字技术与环境规制如何耦合？以系统论的观点为基础，剖析二者耦合的内在机理。根据数字技术创新的投入产出及环境规制的类型构建评价指标体系，运用熵值法测度数字技术与环境规制得分。建立数字技术和环境规制的 PVAR（panel vector autoregression model) 模型，应用 Stata 17.0 软件，运用协整检验分析数字技术与环境规制之间是否存在长期的、均衡的稳定关系。借助格兰杰因果关系检验时间序列，探讨数字技术与环境规制的因果关联。利用脉冲响应分析数字技术与环境规制的交互响应关系。基于数字技术与环境规制的基本内涵、传导因素、一般规律及特征分析，展现数字技术与环境规制之间的动态交互效应和响应趋势，深入揭示数字技术与环境规制的互动机理。测度中国城市数字技术与环境规制的耦合协调水平，建立耦合协调模型测度数字技术与环境规制的耦合协调度。在计算数字技术与环境规制的耦合协调度的传统方法基础上，采用 Dagum 基尼系数及其分解方法分解测度其空间差异，将总体基尼系数分解为区域内差异贡献、区域间净值差异贡献及超变密度贡献，有助于揭示耦合协调度的内部差异、区域间差异和交叉重叠现象。

第三，数字技术与环境规制双重政策对城市绿色发展影响的效应如何检验？针对数字技术与环境规制耦合效果验证难的问题，为克服传统方法局限，本书以智慧城市试点与低碳城市试点为准自然实验，综合运用多期双重差分方法并通过设置试点政策交互项，分类研究数字技术与环境规制政策对城市绿色发展效率的异质性特征，揭示城市数字技术与环境规制发展的动态性及时序性对城市绿色发展效率的影响。通过准自然实验，检验智慧城市试点、低碳城市试点以及双试点的不同情境下数字技术与环境规制的城市绿色发展效应。通过对比试点时间的先后顺序以及与非试点城市之间城市绿色发展成效的差异性，研究试点政策对城市绿色发展的影响，以确定"净效果"的有效性。相对于建立代理变量的研究工作，这种方法可防止因计算差错而引起的内生性问题，研究结论更具准确性。

第四，如何建立数字技术与环境规制耦合推动城市绿色发展的作用路径？基于 2007～2021 年我国 285 个城市面板数据，构建面板固定效应模型验证了数字技术与环境规制耦合推动产业升级、要素优化配置，并激励公众参与环境保护而促进城市绿色发展的作用机制。首先，构建多重中介模型实证研究城市数字技术与环境规制的耦合协调度对城市绿色发展的影响机制，剖析作用路径。在此基础上，进一步考虑城市经济发展水平与地理区位的差异，把城市划为经济欠发达区域和经济较发达区域两个子样本。其次，按照行政区域进一步细分样本，将样本分成东部地区、中部地区和西部地区三个子样本进行异质性分析。

第五，如何立足城市基础构建城市绿色发展路径？当城市的数字技术与环境规制耦合协调度较低时，提升城市绿色发展的效果就会受到限制。数字技术与环境规制耦合协调度可能对城市绿色发展的三条作用路径产生门槛效应。根据汉森（Hansen，1999）的门槛模型理论，构建面板门槛模型分析数字技术与环境规制的耦合协调度的门槛效应，分析作用路径的门槛区间，探寻数字技术与环境规制耦合推动城市绿色发展的最优政策体系和多维路径。基于城市要素与发展现状交替发挥不同路径的多重作用，形成推动城市绿色发展的优化组合路径，为城市绿色发展提供一个可行的参考框架，以期更好地实现"双碳"目标。

基于以上研究问题，本书主要形成以下研究。

研究一：中国城市绿色发展水平测度与分析。对中国城市绿色发展效率的测度。在第一阶段：通过构建中国城市绿色发展指标体系，在经济发展过程中伴随着资本、能源等投入，其中，能源系统投入能源，经济系统投入资金，资源系统投入资源，在这个过程中获得期望产出，同时伴随着碳排放总量和工业废水等非理想产出。在第二阶段：非理想产出作为两个阶段的中间变量，引入环境治理，产生最终的理想产出。由此建立了城市的绿色发展的两阶段理论模型，并利用超效率 SBM 模型测度中国城市绿色发展效率。选择 2007 年、2014 年和 2021 年作为时间断面，根据效率等级，揭示中国城市绿色发展效率时空格局演变规律与变化趋势。

研究二：中国城市数字技术与环境规制耦合协调水平测度。我国数字技术与环境规制的耦合机理及实证研究。基于资源基础观理论、信号理论、数字创新、市场供求等理论，综合考虑政府、市场与企业等多元主体的耦合，技术创新与生态环境治理的目标耦合，市场需求及监管等信息耦合，政策推动、市场拉动及公众参与等流程耦合和多重资源耦合，建立数字技术和环境规制的反复耦合的内在机理。

在此基础上，基于中国 285 个城市的 2007～2021 年的面板数据，构建 PVAR 模型以揭示数字技术与环境规制间的时空差异特性。同时，动态研究了我国东部地区、中部地区和西部地区城市间互相影响的关系强度、冲击作用力及其影响力大小，并用格兰杰因果关系（Granger）检验和脉冲响应分析等工具方法，从时间尺度深度剖析两系统的交互响应关系。应用脉冲响应功能追踪外生冲击对于内生变量的当前值和未来值的影响路径，并借助蒙特卡罗模拟展示出数字技术和环境规制间的动态联系和响应模式。为了更深层次理解这种反馈机制和空间关联性，采用耦合协调度模型分析 2007～2021 年全国 285 个城市中的数字技术与环境规制的耦合状况，进而运用 Dagum 基尼系数分解和核密度估计的方法描绘了各区域（包括东部、中部和西部）耦合协调度的时间和空间变化情况，从而准确科学地探索环境规制与数字技术层面相互影响的动态变化过程。

研究三：数字技术与环境规制双重政策对城市绿色发展影响的效应检验。选取 2007～2021 年中国 285 个城市的面板数据进行研究，以我国实行"低碳城市"和"智慧城市"的试点政策进行准自然实验，建立多期双重差分模型探索试点政策的协同减排路径。在低碳城市政策与智慧城市政策的双重指引下，环境规制与数字技术对城市绿色发展可能产生"创新驱动"与"要素驱动"等积极影响。从微观降低环境遵循成本，从宏观优化城市产业结构，通过跨规模和时间的多样化手段实现城市绿色发展目标。通过多重差分方法检验双试点政策能否产生协同减排效应。在双试点政策下，城市的绿色发展效率是否显著提高，且该效率是否高于单试点政策下的城市绿色发展效率，低碳智慧城市建设能否抑制经济发展。另外，判断双试点政策的碳减排效应是否存在区域异质性。本书对低碳与智慧试点城市的启动与规划提供了理论支持，有利于我国低碳智慧城市建设与可持续发展的实现。

研究四：数字技术与环境规制耦合推动城市绿色发展的作用机制研究。数字技术和环境规制耦合推动城市绿色发展的作用机制体现为新发展理念引领与政策干预下的多重作用路径，主要表现为"激励效应"和"目标约束效应"的直接作用路径，以及公众参与、产业升级及要素配置三条间接作用路径。以城市绿色发展效率为被解释变量，以数字技术与环境规制的耦合协调度为解释变量，以公众参与、产业升级和要素配置为中介变量，构建多重中介模型揭示数字技术与环境规制耦合对城市绿色发展的影响机制及作用路径。

研究五：数字技术与环境规制耦合推动城市绿色发展的门槛效应检验。当城市数字技术创新与环境规制耦合协调度较低时，环境保护要求与数字技术可能产生不协调或二者无法相互支持的情况。数字技术无法很好地支持环境规制发挥作用，环境规制也未发挥对数字技术的推动作用。在这种情景下，数字技术创新与改进的过程可能受阻，生产要素向资源与能源利用率高的行业流动速度可能减慢，高污染行业的转型升级或淘汰落后产能进程降速，数字技术与环境规制耦合提升城市绿色发展效率的效果受到限制。因此，以数字技术与环境规制耦合度为门槛变量，探索其对城市绿色发展作用路径的门槛效应。立足城市构成要素与发展现状，探究推动城市绿色发展的战略与组合路径，为政策优化提供依据。

基于《数字中国建设整体布局规划》明确提出推进数字技术与经

济、政治、文化、社会、生态文明建设"五位一体"深度融合的新视角下，本书进一步强调了数字技术与环境规制耦合促进城市绿色发展的深远影响，为城市的绿色环境保护发展进程提供有力的理论指导和实践支持。本书提供了一些实践启示：一是全面考量数字技术与环境规制耦合对城市绿色发展的影响机制与因果链条，立足政策推进、产业结构、资源禀赋和技术水平等区域差异探索城市绿色发展的新路径。从数字技术与环境规制耦合机理出发，立足数字技术赋能城市绿色发展的影响机制，以及不同类型环境规制对城市绿色发展的作用机制，探索数字技术与环境规制耦合推动城市绿色发展的公众参与路径、要素配置路径及产业升级路径。二是在"双碳"目标与"数字中国"的新发展理念背景下，完善城市绿色发展的顶层设计，指导政府部门提高环境管理决策水平、建设生态文明以实现城市绿色发展，实现城市低碳化与智慧化管理的重要探索。低碳城市试点和智慧城市试点政策是中国为实现城市绿色发展目标而开发的政策工具。近年来，中国低碳试点城市和智慧试点城市的范围不断扩大，对城市提升数字技术水平与构建低碳治理体系产生了积极影响。三是坚持应用导向，对不同城市践行绿色发展。本书将对不同城市数字技术与环境规制耦合演化情况进行汇编，根据门槛区间结果，为城市利用多重路径实现绿色发展提供行动参考框架，提出进一步提升城市绿色发展效应的对策建议与组合策略，具有重要启示。

作为一项探索性研究，本书的研究工作在阐明研究局限的同时，也对未来研究提出了展望，以此引导进一步的工作进展。本书的撰写过程受益于国内外专家学者的观点影响与指导，对此深表感激之情；在此谨向为本书提供优秀素材的专家学者和个人表示诚挚的感谢！本书是国家自然科学基金青年项目"数字技术与环境规制耦合推动城市绿色发展的影响机制及作用路径研究"（批准号：72304250）和浙江省哲学社会科学基金青年项目"数字经济关联网络结构对智能制造企业绿色创新提质增效的影响机制研究——以长三角为例"（批准号：24NDQN093YB）研究成果，同时受到浙江理工大学学术著作出版资金资助（2024 年度）。在此对支持本书出版的相关单位致以衷心的敬意！由于笔者的学识水平有限，本书中的不足之处在所难免，恳请各位读者朋友批评指正！欢迎大家给予宝贵的意见！

张修凡

2024 年 1 月

CONTENTS 目 录

第一章

绪　论

第一节　研究背景与意义

一、研究背景

（一）数字技术是新时代的创新方向与发展动力

城市绿色发展是一项具有综合性和复杂性的系统工程（周亮等，2019）。根据党中央、国务院有关部署要求，应聚焦环境改善、应对气候变化、提高能源效率等领域，推进环境政策不断深化和落地，实现城市绿色发展。"十四五"时期，我国面临城市绿色转型的巨大挑战。数字技术是城市绿色发展的重要引擎和突破口，将释放巨大的发展潜能（胡东兰和夏杰长，2023）。2020年3月，我国提出推进5G互联网、数据中心等新兴信息技术基础设施的建设，针对信息技术基础建设、数字平台和相关配套设施加大开发力度（闵路路和许正中，2022）。2021年9月，中国首届数字碳中和高峰论坛发布《数字空间绿色低碳行动倡议书》，其目标是促使数字产业和绿色经济发展相辅相成，共同进步以支持城市的环境保护进程。数字技术以其嵌入性和融合性等特点，为环境规制提供了更多可能，促使治理思想、治理结构以及治理模式的重大改革（陈维宣和吴绪亮，2020；袁澍清和王刚，2020）。2022年2月，《数字中国建设整体布局规划》明确了推进数字技术与经济、政治、文化、社会、生态文明建设"五位一体"深度融合，同时增强两个关键的能力：一是提升数字技术的研发能力；二是加强数字安全的防护能力。数字技术是城市经济发展和增长动力转换的重要推动力，以信息网络技术为核心的数字技术对缩小区域经济差距产生了积极影响，打破了技术流动的空间限制，大幅降低跨区域技术资源流动的成本（惠宁和杨昕，2022）。数字化能实现技术高度空间关联，形成技术溢出，推动优质资源在空间上扩散与合理配置，加强区域间经济合作水平和协同创新水平（赵星等，2023；姜松和孙玉鑫，2020）。同时，产业发展过程中，通过数字技术形成区域间技术融合，更高效地引进新技术，形成技术追赶趋势，实现经济增长率的提高，形成区域间互补互惠的发展模式，有利于区域协调发展（何大安和许一帆，2020；Gillani et al.，2020）。但应注意的是，尽管数字经济发展为环境保护目标提供了助力，但在实际操作中，遇到了许多难题，主要包括以下六个方面：一是数字技术发展的地区差异和环境保护程度的落差并存；二是缺乏关键性的数字技术底层支持；三是实现企业与城市数字化转变的过程较为艰难；四是旧有工业改良及新基建的风险扩散；五是数字交易系统的运作效率低下；六是数字管理的执行力不足（黄永春等，2022；王帅龙，2023）。因此，在"十四五"期间，我国将充分发挥数字经济赋能绿色发展的新优势，积极推进数字中国建设，提高技术创新能力，推动传统产业转型（李宗显和杨千帆，2021）。为了提升数字技术对环境保护发展的贡献，我国增强技术创新能力，促进传统产业升级，加速现代化物流网络的发展，并进一步深化政府部门的信息化进程（巫瑞等，2022）。

"十四五"规划中提出促进生态文明建设，其深远含义不言而喻。数字技术是推动环境保护发展的主要力量之一，对城市绿色发展具有重要的影响力。通过高效利用信息化技术、现代化互联网平台这些工具完成提高效用、调整产业结构等一系列经济行为（Song et al.，2022）。数字技术具有快速发展的潜力，能带来环境保护效益，这种特质对于中国的可持续发展有重要意义（张凌洁和马立平，2022）。已有研究表明，信息技术的应用会对社会整体效用产生显著的影响，主要表现为以下几点：首先是信息的集成与优化配置能力增强（范德成和谷晓梅，2022）。借助互联网平台的数据交换功能，各类设备设施等技术元素及人力资源等被纳入统一的信息系统中，从而促进资产之间的协同合作，达到更高的运营效果（刘深，2022）。其次，信息化发展改写了一般的工作流程和生活习惯（Tapscott，1999）。这不仅包括工作内容形式上的转变，还涉及新的组织结构和社会关系的变化等。具体而言，在工作对象层面，数字技术应用使工作对象从传统的物质材料转变为海量的数据元素（蔡跃洲和马文君，2021）；在生产资料层面，数字技术使生产资料从机器系统向网络系统转变（Rani & Furrer，2021；杨思远和王康，2023）。同时，通过构建基于价值网络的信息桥梁，数字技术能够持续打破行业内信息的隔阂，从而推动诸如平台经济、共享经济及"人工智能"等新型经济形式与商业策略和模式的形成（韩琭和董晓珍，2021）。

数字技术弱化了生产分工的地域限制，以高渗透性以及多元融合的特征引致空间上创新资源关联性增强，加强了区域间技术合作的同时形成空间扩散效应，促使落后地区通过学习效应主动追赶发达地区，实现跨越式增长，为落后区域提供新的内生动力（邱子迅和周亚虹，2021）。然而，数字技术本质上具有自我扩张和边际收益递增等属性，使拥有较高数字技术的区域创新产出增长更为迅速，进一步导致了经济的极端化，加剧了区域经济发展的不均衡（杨洁，2021；曹玉娟，2019）。同时，区域技术创新水平影响数字技术的利用和转化效率，落后地区数字技术运用不成熟，经济增长面临动力转化机制障碍，扩大了与发达地区的经济差距（Bresciani et al.，2021）。

数字技术引致的信息流动和关联逐渐打破了地理距离带来的屏障，空间流动的方向受到数字基础设施建设水平的影响（宋冬林等，2021）。数字基础设施是数字技术空间关联的载体，是数字转型、知识流动和融合创新的保障，区域间数字技术融合和吸收能力匹配离不开数字基础设施的支持（李峰和王丹迪，2023）。数字基础设施水平相近的地区的技术和信息流动渠道更为通畅，数字技术的空间关联为增长缓慢地区提供了更多的技术和知识资源，促进多方信息流通，同时有助于区域间知识信息的吸收和整合（Nambisan et al.，2019）。

（二） 我国环境规制不断创新与成熟

中国环境规制的发展进程经历了逐步完善的过程，并且持续地进行了尝试和创新（张小筠与刘戒骄，2019）。进入 21 世纪，伴随着市场化的推进与城市建设步伐的加速，国内生产总值不断提升且每年增速超过 10%。这部分增加主要是由大型制造业推动而来的。尽管大规模制造业能在短时间内刺激经济发展，速度显著提升，但是其过度使用自然资源的方式给生态环境造成了极大的伤害，是不可持续发展的模式（Cai et al.，2020）。面对不断恶化的自然资源消耗及环境破坏情况，各级行政部门面临的环境管理挑战也在逐步增加，人们对于环境保护及其相关领域的关注度也随之提高。因此，中国的环境规制发展处于关键阶段，即黄金时期。

党的十六大以来，我国先后提出"科学发展观""促进人与自然和谐发展"等重要主张。以可持续发展的理念来推动人类与自然的平衡，并确保经济社会全面均衡地向前推进，成为国家的主要发展目标之一。党的十七大报告中，进一步提出建设生态文明，形成节约能源、保护生态环境的产业结构、增长方式、消费模式等目标。这表明中国对环境的规制及管理策略发生了重要的变化。2002 年 6 月 29 日，第九届全国人民代表大会常务委员会第二十八次会议批准实施《中华人民共和国清洁生产促进法》；2002 年 10 月 28 日，第九届全国人民代表大会常务委员会第三十次会议通过《中华人民共和国环境影响评价法》；第十届全国人民代表大会常务委员会批准的《中华人民共和国固体废物污染环境防治法》（2002 年第 1次）等，标志着我国污染治理模式开始向末端治理转变，一改原来的"先污染、后治理"模式，转变为"先评价、后建设"，强调先预防、后治理，旨在从源头上治理污染。2002 年第五次全国环境保护大会上，我国将环境保护列为政府五项重要职能之一，强化了政府环境保护责任；2006 年，第六次全国环境保护大会提出"三个转变"。这是对我国经济与环境关系的根本性调整。2011 年，第七次全国环境保护大会提出"坚持在发展中保护、在发展中发展"的路线，这是环境保护发展模式和资源配置的重要创新。2008 年，国家环境保护总局撤销，组建环境保护部，旨在进一步强化环境监管的权威性。我国逐渐形成由单纯的管理者主导角色扩大至包括技术等多元角色与要素，以多种方式来解决环境保护问题。2018 年 3 月，第十三届全国人民代表大会第一次会议批准组建生态环境部，不再保留环境保护部。在该阶段，我国加快从重经济增长、轻环境保护向环境保护与经济增长并重转变，并从环境保护滞后于经济发展向环境保护与经济发展同步转变。2020 年 4 月 29 日，中华人民共和国第十三届全国人民代表大会常务委员会第十七次会议修订通过《中华人民共和国固体废物污染环境防治法》，自 2020 年 9 月 1 日起施行。

据此，中国环境规制在这个阶段经历了一场重要的策略变革，其核心思想已从过去的侧重于经济扩张而忽略环境保护转向同时重视经济发展与环境保护，并且把重点转移到环境保护方面（师帅等，2021）。这种双赢发展模式的转变使政府资源不再仅仅依赖于传统的行政手段，而是结合了包括行政力量、经济实力、法律保障及技术支持等多元化的手段。因此，环境规制实际上是环境立法范围的持续扩大，对环境监督力度逐渐增强，环境恢复实际效果逐步强化的过程。

（三）数字技术与环境规制深度融合

在国家"十三五"发展规划中，我国强调了生态文明建设的多样化管理模式，旨在构建一个实现信息融合的数字环境保护平台，能够向公众提供有效的资讯，同时建立了完备的公众参与法律体系来优化其司法流程。学者通过三个层次深入探讨如何提升公众参与环境保护的能力（尹红和林燕梅，2016；张帆等，2022）。数字技术有助于提高公众在环境决策中的积极参与程度，表达公众的需求，并在必要时获得环境司法援助。但不可忽视的是，传统的环境保护信息的获取和传播依然主要依赖于政府控制，因此公众的环境权利无法得到充分保证。数字环境保护平台的引入能够有效应对这个问题。国际环境保护经验显示，数字平台的发展对公众参与环境保护有广泛且深刻的影响。另外，公众参与环境保护过程也对数字环境保护技术的需求有所增加。数字技术与环境公众参与制度之间的良好互动，将产生更先进的环境保护及治理途径。

数字技术具有多种数据源，推动城市从单一的静态目标规划转变为更具灵活性的动态过程性规划（Si et al.，2022；程聪等，2023）。在碳中和与碳减排的背景下，城市加强对颠覆性低碳技术创新动态的追踪，积极引进低碳先进的技术储备，提高数字化创新能力，从而完善城市发展决策及研发投入的方向（杨友才等，2022；Guo et al.，2022）。孔芳霞等（2023）提出"三生"空间的概念，指出城市可利用数字技术有效驱动城市绿色发展。近年来，中国逐步形成了低碳城市、生态城市和智能城市等多种模式，这大大提高了城市的数字化程度，并为其提供了一个丰富的、实时的、精确的信息来源，从而成为新式城镇化的关键驱动力（李峰和王丹迪，2023）。然而，尽管环境保护机构在数字技术与平台的支持下拥有大量的数据，但对这些数据的深层含义及其相互关系的研究仍未完全展开。究其原因，数字技术与数据要素的应用领域具有较大差距，不同领域的数据规格和格式也各不相同，这在一定程度上导致了严重的数据孤立问题（王黎萤等，2022）。此外，从获得的环境保护数据中很难实现信息整合，使数据难以得到有效的利用。通过采用大数据和云计算技术，智慧环境保护可以满足环境数据的分级和整合需求，同时能实时监控环境信息，确保环境信息数据的高效管理（王帅龙和孙培蕾，2023）。

环境规制对技术创新形成制度鼓励和支撑（李毅等，2020）。环境规制为绿色创新活动提供有效的推动力（胡森林等，2022；王分棉等，2021）。数字技术与环境规制的耦合协同可能对城市绿色发展的治理手段产生深刻影响，二者将协同发挥"加速器"的作用。我国迫切需要深入开展数字技术与环境规制的深度融合，探寻城市绿色发展的着力点。在生产和研发过程中，数字技术和环境规制能够影响生产技术水平和产品质量。环境规制是城市绿色发展的重要推动力（何爱平和安梦天，2019；黄磊和吴传清，2020）。城市绿色发展对环境规制的组合性、灵活性与适应性提出更高要求，使环境规制工具和主体趋向多元化，针对性提高（金昕等，2022；郭进，2019）。尽管如此，环境信息的不对称性增强、市场中介机构的发展不健全以及技术创新转化能力的不足等问题，在某种程度上削弱了环境监管的效果（张建鹏和陈诗一，2021）。依据制度创新理论，城市绿色发展应探索"创新驱动"与"主动引领"动力。通过制度创新形成以需求驱动、信息驱动、技术驱动、要素驱动为特征的绿色发展模式（任转转和邓峰，2023）。

数字环境保护是在信息数字化基础上形成的概念，其目的是通过信息化来提高环境治理的品质及效能，重点关注的是环境保护决策的形式及其自动化的数据收集和管理方式，并突出信息技术的角色。由此衍生的智慧环境保护则进一步强化了信息的整合能力，实现了更为广阔且深度的人机交互，更专注于数据的研究和决策过程，同时也重视实际应用和服务，体现了人性化智能的服务理念（Tucker，2019；Hevner & Gregor，2022）。如借助新型信息技术手段，能够实时地构建环境模型并对环境状况进行模拟、分析和预判，从而制定出应急措施，高效地监控环境状态，同时政府作为环境保护工作的辅助决策工具（张志彬，2021）。智慧环境保护的核心在于以人为中心，特别关注人类的行为和体验。政府融合物联网和移动互联网的技术，将更多关于环境的数据分享给大众，鼓励更多人积极参与到环境保护行动中，如创建电子环境保护系统，既满足全社会共同参与环境保护的需求，也符合各相关单位的管理需求，让环境保护组织、政府部门、企业和个人都能享受到环境生态信息服务，推动环境保护工作中的企业和污染源之间的协作关系（李桥兴和杜可，2021）。此外，这种模式还有助于增进公众的环境保护意识，实现生态环境保护的目标。因此，数字技术能够提供方便快捷的交流途径，让公众更容易参与到环境监督的工作中（Hao et al.，2023）。

（四） 数字技术与环境规制协同推进城市绿色发展

智慧环境保护是指运用物联网技术与生态环境信息技术的环境保护管理创新模式，对促进环境质量持续改善具有重要辅助作用。科学进步与数字技术发展使环境生态系统的监控日益自动化，众多城市已具备智能化的环境保护监测网络（如辽宁移动赋能新型工业化加"数"前行、厦门智慧工地综合管理平台等）。与此同时，环境保护监测活动正逐步采用大数据处理技术并融入智能监测框架中。以环境生态的数据为起点，通过构建一套全面且高效的大数据分析方法来支持环境保护监测，明晰各部门责任与职责分配，设定评估目标及截止日期，并独立设立部门专门负责在大规模环境监测中运用大数据系统完成建模过程（戴祥玉和卜凡帅，2020）。此外，制定一系列关于大数据的法律规定和战略计划，确保有完整的、一致的、统一的标准，从而推进各机构间的协作与互动。通过大数据技术，城市间能够实现资源的高效分享，进而创建出一种资源共享的管理模式，助力环境生态的健康稳定发展。据此，智慧环境保护总体架构如图 1-1 所示。

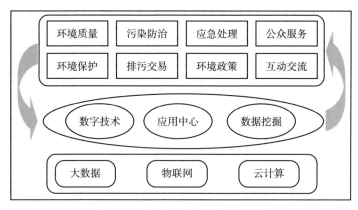

图 1-1　智慧环境保护总体架构

由智慧环境保护总体架构可知，首先，随着环境生态建设的推进及管理方式逐步转向智能化，其构建、管理的监控体制应保持同步更新以满足社会的最新需求。首要任务是，环境保护管理机构需结合当前实际情况并参考已设定的管理策略，推动政府出台相应的法律规定。同时，需要根据当地数据调整自然保护地的管理和监察模式，提高资源的使用效益，确保自然保护区能依据实时情况设定更合理有效的管理和监视框架，并且持续改进这些法律规范。采用现代科学技术，构建数字化的生态管理方式是提升其现代化水平的关键途径，同时也是增进公众生活品质和促进绿色发展的关键一步（Song et al.，2019）。利用大数据技术推动生态环境监管体系的构建，破除部门分立和数据孤立现象，对于提升环境保护水平有着关键性的影响（Zhao & Li，2022）。信息化、智能化的决策系统与基础设施建设，会使政府部门的管理更具有系统性、科学性、整体性，也是智慧环境保护"攻坚战"中的重要"抓手"。

其次，环境保护机构应利用网络技术与现代信息化工具来协同其他相关部门，构建一套系统且完整的信息化服务平台，以深入细致地评估当前生态状况并提供详尽的数据支持。管理者可依据这些数据对现有运营情况及各种记录进行研究，并对各项业务流程实施实时监控，从而为未来发展制订合理可行的计划。同时，针对生态环境的特点，打造更为广泛的监察体系，确保生态环境能在严密的监测制度中持续改善，达到可持续发展目标。近年来，我国高度重视环境生态系统的监测任务，这已经成为中国在新阶段中保护环境的关键策略之一。如果能有效地执行环境生态系统监测，那么就等于迈出了保护环境的第一步。随着中国低碳试点城市和智慧试点城市的范围不断扩张，利用自动化环境监控技术，政府可以及时掌握有关污染指数、进程状态等相关原始信息的动态情况，将外部机构的信息接入并进行数据解析、统计研究与综合管理，确保环境规制的合法性和有效性（Wu，2022）。基于这些数据，能够揭示环境污染的主要影响因素、环境污染的变化趋势等，进而确保环境的安全稳定（Chatti & Majeed，2022）。运用数字技术与平台构建一套有效的生态环境管理系统，迅速搭建起一体化的高技术生态环境监控，提高数据信息的识别能力，实现资源的高效共享，保持全方位且实时性的监管。与此同时，数字平台的运用有助于创建并优化生态环境的社会监督架构，利用环境保护宣导及部分资源信息分享的方式吸引大众加入环境保护的工作中，提供多样化参与的机会和途径，这有助于维护公共组织的参与权利和监督权力，推动公众积极参与并共建美丽的、绿色的中国（Zhang et al.，2023）。

智慧环境保护可以实施一致的数据储存及管理的策略，保证其高质量、有效地融合各种类型的生态环境资料，并且向公众开放这些资讯以便于获取所需的信息，提供了集中的数据库入口来方便用户访问。这使公众有更多的机会去深入参与环境治理（孔繁彬，2022）。全面提高环境数据管理水平，极大地增强了环境数据共享服务能力，为环境管理、政府决策、环境信息公开提供全面的、多层次的环境数据服务，提升监管质量和综合决策能力。智慧环境保护可以在环境质量监测与评估、污染源监控、排污口监测与管理、环境应急管理和指挥、环境信息审核与发布等方面为环境保护行政部门提供监管和审查手段，提供一手数据与行政处罚依据，有效提高环境保护部门的管理效率，帮助环境保护部门提升业务能力（郑少华和王慧，2020）。利用科学技术提高管理水平，实现环境保护移动执法，实现对污染源企业的监管，实现对环境保护数据、具体业务信息的管理维护，从而提高工作效率。因此，数字技术和环境规制可能在城市经济发展和绿色治理两端形成合力。推动数字技术与环境规制的深度融合（伍格致和游达明，2019；魏冬和冯采，2021）。低碳城市试点和智慧城市试点政策是中国为实现城市绿色发展目标而开发的政策工具，是实现城市低碳化与智慧化管理的重要探索，对于城市提升数字技术水平与构建低碳治理体系产生积极影响（Guo et al.，2022；Nilssen，2019；史修艺等，2023）。

二、研究意义

（一）理论意义

本书的理论意义旨在深化数字技术与环境规制影响城市绿色发展的机

理，并通过实证分析数字技术与环境规制耦合推动城市绿色发展效率的影响路径及影响效应。本书剖析数字技术与环境规制耦合推动城市绿色发展的影响机制及作用路径，能够为"数字经济"与"绿色经济"的高质量协同发展提供参考依据，探讨新情境对已有理论拓展的可能。基于数字创新理论、信息不对称理论和技术—经济范式理论等构建多重中介模型刻画数字技术与环境规制耦合推动城市绿色发展的理论机制，厘清二者耦合推动城市绿色发展的公众参与、产业升级和要素配置的作用路径。另外，探索数字技术与环境规制耦合协调度对作用路径产生的门槛效应，基于城市耦合基础与作用路径的有效区间为城市绿色发展提供路径指引与政策优化建议。推动城市数字技术与环境管理的融合进步，通过子系统的自我催化循环和两个子系统之间的交互催化循环，促进耦合系统的全面演进。从系统观念、耦合理念和互动角度解析二者耦合协调的内在机理。突破既有研究中数字技术赋能和环境规制相割裂的局限，丰富城市绿色发展的理论内涵，增进数字技术与环境规制融合发展的系统性、规律性认识。

（二）实际意义

联合国开发计划署驻华代表处等编著的《中国人类发展报告 2002：绿色发展 必选之路》中，提出"绿色发展"概念的重要性。该报告深入研究并结合中国的实际经济发展情况，详细阐述了中国经济增长的方式，并对我国在实现可持续发展道路上所遭遇的问题和机会进行了全面梳理。中国是绿色发展理论的重大贡献者，也是实践中的积极参与者，在国际绿色发展的道路上是前沿引领者。随着我国现代化进程的推进，绿色发展及高质量发展的理念也在不断丰富与发展，数字技术和环境规制对城市绿化发展的影响逐渐引起学术界的关注。然而，之前的多数研究都集中在数字经济的经济影响上。绿色发展是实现生态文明建设，促进人类可持续发展的创新之路，依靠技术创新驱动、严密法治保障是实现生态经济和谐发展的重要途径。国内外对绿色发展与高质量发展之间的关系关注较少。因此，需要针对中国实际情况全面理解和把握好绿色发展与高质量发展之间的关系，推进我国经济在绿色发展和高质量发展道路上不断取得新成就。

从数字技术与环境规制推动城市绿色发展的现实背景与理论背景中，可以推断出基于数字经济与实体经济深度融合视角下的数字技术与环境规制耦合研究具有重要的理论意义。绿色发展作为一种解决可持续发展问题的重要手段，旨在改善能源与资源利用效率并平衡环境保护与经济发展的关系，以此推动经济发展持续化。这是实现可持续发展的途径和策略，也是人类长期的发展愿景。数字技术与环境规制在推动城市绿色发展过程中具有时序性，可能产生差异性的城市化响应。受到技术积累周期的影响，数字技术创新活动是一个比较漫长的过程。从研发、产出、扩散到融合阶段，随着不断扩大且持续的资金需求与政策支持。那么，在数字技术发展的不同阶段，环境规制如何支撑其快速发展？数字技术对不同类型的环境规制产生何种支持？二者如何实现深度融合，与城市绿色发展的其他关键影响因素之间具有怎样的动态传导机制？数字技术与环境规制耦合如何推进城市绿色发展？怎样根据城市发展水平与要素基础进行分类引导？总之，既有研究至少在数字技术与环境规制耦合的理论基础、作用机制、作用路径等方面需要进一步突破，因此本书有望更清晰地解答"数字技术与环境规制耦合推动城市绿色发展的影响机制"这一核心问题。

第二节　研究内容与研究框架

一、研究内容

第一章：绪论。在中国绿色城市转型发展的大背景下，本章详细阐述了数字技术与环境规制耦合研究的背景、意义和内容，以及研究的框架结构、方法和创新点等。为本书的深入研究做好全面的准备工作。

第二章：文献综述与理论基础。这一章节为基础性理论研究，首先介绍了城市绿色发展的内涵与特征、低碳城市、数字城市、智慧城市和绿色发展的内涵，对涉及城市绿色发展的相关内容进行系统介绍，及绿色发展效率测度。其次论述了环境规制的发展与成效的理论基础，并从命令控制型规制工具、市场激励型规制工具和公众参与型规制工具这三种工具出发，论述了我国施行环境规制带来的阶段成效。最后总结数字技术赋能城市绿色发展的影响机理，立足数字技术内涵与特征，总结数字技术赋能城市绿色发展的路径与成效。在此基础上，本章介绍了可持续发展理论、环境库兹涅茨曲线理论、波特假说、生态经济协调发展理论以及系统科学理论和环境成本理论等，从而为本书深入探讨数字技术与环境规制耦合推动城市绿色发展的相关研究构建坚实的理论支撑。

第三章：中国城市绿色发展效率测度与分析。通过对城市绿色发展效率进行界定，将城市绿色发展阶段划分为发展阶段与转型治理阶段。基于超效率 SBM 模型的城市绿色发展两阶段概念模型，采用 MAXDEA 7 软件测算城市绿色发展效率，并基于已有研究将中国城市绿色发展效率等级划分为：效率最优、效率良好、效率中等和效率无效。进一步选取 2007 年、2014 年和 2021 年作为时间断面，总结并分析中国城市绿色发展效率时空格局演变趋势，探索城市绿色转型与实践的发展规律。

第四章：中国城市数字技术与环境规制耦合协调水平测度。构建数字技术与环境规制耦合协调的理论模型，从系统论的视角出发，揭示数字技术与环境规制的耦合协调机理，探索二者互相驱动的机理。从数字技术创新的投入、产出和环境维度及命令控制型和市场激励型两种环境规制出发，分析二者如何实现相互促进与耦合协同以发挥治理效能。构建数字技术与环境规制评价指标体系，计算 2007~2021 年我国 285 个城市的数字技术发展指数和环境规制强度指数。构建 PVAR（面板向量自回归）模型，在确定最优滞后阶数与单位根检验后，对数字技术和环境规制这两个变量进行系统 GMM（高斯混合模型）估计，探讨我国全国、东部地区、中部地区和西部地区的数字技术和环境规制的相互作用方式。运用脉冲响应分析和方差分解探讨数字技术与环境规制的互动演进，指导数字创新理论和规制体系结构优化。构建数字技术与环境规制耦合协调度模型，测度我国 285 个城市 2007～2021 年数字技术与环境规制的耦合协调度。

第五章：数字技术与环境规制双重政策对城市绿色发展影响的效应检验。利用智慧城市试点与低碳城市试点双重政策形成的准自然实验作为外生冲击，考察智慧城市试点政策、低碳城市试点政策及双试点政策对城市绿色发展效率的影响。在充分总结我国智慧城市试点与低碳城市试点双重政策的发展历程的基础上，选用多期双重差分模型对数字技术与环境规制双重政策的城市绿色发展效应进行分析。判断数字技术与环境规制能否产生协同作用。进一步分析由单一试点城市向双试点城市转变的城市绿色发展的效应是否得到强化，揭示政策的动态性、转变过程及政策顺序对城市绿色发展的影响。分析试点政策顺序对城市绿色发展的影响。

第六章：数字技术与环境规制耦合推动城市绿色发展的作用机制研究。构建多重中介模型探索数字技术与环境规制耦合推动城市绿色发展的影响机制和作用路径，分地区、分城市、分减排基础进行异质性检验。数字技术与环境规制耦合过程为城市绿色发展提供了公众参与、产业升级和要素配置的作用路径。对我国城市绿色转型发展的启示主要体现有：以推动产业结构优化升级促进绿色转型、提高技术创新水平促进绿色转型、明确政府在城市转型中的职责、将经济发展与社会生态紧密结合，为中国城市的绿色转型发展提供必要的经验借鉴。

第七章：数字技术与环境规制耦合推动城市绿色发展的门槛效应检验。鉴于推动城市绿色发展过程中可能产生的产业结构回弹效应、公众冷漠效应、要素无效配置和过度拥挤导致的要素错配效应，本章构建门槛模型检验数字技术与环境规制耦合协调度对公众参与、产业升级和要素配置的三条作用路径的门槛效应。通过构建数字技术与环境规制耦合推动城市绿色发展的面板门槛模型，旨在验证产业结构升级是否存在回弹效应，探索公众支持过程是否产生"公众冷漠"现象，分析要素依赖是否存在扭曲作用。另外，分析各门槛值区间内城市数目变化，从而立足城市发展基础实现不同路径的多重交替效能。

第八章：研究结论与政策建议。对我国城市数字技术与环境规制耦合协调发展对策和建议进行分析。针对本书的研究结果，从政府、市场、企业和社会四个方面提出相应的对策建议。

二、研究框架

基于耦合协调理论、数字创新理论、环境成本公平性理论和信息不对称理论等理论基础和基于"子系统分析—耦合模型构建—协调类型判别—耦合推动机制"的框架构建理论模型，刻画数字技术与环境规制双系统的互动机理，阐释了数字技术与环境规制双重政策对城市绿色发展影响的效应。进而构建数字技术与环境规制耦合推动城市绿色发展的多重中介模型，结合公众参与度、产业结构回弹与要素配置僵化变量的非线性效应，构建数字技术与环境规制耦合推动城市绿色发展的门槛效应。重点突破"数字技术与环境规制如何耦合推动城市绿色发展"这一关键科学问题，对数字技术与环境规制耦合推动城市绿色发展的影响机制及实现路径进行科学的理论与实证研究，从而提升中国城市绿色发展效率。

第一，围绕研究问题，本书开展了理论整合和深化。通过整合数字创新理论、内生经济增长理论与信息不对称等理论。第二，在理论整合的基础上，探索数字技术与环境规制的相互渗透关系，建立整合分析框架。建立多期双重差分模型验证数字技术与环境规制耦合对城市绿色发展的作用效果，分析数字技术与环境规制的时序性及顺序对城市绿色发展效率的影响。第三，从时间尺度对二者的耦合机理进行实证检验分析，为分析数字技术与环境规制的耦合协调关系提供理论依据。第四，在理论深化上，与已有研究关注数字技术或环境规制的单一影响不同，本书将二者深度融合与耦合纳入研究，深化对城市绿色发展动力的认识。第五，这一探索性研究为城市治理提供新方法，丰富多路径协同规制体系的学理内涵，构建具有前瞻性的城市耦合治理框架。本书的研究路线如图 1-2 所示。

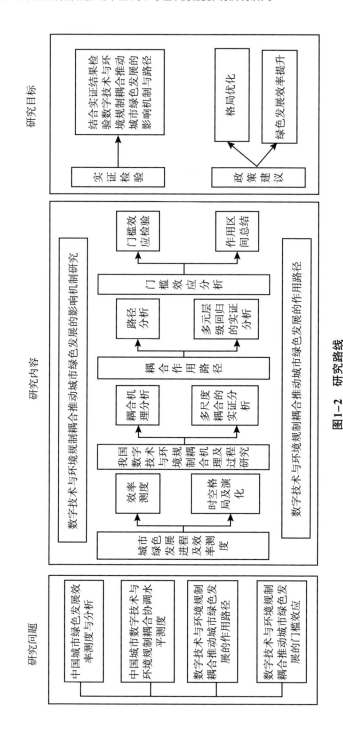

图1-2 研究路线

第三节 研究方法与创新点

一、研究方法

（一）数据包络分析法

数据包络分析法是一种非参数计量方法，该方法并不依赖于任何特定的参数设定，而是专注于观察样本数据自身。使用线性规划方法综合投入与产出，并利用多维线性空间对结果进行计算以得出结论，又称 DEA（data envelopment analysis）方法。这种方法专门解决涉及多个投入和输出的问题，借助线性规划技巧，用一种能够衡量多投入和多产出的问题，利用线性规划的方法，运用一种可以比较的同类单元之间的比较效率的定量分析方法，即采用一种新的数学模型，进行相对有效性评价的一种数量分析方法。本书选取数据包络分析法中包含非期望产出的 Super – SBM 模型对绿色经济效率进行测算。考虑非期望产出的两阶段超效率 SBM（slacks-based measurement）模型，构建城市绿色发展两阶段过程模型测度城市绿色发展效率。

（二）计量实证研究法

本书利用实证研究法测定现象变化以确定条件与现象之间的因果关系，包括 PVAR 模型、Granger 因果关系检验、双重差分模型和门槛模型。

1. PVAR 模型

面板向量自回归（PVAR）模型综合了时间序列模型与面板数据计量方法的优势特点，是基于向量自回归（VAR）模型发展演变而来。自 20 世纪 90 年代以来，其日益受到重视。VAR 模型由克里斯托弗·西姆斯（Christopher Sims，1980）提出，主要用于描述时间序列数据，随着模型的发展，基于其模型，霍尔茨·埃金等（Holtz Eakin et al.，1988）提出了面板向量自回归模型（panel vector autoregression，PVAR）。PVAR 模型在运用过程中有效降低时间序列的长度限制，兼具对面板数据的考虑，能更好地捕捉不同样本单元对模型参数产生的影响。二者在事先处理之前，解释变量与被解释变量并不能被准确界定，该模型可以将每个内生变量对所有变量的滞后值做回归。

基于 PVAR 模型对 2007~2021 年 285 个城市的数字技术与环境规制的基础数据进行回归，鉴于数字技术与环境规制之间存在着并非简单的单向关系，二者动态发展，具有一定的交互性，运用 PVAR 模型处理数字技术与环境规制的内生关系，进行数字技术与环境规制互动关系的整体分析。

2. Granger 因果关系检验

格兰杰因果关系检验被用于确定两个或多个变量之间是否有统计上具有重要性的因果关联，并且可以识别出这种关联的方向。这是一种在经济、金融和计量经济学等领域的研究中检测时间序列和面板数据中因果效应的重要方法，目前已经得到了广泛认可并在各个领域得到应用。许多国内外学者通过利用时间序列的单位根、协整和格兰杰因果关系分析来探索变量之间的因果交互效果，从而更清晰地理解它们对彼此的影响方式，包括推动、限制或者没有明显的作用。通过 Granger 因果关系检验，可以分析环境规制与数字技术之间的关系是否存在相互作用、相互影响的因果关系。

3. 双重差分模型

为了揭示变量之间的因果关系，实验方法是验证因果关系的有力工具，实验方法大致可以分为控制实验、随机试验、自然实验或准实验以及思想实验（陈强，2014）。其中，自然实验是指外部冲击使样本被分为处理组和控制组，而双重差分法（difference in difference，DID）便成为学者们最常使用的准实验设计，它适用于比较在不同时期受不同政策及环境因素影响的组别产生的效果。主要用于评价政策的实施效果，核心思想是将调查对象分成受政策干预的实验组和不受政策干预的对照组。研究某一政策实施后的效应，常规的做法是比较受影响的个体的前后差异，计算出差分估量值，即计算政策实施后的样本均值与政策实施前的样本均值之差。

当政策实施时点一致时，可以将模型设置为标准双重差分模型，当政策实施时点不一致时，采用多期双重差分模型。多期双重差分模型通过事件研究法对政策的动态经济效应进行分解和分析，不同的是需要对政策时间进行中心化处理（各期时间减去各自政策实施时间）。由于存在时间效应以及同一时期个体还可能受到其他相关政策的影响，故应寻找适当的且不受政策影响的个体作为控制组，控制组是处理组的反事实参照系。

在多期双重差分模型中，因为不同个体实施政策的时点不同，所以时间维度上不同个体受到政策冲击之前赋值为 0，受到政策冲击之后赋值为 1，与标准双重差分模型一样，政策分组（Treat）仍然是受到政策影响即赋值为 1，否则赋值为 0，交互项系数（Time × Treat）反映的就是政策实施前后、处理组和控制组两次差分后所得到的政策效应。具体到本书，核心解释变量为是否同时为低碳城市与智能城市的双试点政策城市（Pilotpolicy）。同时成为低碳城市试点和智慧城市试点的城市在当年以及以后年份的 Pilotpolicy 变量赋值为 1，否则为 0。同理，对低碳城市单试验和智慧城市单试验中的所有差分变量进行赋值，城市被设立为试点城市的当年和以后年份赋值为 1，其余为 0。交互项系数即为本书所关心的结果。

4. 门槛模型

根据汉森（Hansen，1999）的门槛模型理论，当某一变量达到特定临界值后，导致另一个定量性参数态势出现转变的情形称作门槛效应，把引起这一现象发生的临界值称为门槛值。总体门槛模型为非线性函数，但拆分在每个阶段都呈现线性关系。通过估计门槛值，并对门槛模型的显著性进行检验，以验证此非线性模型存在的必要性。使用最大似然法检验门槛值。本书构建面板门槛模型，检验不同强度的耦合协调度对公众参与、产业升级与要素配置三条路径产生何种影响。通过拔靴法（又称自助抽样法、Bootstrap 法），对样本实施 100 次重复性检测，并以公众参与、产业升级和要素配置作为门槛变量来检验门槛效应，分析当城市数字技术与环境规制耦合协调度处于不同区间时，何种路径具有更强的作用效果，从而提出路径组合优化的方案。

5. 熵值法

熵值法可根据信息熵求得指标权重，是一种适合于多指标综合评价的客观赋权法。数字技术发展与环境规制测度是涉及多种资源、技术、产业政策等的多维度复杂测度过程。利用融入时间因素的熵值法精确评估各城市的数字技术和环境规制水平，并对各区域和年份进行横向和纵向比较。

6. 耦合协调度模型

耦合指的是两个或更多系统在自身和外部环境的影响下互相作用，而耦合度则是衡量系统或元素间影响的程度。在经济发展与生态环境复杂耦合机制研究中，耦合度模型已被广泛采用。引入物理学中容量耦合的概念，越高的耦合度表明系统将向新的有序方向发展。

7. Dagum 基尼系数分析方法

Dagum 基尼系数及其分解法可分析地区差异来源，清晰呈现研究对象的空间特征。在测度各城市的数字技术与环境规制耦合协调水平的基础上，利用 Dagum 基尼系数及其分解法计算东部地区、中部地区和西部地区数字技术与环境规制耦合协调度的总差异值、区域内差异值、区域间差异值及超变密度值，剖析区域数字技术与环境规制耦合情况的空间差异。

二、本书的创新点

（一）研究理论与视角创新

围绕研究问题，本书研究开展了理论整合和深化。一是通过整合数字创新理论、内生经济增长理论与信息不对称等理论，构建数字技术与环境规制影响绿色发展理论模型，探讨新情境对已有理论拓展的可能性；二是在理论整合上，探索数字技术与环境规制的相互渗透关系，建立整合分析框架；三是在理论深化上，与已有研究关注数字技术或环境规制的单一影响不同，本书将二者深度融合与耦合纳入研究，深化对城市绿色发展动力的认识。

（二） 研究方法创新

针对数字技术与环境规制耦合效果验证难的问题，为应对传统方法局限，本书以智慧城市试点与低碳城市试点为准自然实验。综合运用多期双重差分方法并通过设置试点政策交互项，分类研究数字技术创新赋能的异质性特征。通过对比试点时间的先后顺序以及与非试点城市之间城市绿色发展成效的差异性，研究试点政策对城市绿色发展的影响，以确定"净效果"的有效性。相对于建立代理变量的研究工作，本方法可防止因计算差错而引起的内生性问题，研究结论更具准确性。

在计算数字技术与环境规制的耦合协调度的传统方法基础上，基于数字技术与环境规制的基本内涵、传导因素、一般规律及特征分析，基于时间和空间尺度对二者耦合机理进行实证检验。展现数字技术与环境规制之间的动态交互效应和响应趋势，深入揭示数字技术与环境规制的耦合协调机理。

（三） 突出应用导向

本书强化了数字技术与环境规制耦合推动城市绿色发展的多层次要素联动的耦合效应，以期为城市绿色发展提供有效的实践依据和政策支持。本书将对不同城市数字技术与环境规制耦合演化情况进行汇编，根据门槛区间结果，为城市利用多重路径实现绿色发展提供行动参考框架，提出进一步提升城市绿色发展效应的对策建议与组合策略，具有重要启示。

第二章

文献综述与理论基础

第一节 文献综述

一、城市绿色发展的内涵与特征

绿色发展的思想起源于学术界对于经济发展与自然资源之间关系的研究，随着经济发展，低碳经济、循环经济、绿色经济等概念相继出现，在相关理论背景下，绿色发展逐渐引起了全球范围内的关注，这是寻求经济持续繁荣过程中所作出的重要观念上的突破。绿色发展是一种新的经济发展方式，它的理念和理论内涵正在不断地被世界各地更多的学者们关注，日渐发展成熟。本书对绿色发展思想的起源、内涵的演化及其与绿色经济的辨析以及绿色发展思想与生态文明建设、循环经济、低碳经济和可持续发展的关系进行梳理。

（一）城市绿色发展内涵

坚持绿色发展，就是要在经济发展的过程中，节约利用资源，达到资源的可持续利用。重视环境的承载力，维护与人类发展相适应的生态环境，从而实现资源、环境和经济的高度协调和可持续发展。绿色发展作为支撑和实现全球可持续发展的重要方式，有深刻的理论内涵和实践意义（王晓红等，2022）。绿色发展可分为狭义和广义两个层面，在狭义层面，一般是从经济增长视角来阐释绿色发展，将生态约束纳入经济增长的框架中，以保持追求经济发展和环境保护之间的协调统一（张泽义和罗雪华，2019）；在广义层面，广义上的绿色发展是指一种受生态价值观念及生态道德观指导的发展理念，强调多领域的绿色发展，包括经济、社会、生态环境和文化等方面。绿色发展已经成为解决自然资源制约问题、应对经济转变挑战、推动地区协作发展的核心因素，并已被确定为中国生态文明建设和区域高质量发展的主要目标（文传浩等，2022；Loiseau et al.，2016）。在城市发展的理论中，城市发展经历多个不同的阶段，早期主要是粗放发展。在经济发展进程中，生态环境对城市经济发展的作用越来越大，随着城市发展，生态环境的重要性也逐渐上升，忽略生态环境的作用会限制城市的发展。城市的绿色发展在经济生产、流通、交换和消费等各个方面都体现了资源环境与社会可持续性，因此需要以绿色发展理念为指引，从宏观城市建设、中观产业进步和微观技术创新等多个角度来推动绿色发展（Yan et al.，2023）。2012年，党的十八大报告把绿色发展作为生态建设的重要发展方式之一，同时还强调了通过实施节能减排措施来实现经济转型升级的重要性。绿色发展需要更有效地实现节能环境保护，更多地兼顾经济与生态的价值（卢新海等，2020）。近年来，我国制定和发布了助推城市绿色发展的多项相关标准、评价体系、技术导则、建设指南、指标体系等（李妍和朱建民，2017）。面向碳达峰与碳中和的城市愿景，我国正在城市群、城市、社区等不同层面进行低碳、绿色发展的探索。目前，我国城市（特别是特大城市）的发展最突出的问题是资源环境承载能力的制约，同时人们对空气清新、环境优美、舒适居住、便捷交通等的环境需求越来越强烈（窦睿音等，2023）。为了克服资源和环境的限制，达到高质量的发展并满足人们对优美生活环境的渴望与追求，必须加快向更绿色、更健康的发展模式转变，推进建设绿色城市，以实现更高水平的城市文明（徐美和刘春腊，2020；郑金辉等，2023）。

学术界探索城市绿色发展的概念、内涵、实施战略与相关政策，深入分析其发展动力和关键要素，旨在建立一个完整系统的理论框架。根据城市绿色发展和可持续发展等基础理念，国内外的学者们对城市绿色发展的定义、含义以及方法进行了总结（邬晓霞和张双悦，2017），比较绿色发展与绿色转型和绿色经济等概念的异同（郑德凤等，2015）。立足城市绿色发展现状，提出城市绿色发展在产业结构层面（赵领娣等，2016）、环境规制层面（张治栋和秦淑悦，2018）、数字技术层面（黄小勇等，2020）和要素层面（刘运材和罗能生，2022）等存在的要素结构的初级化、要素挤出和资源依赖等问题，指出部分城市缺乏绿色发展动力和需求。中国城市绿色发展从政府驱动模式逐渐转变为多主体积极参与模式，以循环、低碳和可持续为核心，努力构建绿色、健康、宜居的城市空间（孔芳霞等，2023）。我国宏观经济进入中速运行阶段，其产业结构优化调整、资源环境约束显著加强、经济动力结构转换等特征日益显现（肖宏伟和牛犁，2021）。环境保护的发展策略主要聚焦从传统的经济发展方式转向环境保护的战略布局上，其重点是推动可持续的环境管理体系建立并以此为基础推进可再生能源的使用及产业的绿色发展进程，同时优化自然和社会的关系促进经济、社会和自然的和谐共生关系（于法稳，2018；魏胜强，2019）。根据这一概念的指导，城市的目标在于使经济、社会发展摆脱对自然资源过度依赖的状态，增强绿色动力（廖茂林和王国峰，2021；胡美娟等，2022）。

在微观视角下，郭付友等（2022）利用2005～2017年长江流域内61个地级市的数据进行实证分析，建立了一套关于长江流域地区绿色生态经济发展的投入产出指标系统。他们探讨了黄河流域绿色发展效率的时空分布特性及其影响因素。地级市层面的绿色发展效率呈现出波动变化特征。在城市绿色发展水平的测度方面，学者们对绿色发展评价体系和方法做了深入的探究，从不同层面构建了差异化的城市绿色发展水平评价模型。绿色发展体系包括两个层面的内容：一是以环境质量总体改善作为绿色发展取得成效的基本依据（刘晓，2020；徐晓光等，2021）；二是通过创新驱动、结构优化、要素升级来促进城市绿色发展的转型（张荣博和钟昌标，2022；王振源和段永嘉，2014），根据多个层面的内容选取多个维度构建绿色发展指标评价体系。赵路等（2020）则认为，产业绿色发展是实现城市绿色发展的关键所在，从产业转型升级、自主创新能力、资源利用效率和环境保护等维度形成城市绿色发展路径。曾刚和胡森林（2021）的研究则从城市经济、社会、自然复合系统出发构建城市绿色发展评价体系，客观全面地做出对城市绿色发展进行符合和谐发展价值预期的合理评价。基于生态优先、绿色发展的原则，马回等（2023）通过对经济发展与绿化的关系、自然资源和生态环境的承受能力及政府的支持程度这三个方面进行了综合考虑，并以此为基础建立了长江经济带绿色发展的评价指标体系，实时监测 2011～2020 年长江经济带的城市绿色发展状况与演化规律。

综上所述，区域绿色发展效率与城市绿色发展水平的评价等研究中尚未形成统一方式，各学者的评价模型与评价思路都有自洽的逻辑性，而评价结果的差异性却相对较大。究其原因，城市绿色发展受到多重影响因素的共同作用（殷冠文和刘云刚，2020）。已有学者从经济动力（佟贺丰等，2015）、资本要素（协天紫光等，2019；宋马林和刘贯春，2021）、产业结构（李爽和裴昌帅，2019）、城镇化（季永月等，2020）以及技术创新（马海涛和王柯文，2022）和环境规制工具（杨岚和周亚虹，2022）等角度探讨城市绿色发展的影响因素。相关文献集中于城市运行模式与经济增长方式的转变，且两类研究呈现一定的学术渊源与递进关系。本书重点立足数字技术与环境规制耦合视角，形成推动城市绿色发展的影响机制研究。

（二）低碳城市的内涵及特征

1. 低碳城市的内涵

已有学者从多个维度对低碳城市的概念展开了研究，尽管低碳城市的概念尚未完全统一，但就以下三个方面基本达成共识。一是低碳城市以降低城市碳排放总量为基本目标，同时实现经济发展、环境保护和提升居民生活水平等多个目标。低碳城市需要实现经济发展与碳排放的脱钩，在保持城市经济发展的同时降低碳排放总量，使碳排放的速度低于经济发展的速度（杨岚和周亚虹，2022；逐进和王晓飞，2019）。二是低碳城市内涵覆盖范围广

泛，涉及低碳经济、生活、生产、消费、交通和建筑等众多领域。低碳城市
需要诸多经济主体共同建设，政府采用低碳理念治理城市，在城市发展过程
中合理设计城市建筑、转变发展模式、调整能源消费结构。公众应改变消费
观念，加深低碳认识，通过使用公交等手段来推动低碳出行，并利用绿色理
性的消费方式促进低碳消费（张华，2020）。生产者应该加大创新研发投
入，推广低碳生产技术，提高能源利用率，优先发展低碳经济。三是低碳城
市建设需要创新和政策命令等低碳导向的手段作为支撑。低碳创新手段包括
技术创新和制度创新，技术创新以科学技术为手段，达到节约能源、降低消
耗又提高效率的目标。制度创新是指通过良好的制度设计统筹各经济主体之
间的关系，使各主体在低碳城市建设过程中形成合力。政策命令手段指政府
将低碳理念贯彻到城市规划和城市空间优化中，为城市低碳建设和实现可
持续发展提供支撑和载体。整理国内外学者对低碳城市的文献综述，如表
2-1所示。

表2-1 低碳城市的文献综述

作者	低碳城市内涵
世界自然基金会（WFF）	低碳城市是保持较低水平的能源消耗和二氧化碳排放，保持土地、生态和碳汇功能，提高能效和发展循环经济
魏守华和钱非非（2023）	低碳城市指在城市空间内通过调整能源结构、发展低碳技术、改变生产和消费方式等方面尽可能减少碳排放；同时提高碳捕捉、碳中和能力；尽可能实现城市区域的低碳浓度甚至零碳目标
张华（2020）	低碳城市的内涵包括以下三个方面：首先强调建筑、交通和生产三大领域的低碳发展模式；其次使用可再生能源，如太阳能、地热能等；最后开展捕捉，增加森林等生态系统的规模，最大限度地吸收二氧化碳
周迪等（2019）	低碳城市建设是以低碳发展为目标的系统工程，涉及经济活动、社会活动、建设活动、生态环境等方面，利用技术最大限度节约资源（水资源、能源、土地资源）、降低污染排放、优化产业结构、改进城市功能布局
周冯琦等（2016）	低碳城市是将低碳发展理念融入从规划到建设、从生产到消费、从政策制定到执行等各个环节，通过城市发展战略、发展规划的转型，技术创新和制度创新，引领和推动生产模式和生活方式的转变，形成节约、高效和环境保护的城市发展模式

续表

作者	低碳城市内涵
庄贵阳和周枕戈（2018）；王星（2022）	高质量建设低碳城市的理论内涵，包括推动低碳城市发展三大变革，提高城市系统碳生产力和人文发展水平；构建绿色低碳的空间格局、产业结构、生活方式、消费模式和城市建设运营模式，以满足人民对美好生活的需要；以低碳路径，推动低碳城市高质实现更高层次的发展形态，加快转变城镇化发展方式，引领经济转型升级和社会和谐进步
史修艺和徐盈之（2023）；李和王（Li & Wang，2022）	低碳城市试点政策是中国政府应对全球气候变化的挑战，实现双碳目标的重要措施。实现碳减排不仅应当注重对总量的控制，还应注重区域之间的公平性

通过总结已有学者的研究结论，本书认为低碳城市是在保持经济发展水平不断增长和城市居民生活质量不断提高的情况下，采取创新和政策命令等手段，将低碳理念贯穿生产、生活、管理层面，以实现低能源消耗和低碳排放目标的城市。依据现有的研究成果对于低碳城市内涵的阐述与界定，本书将低碳城市的内涵做以下总结：低碳城市基于低碳经济发展观念，以实现经济增长与碳排放的脱钩为目标，通过管控碳源、提升碳汇的方式实现持续发展的城市发展模式。

2. 低碳城市的特征

（1）可持续性。低碳城市不是舍弃经济发展换取低能耗和低排放的发展方式，而是通过发展低碳经济，推广清洁技术，转变生产者的生产模式、消费者的消费观念以及生活方式，实现循环高效的经济效益。低碳城市建设以可持续发展理论为导向，因此，在实践过程中不能单一追求低排放量或单一的经济效益。要不断融合、平衡社会经济系统和自然环境系统之间的关系，实现资源节约、环境友好的可持续发展，有效兼顾代际的公平与效率。

（2）地区性和阶段性。由于各国国情和各地区发展状况不同，低碳城市建设必须根据各城市自身特点，因地制宜，选择合适的发展路径，因此低碳城市具有地区性和阶段性。首先，短期目标是碳排放强度的减少，实现碳排放增速低于经济发展水平增速，即实现二者的脱钩；其次，人均碳排放量的降低；最后，长期目标是实现碳排放总量的绝对减少乃至零排放。

（3）系统性和综合性。低碳城市不是简单地发展低碳经济或开发应用新技术。低碳城市覆盖了经济、社会、环境多个系统，涉及经济发展模式、能源结构、生产消费模式、居民意识等多个层面，需要政府、企业、公民等多个经济主体的合力完成。低碳城市建设既需要城市治理者将经济发展、环境保护和生活水平等因素进行综合考虑，做出完整的顶层设计，也需要企业和公民将低碳理念贯穿到各个方面，严格执行落实政策目标。通过总结实践经验，探寻适合本地区低碳城市建设的发展模式。

（三）数字城市的内涵及特征

数字城市理论指出，数字城市的形成需要经历几个不同的阶段，从信息技术到基础设施建设，到城市内各组织单位对信息技术的广泛运用，再到政府部门与企业之间实现互联互通，最终建成全面数字化、信息化城市（许竹青和骆艾荣，2021）。这一理论展开了一个全新的维度，突破了现有的城市监测、调整、治理工作，对于城市未来的长远健康发展而言极具价值，无论是政府电子政务的全面推行，还是对城市进行系统性的规划设计，或对于群众实际生活的方方面面，包括出行、医疗、教育、工作各方面，都具有深远意义，提供了极为便利的技术支撑，大大超越了既有的城市治理水平。在信息化时代，数字城市的实现方式和途径更加多元，存在不同的管理模式，其发展空间非常大（晏晓娟，2022）。在基建层面，涵盖了通信和数据层问题，资源开发利用角度则涉及对基建及相关信息资源的综合调整等。其框架结构具有极强的可操作性，具体如表 2-2 所示。

表 2-2　　　　　　　　　　　数字城市理论框架

层次	数字城市框架	功能	内容
基础设施层	通信层、数据层、保障层	数据通道	对数据进行统一汇集并实时更新
资源管理层	信息资源的集成与融合、应用的集成	数据中心	对数据基础设施汇集的数据进行分类分层管理，实施资源调配
应用服务层	基础公共服务层、管理应用层、业务应用层、服务应用层	数据应用	对数据中心的数据进行系统性的挖掘和分析，为各项软件服务提供应用支撑

由此可见，数字城市理论涵盖了多个层次，包括了基建工作、生态资源的开发利用工作以及各项应用的服务效能。

（四）智慧城市的内涵及特征

智慧城市的理念来源于西方的"新城市主义"（new urbanism）与"智慧增长"（smart growth）运动。"智慧城市"的缘起可以追溯到 1992 年新加坡的"智慧岛"计划，如今已经成为城市寻求技术创新并推动未来发展的焦点之一，代表了信息化时代的城市新发展模式。1990 年，旧金山举办了一场以"智慧城市，快速系统，全球网络"为主题的国际会议，指出利用技术手段来构建持续性的城市竞争优势已被视为一种新形态的城市建构方式。1992 年，新加坡提出"智慧岛计划"，拟定在 2000 年实现覆盖新加坡全国的高速多媒体网络。20 世纪末，互联网技术、传感器技术、智能信息处理等信息技术相继传入，城市化发展速度远超其他国家，但发展水平与美国等先进西方国家相比，仍有较大差距。环境污染、交通拥堵等城市问题大量显现，传统的城市管理模式难以为继，一定程度上也影响着政治稳定。2008 年在全球危机的背景下，IBM 公司（International Business Machines Corporation）提出了"智慧地球"（smart planet）这一新概念，认为"智慧地球"需要从"智慧城市"着手，将新一代信息技术充分应用到各行各业中，形成"物物互联""全球智慧"的最终状态，正式提出了"智慧城市"愿景。

自此，智慧城市作为城市综合发展的概念逐渐形成，并成为 21 世纪全球城市发展的新趋势。广东省、沈阳市、昆山市均已分别与 IBM 公司签订了关于智慧城市的战略合作协定。至 2010 年底，中华人民共和国科学技术部发布了《国家高技术研究发展计划纲要》（简称"863"计划）中的智慧城市主题项目，聚焦于城市的信息设施构建、信息产业发展和服务行业提升、新一代高技术创新等方面，设定了总纲领和具体目标，引发了各界学者的高度重视和赞赏。因智慧城市概念与其所需实现的目标相吻合，基于大数据技术的智慧城市建设现已被视为全球城市管理改革的关键点，部分国内大型城市积极响应这一趋势，投身于智慧城市的建设进程，陆续公布自身的构想，制定相应的蓝图，从而在国内迅速引发了兴建智能化城市的浪潮（宋刚和邬伦，2012）。我国地级市层面的智慧城市政策采纳，最早源于广东省的佛山市。2009 年 5 月，佛山市政府与中国移动广东省公司签订信息产业战略合作协议，启动"无线城市"建设及相关规划，这标志着其对未来智能化发展的积极探索正式开始。智慧城市是由数字城市逐渐发展而来的，罗伯特（Robert，2008）指出智慧城市与创新城市的论述有相似之处，但它更强调信息和通信技术作为城市转型的驱动力。虽然关于智慧城市的定义还没有达成共识，但它实际上是通过信息和通信技术来分析城市大数据，高效地配置城市资源，智能化管理城市运行，推动城市的和谐与可持续发展，从而实现更精确和智能的管理与服务（邓贤峰，2010）。安德烈等（Andrea et al.，2009）把智慧城市定义为对人力、社会和基础设施等的投资，可以实现整体经济发展水平和生活质量的提升。宋刚和邬伦（2012）认为，智慧城市不仅表现在新一代信息技术的合理利用，更是直面知识社会、直面用户的创新升级的应用。智慧城市是全球信息化发展水平向高级阶段转变的产物，是大数据时代到来的标志，它与智能城市有着本质区别，智慧是针对整个系统而言，是人、自然、社会、经济、人文等的综合体，智能针对的是某项技术或设备。基于整体与全方位视角，智能城市能够实现人类及生态环境的智能化整合，把技术的驱动力转向以大数据为主导的力量；推进其管理系统和服务能力的现代化。

通过物联网技术等手段，对城市环境进行在线监测和预警，为城市环境保护管理提供支撑和辅助决策。国内外学术界对智慧城市做出的定义可以分为两类。第一类侧重于城市发展技术。智慧城市是一个物联化、智能化、互联性的城市，强调城市中物理空间与信息技术之间的联系（Choi et al.，2020）。高等（Gao et al.，2022）将智慧城市定义为将智能计算技术应用到基础设施的集合体，在智慧城市中，硬件、软件和网络技术是相互连接的。智慧城市的核心就是通过运用物联网、云计算等新型技术和设备，以更有效的方式对社会交往模式进行革命性改变（Yang & Lee，2023）。吴俊杰等（2020）同样认为，智慧城市是一种新的城市形式，它通过新一代信息技术动态监测、跟踪、分析、整合海量的城市数据，以感知城市环境、调配城市资源、优化城市治理。智慧城市是以信息技术为中心的系统化的城市治理形态，是技术密集型城市。第二类则侧重于城市发展阶段。与推崇技术导向的学者不同，部分学者认为，智慧城市是城市增长的一个形态，而非短期的技术炫耀。例如，郝向举等（2022）认为，智慧城市是信息城市和数字城市的更高级形态，智慧城市在解决新城镇化挑战中被广泛应用的原因就在于其智慧性强调更有效率的思考和更负责的反馈。杨达和鲁大伟（2023）认为，智慧城市是基于数字化城市的架构而建立的。通过物联网技术，将城市中的虚拟和实体空间进行了有机结合，为人类生存、经济增长、社会互动以及文化交流提供各种智能化服务，是数字城市和智能城市后的城市信息化高级形态。智慧城市的本质是对城市发展方向的一种描述（曹阳和甄峰，2015）。本书选取有代表性的观点进行阐述。随着信息技术的高度发展，智慧城市这一概念不断被人们提及，成为热切关注的焦点，无论是在政府政策制定层面，还是在企业未来发展规划中，都占有重要地位。在此背景下，行政领域和学术领域都对这一概念提出了独特的思考，给出了不同答案。智慧城市的文献综述如表2-3所示。

表2-3　　　　　　　　　　智慧城市的文献综述

作者	低碳城市内涵
张梓妍等（2019）	智慧城市建设是中国式现代化城市发展的未来方向，促进共同富裕。智慧城市建设一度被视为新技术革命背景下推进城乡融合发展与共同富裕的必由之路
王振源和段永嘉（2014）	智慧城市是城市治理的全新形态。智慧城市正是先进技术手段与现代城市发展需求之间双向互动发展、螺旋式上升演进的过程与结果
何凌云和马青山（2021）	智慧城市推动经济增长、增强公众参与、促进可持续性发展、提升城市管理绩效
张阿城等（2022）	智慧城市就是把大数据、区块链、人工智能等新一代信息技术充分运用到城市和城镇发展过程，利用知识社会的各种功能实现城市创新的高级形态。以信息化、工业化与城镇化深度融合的优势，实现城市精细化管理、高质量管理、动态化管理和信息化管理的目标，缓解并治理城市发展症结，提升城市管理成效

续表

作者	低碳城市内涵
陈铭等（2011）；巫细波和杨再高（2010）	技术角度：智慧城市的核心特征在于其技术性，本质上是对各项信息技术的综合性应用，让技术发展深入城市，具有极高的数据化程度，实现对城市全方位的实时监测，加强城市间的有效沟通，实现城市间的互联互通
崔璐和杨凯瑞（2018）	应用角度：数字技术的本质特征在于提高城市治理效能、推动城市创新化运作发展，其对各项高新技术的运用目的在于促进城市各方面的资源运作效率、提高城市管理的智能化水平
王颖和周建军（2021）	智慧城市以新兴技术为手段，从智慧经济、智慧技术、智慧生活、智慧环境四个角度出发。智慧城市建设不能拘泥于信息技术的使用，还需要将自然资源的合理利用和二氧化碳的低排放考虑其中
国际标准化组织（ISO）	智慧城市分为城市服务、公民、贸易、交通通信、供水、能源等七个评价维度；从公民服务、有效治理、生态活力、智能设施、信息资源和信息安全等角度进行城市建设
上海浦东智慧城市发展研究院发布的《智慧城市指标体系1.0》	智慧城市可划分为基础设施、公共管理与服务、信息服务经济发展、人文素养和公民主观感知五个维度
中国智慧工程研究会：中国智慧城市（城市）发展指数评价体系	智慧城市建设可划分为智慧城市幸福指数、智慧城市管理指数和智慧城市社会责任指数三个维度
中国社会科学院信息技术研究中心《中国智慧城市发展水平评估报告》	智慧城市指标体系分为基础设施、智慧治理、智慧民生、智慧经济、智慧民众和安全保障体系六个维度

总结已有学者的研究能够发现，智慧城市建设通过创新驱动显著提高了绿色全要素生产率（湛泳和李珊，2022），降低了城市环境污染（石大千等，2018），并对邻近城市的大气治理具有显著的正向溢出效应（Gao & Yuan，2022）。石大千等（2018）基于中国 2005～2015 年 197 个地级市的面板数据利用双重差分方法验证了智慧城市建设通过创新驱动产生技术溢出效应、资源配置效应和产业结构效应，显著降低了城市环境污染，并进行了城市规模和城市特征异质性检验。崔立志和陈秋尧（2019）基于 2005～2016 年中国 227 个地级市的面板数据，采用多期双重差分模型估计了中国

智慧城市建设试点的三次扩容政策对城市环境治理的影响，并揭示出这种效果具有时间差异、区域特性和城市特性上的多样性。他们进一步拓展了智慧城市的评价标准，涵盖了污染控制、人民生活质量、经济发展水平、人口规模及社会保障等方面，并将这些新增加的标准纳入智慧城市指数中。通过应用多期双重差分法研究发现，智慧城市试点政策直接降低了中国城市的空气污染物浓度，提高了空气质量，对相邻城市的空气污染治理也有显著的正溢出效应（Gao & Yuan，2022）。其途径为绿色技术创新、产业结构的升级和城市空间结构的分散，大部分可以归因于技术效应。针对减少碳排放量的目标，赵建军和贾鑫晶（2019）运用 2007~2016 年中国 285 个城市的面板数据，并采用双重差分法建立了一个模型来分析智慧城市试点政策对于产业结构转变的影响力。从技术的进步、金融的发展和人力的提升这三个视角去验证该策略的效果是否存在于不同地区、城市大小及城市特性上。智慧城市建设能够加速产业结构的优化，强化其吸收碳的能力，并且能有效提高能源的使用率，这些方式都有助于减缓城市中的碳排放量（Zhou et al.，2021）。张荣博和钟昌标（2022）使用多期双重差分模型和面板分位数回归模型对 2007~2018 年中国 1817 个县域进行了分析，发现智慧城市试点政策通过推进县域产业结构高级化发展、增强产业的专业集中度，并减少关联企业的数量，同时增强企业和民众的环境保护意识，这有助于扩大试点的示范影响，从而有效降低县级地区的碳排放总量，提升区域陆地植被固碳量水平，进而实现县域绿色低碳发展。智慧城市试点政策可通过智能化产业发展、政府服务数字化以及社会福利改善来实现更少的碳排放量。这些成果都证明了智慧城市试点的成功实施对于环境和社会的发展具有积极意义（邢文杰和王倩，2021）。

（五）城市绿色发展效率

在 20 世纪 60 年代，一些经济学家将投入产出相对关系纳入"经济—环境"关系的分析中，运用于经济发展与生态环境关系的研究中。城市绿色效率概念即基于投入产出理论，从经济、资源和环境等角度评估在资源要素投入下，能否实现预期效果。通过研究"投入—产出"结构的合理性，评价城市绿色发展的质量和效率（宋马林和刘贯春，2021）。生态与经济协调发展理论兼顾生态与经济两方面，即要求在实现经济增长的同时有效利用资源、保护生态环境，体现了绿色、可持续发展的基本特征。推动质量变革、效率变革以及动力变革，提高国家、行业或企业的全要素生产率，促进我国经济可持续发展的内生动力转变，协调发展目的是解决环境规制过程中的不平衡问题。生态与经济协调发展理论为我国的绿色发展和生态文明建设提供了极为重要的指导思想，本书研究的绿色发展效率的衡量也是基于这一理论。

随着经济发展过程中逐渐呈现的全球生态环境恶化的情境，学者们逐渐意识到单纯以国内生产总值（GDP）衡量经济增长及发展不够全面，开始提出绿色 GDP 核算、生态福利指标等来衡量发展效率。针对绿色经济、可持续发展理论等研究的深化，部分学者提出涉及绿色增长、环境绩效等方面的相关测度及评价指标。国外学者较早就将资源环境因素纳入效率测度中，对超对数生产率指数进行了修正和改进，首次尝试将环境因素引入效率测度问题中（Pittman，1983）。这种研究思路被广泛接受，并在后续的研究中进一步发展成为两种不同的测度方法。学者在生产模型中把环境污染作为一种投入，认为有效的绿色发展可以最大限度减少环境污染的"投入"（Coelli et al.，2005），但张可等（2016）认为，这样的方法并不符合现实实际，因为环境污染产出于实际生产过程，而非投入环节。而古马尔等（Kumar et al.，2006）认为，环境污染是一种"坏"产品，这种研究思路可以与孙巍等（1999）所提出的生产可能性集有界和投入强可处置性特点的假设结合来展开对效率的测度，这种测度方法获得较多学者的认可，在近年来普遍被用于对经济绿色发展效率的研究中。

国内学者从区域、城市和企业（行业）等层面着手，展开绿色发展效率的评价研究。对绿色发展效率评价的研究从产业层面或区域层面进行划分。在区域层面，划分为省域视角及城市视角；在产业层面，主要是三大产业内的绿色发展效率评价。已有研究从不同角度构建环境规制评价指标体系，开展对城市绿色发展的研究，如蔺鹏等（2020）、李文鸿等（2021）采用绿色全要素生产率指标来衡量环境规制，许永兵等（2020）、韩雅清等

（2021）在新发展理念基础上结合区域经济发展特点构建评价指标体系。环境规制以技术进步为主导的环境治理模式探索，通过理论、制度、技术和文化等多方面的创新与动力解决问题。如李兆亮等（2017）的研究中，将考虑资源环境的农业经济增长绩效定义为"农业绿色生产率"；陈诗一（2010）从全要素生产率的角度对我国绿色工业革命进行探究，发现传统的未考虑生态环境的全要素生产率估值比考虑了环境因素的全要素生产率高很多。在区域层面，从省域视角出发，钱争鸣和刘晓晨（2014）运用 DEA - CCR 模型和考虑非期望产出的 SBM 模型分别计算了国内 28 个省份的传统经济效率和绿色经济效率，并从全国东部、中部、西部三大区域，比较了两种效率的评价情况。斑斓和袁晓玲（2016）引入非期望产出超效率 SBM 模型，测算了 1991～2013 年中国省际绿色发展效率，进而引入空间面板模型，研究了八大区域绿色发展效率空间影响机制。任海军和姚银环（2016）运用包含非期望产出的 SBM 超效率模型测算 2003～2012 年国内 30 个省份的生态效率，比较高资源依赖度、低资源依赖度地区生态效率的差异。李艳军等（2014）对我国绿色发展效率进行实证研究，发现西部地区在三大地区中的绿色发展效率值是最高的，中部地区是最低的。杨志江等（2017）对中国绿色发展效率的区域差异进行检验。相关研究主要从区域宏观尺度（田光辉等，2022；车磊等，2018；周亮等，2019）和企业微观（张莉莉等，2018；王贞洁和王惠，2022）两个层面着手，涵盖了测度模型与计算方法、时序变化与空间分异规律、收敛性与影响因素及行业异质性等内容。国内外学者通过构建评价指标体系，在能源和环境双重约束下选取投入产出指标，采用 DEA 模型（吕岩威等，2020）、全局参比的 SBM 方法（吴建新和黄蒙蒙，2016）和 Luenberger 指数方法（Xu et al.，2020；Long et al.，2020）、全要素生产率等模型进行测度。通过 Malmquist 指数分解、核密度估计、空间自相关等技术，深入探索绿色发展效率的时空动态演变特征，描述绿色发展的时序阶段性变化、集聚现象、收敛趋势以及溢出效应（周亮等，2019）。

目前，部分城市处于规模报酬递减阶段，存在绿色发展低效甚至无效问题（赵金凯和杨万平，2017）。我国三大区域的绿色发展水平的差异在不断加大，各省份之间的绿色发展效率差距也在逐步扩大。因此，城市绿色发展效率仍有待提升。

二、环境规制的内涵、工具与成效

（一）环境规制的内涵

环境规制是由政府根据环境保护目标而制定并执行的一系列策略和方法，它涉及一套系统化的规定体系的设计（余伟和陈强，2015）。帕加尔和惠勒（Pargal & Wheeler，1995）进一步补充了非正式环境规制的内涵，即当政府不实施或消极实施正式环境规制时，社会团体为了保障高标准的环境质量，可选择与周边污染厂商进行谈判或协商。非正式环境规制旨在增强公众的环境保护意识，并反映出各方的环境保护需求，因而具有无形性与广泛性，形成对正式环境规制的重要补充（邱金龙等，2018）。正式环境规制与非正式环境规制二者具有目标一致性。环境规制经历行政手段（设置技术标准和排放标准等）、市场机制和综合行政手段的三个阶段（姚从容和曾云敏，2019）。根据环境规制的工具、内涵与特征等，学者将其分类为显性环境规制（命令控制型、市场激励型、公众参与型）和隐性环境规制（赵玉民等，2009），或分为费用型和投资型（原毅军和陈喆，2019）。部分学者基于环境规制的概念与特征，构建了环境规制评价体指标系，包括经济、行政、排放和效率等不同层面指标，从而衡量区域环境规制水平（彭聪和袁鹏，2018）。

总结已有学者的研究结果，"遵循成本说"与"创新补偿说"两种观点被用于研究环境规制的有效性，这些研究主要关注的是监管者、受监管方、监管成本及监管效益等多个方面，并从规制主体、规制对象、规制成本和效率等方面探讨了环境规制的有效性。"波特假说"和"绿色悖论"两种观点兴起。随着环境规制的演进，一些学者从规制主体、规制对象、规制成本、效率等方面探讨了环境规制的有效性。环境规制的影响呈现两种转换效应："污染光环效应"和"污染天堂效应"。在探讨环境规制引致差异化效应机制的过程中，出现了"绿色悖论"的"遵循成本论"和"波特假说"的"创新补偿论"两种观点。"污染天堂假说"认为，环境规制的变化会导致污染密集型产业从环境规制较为严格的国家转移到环境规制较为宽松的国家。区域环境规制陷入低水平均衡，成为"污染避难所"（Fisher et al.，2004）。国内外学者对"绿色悖论"和"波特假说"进行了丰富的探讨。"绿色悖论"起源于 20 世纪末。辛克莱（Sinclair，1994）通过可耗竭资源的动态最优开采模型证明了碳税的实施在一定程度上并没有起到控制碳减排的作用。相反，它加速了化石能源供应商的开采，导致化石能源消费量和碳排放量在短期内上升（Van & Di，2012）。"绿色悖论"效应对环境规制促进碳减排和环境可持续发展（Sinn，2008；Hoel，2011）的有效性提出了挑战。"绿色悖论"的提出与传统经济学中环境规制遵循成本的思想是一致的，即在过高的环境规制标准下，企业的生产成本上升，使企业背负沉重的负担，竞争力下降，不利于碳减排（Lodi & Bertarelli，2023；Van et al.，2023）。根据"波特假说"，环境规制形成对重点排放单位的减排约束，倒逼技术创新而推动城市绿色发展（张静晓和刘润畅，2019）。随着社会公众对环境问题的关注度不断提升，非正式环境规制发挥的作用越来越明显。非政府组织在政府、企业以及社会公众之间的桥梁作用，并逐步发展出专业的收集与解析环境数据的功能，这有助于增强正式环境规制的监管强度及惩罚措施，从而增加生态环境应对挑战的力量（王红梅，2016）。以公众行为为主导的非正式环境规制有助于建立信息传播机制，政府及时感知公众诉求，将数据流量价值转化为生态价值（李欣顾等，2022）。因此，环境规制促进了数字技术的快速发展与应用。环境规制引领数字城市、物联网和云计算技术研发投入，促进数字技术的重大突破（李毅等，2020）。智慧管理、智慧服务、智慧运行等管理需求拉动数字技术研发与成果转化，激励数字核心技术研发。通过加大数字化平台软硬件投入，建立高效的网络化平台，为解决数字技术创新中的核心技术、复杂算法等问题提供有力支持，扩大数字技术创新规模和影响范围（卞晨等，2022）。另外，可利用数字技术制订战略计划、实施法律监管、提供金融援助和保护知识产权等举措。然而，一些研究指出，政府对环境的管控可能会产生延迟的影响，这有可能导致政策与企业之间产生串联、利益输送等行为。在信息具有不透明度的影响下，环境规制治理可能引发公有性质及其对外部的负面影响等问题，引发市场失衡现象（张国兴等，2021）。

（二）环境规制应用的工具

环境规制是政府根据特定时期的政策目标，为一系列行动组合设计相关制度规则而采取的有效手段和方法（Shen et al.，2023）。根据环境规制的工具、内涵和特征，学者们将其分为显性环境规制（命令控制、市场激励和群体参与）和隐性环境规制（Hamamoto，2006），或分为成本型和投资型（Liu et al.，2023）。基于环境规制的概念，有学者构建了衡量区域环境规制水平的指标评价体系（Liu et al.，2021）。

1. 命令控制型规制工具

政府以及环境保护部门利用法律、命令等行政手段对社会个体、企业和组织进行强制性规范和约束，以期达到环境保护的标准（徐盈之等，2015）。在我国低碳城市试点政策实施过程中，命令控制型规制手段具体包括：制定行业排污标准、限制企业污染排放量、规定使用排污技术和设置环境保护法律等。这种规制方法对政策对象约束过多，增加生产成本，限制企业积极性，短期内不利于企业生产增长（李菁等，2021）。从长期来看，命令控制型环境规制有权威性，效果快速而显著，可直接从源头治理环境污染，促进地方经济绿色、科学发展，推动地方绿色创新。

2. 市场激励型规制工具

市场激励型环境规制也称经济激励型环境规制，是指政府借助其功能优势，以市场为基础，利用价格机制引导、激励各经济主体自发调整自身行为，提高绿色排污技术，降低环境污染水平（Ksy & Ho，2021）。在中国低碳城市试点政策的具体实践中，激励手段包括环境保护补贴、押金返还、环境治理投入等正向激励工具以及排污收费、使用者交税、产品税费等负向激励工具以及碳交易机制、清洁发展机制等市场工具（郭进，2019；伍格致和游达明，2019）。市场激励型环境规制下的经济主体有相对自由的选择权，自觉参与到节能减排行动中，节约了政府的信息采集成本。短期内，排污收费等经济手段无法实现市场资源的最合理配置，增加了企业的生产成本，对经济增长存在负向影响（张治栋和秦淑悦，2018）。长期来看，各类经济手段刺激企业技术革新，淘汰落后产能，实现经济的绿色可持续发展。

3. 公众参与型规制工具

公众参与型环境规制也被称为自愿意识型或公众自愿型环境规制，是一种公共参与型环境保护政策，主要通过行业协会和公众利用舆论压力、道德限制以及承诺等方式鼓励经济实体积极投身于环境保护事业中，从而提升企业对环境保护的认知度并形成良好的环境保护氛围（沈宏亮和金达，2020）。此类环境规制的手段包括环境协议、环境倡议和承诺、信息公开和披露、环境听证制度、低碳交通体系试点等（邱金龙等，2018）。公众参与型环境规制以自愿性为特征，参与主体众多、覆盖面广、规制成本低，有利于营造良好的环境保护氛围，但由于约束不具有强制性，规制效果具有不确定性。部分学者认为，在短期，公众的自愿参与意识具有时滞性，即无法迅速对环境规制产生影响，因此效果微弱；但在长期内，各个经济主体应该参与到社会环境保护的不同领域中，推进公众自觉遵守规则，加强对政府和企业的监督，企业加强自身清洁生产，推动节能减排，行业协会等积极参与环境保护政策的制定，推动环境保护体制不断完善。公众参与环境监管的优点是管理成本低、效率高。但鉴于我国的环境管理长期由政府掌控，公众参与环境治理的渠道和机制还不完善，没有明确的制度保障。同时，公众对环境保护的政策及策略等依然缺乏较为深入的认识。因此，建立现代化的环境管理系统并促进公众参与是国家环境治理结构和能力不断完善的关键因素，环境管理需要政府、企业、市场与公众的主动参与和共同努力。

2020 年 3 月，国务院办公厅印发了《关于构建现代环境治理体系的指导意见》，要以坚持党的集中统一领导为统领，以企业主体作用为根本。勾画了我国构建政府掌控、企业主体和社会各界共同参与的现代环境治理体系的蓝图。在此基础上，中央和地方政府继续加大环境保护宣传教育力度，推进我国环境治理信息化，提高环境信息透明度，开放线上线下环境监测报告平台，逐步畅通环境治理渠道。由此可见，公众参与环境治理能够不断提高各类市场主体和群众参与环境治理的积极性，共同推动我国环境治理事业的发展。

（三）环境规制的阶段成效

1. 工业污染防治初步探索阶段

我国历来高度重视环境保护与生态资源问题。在环境规制的初级阶段（新中国成立之初到改革开放），我国推进工业化，在该过程中实施了一些环境保护政策。这些政策和措施在一定程度上解决了当时的环境污染问题，这可以归因于计划经济时期环境规制的初步实践。具体包括以下三个方面：一是关注环境保护问题；二是注重工业污染防治；三是注重节约和保护资源。在该阶段，我国提出了植树造林、建设节水工程、防洪、节约资源等政策。同时，我国建立了一批综合性自然保护区，开展了"绿色家园、树木保护"的公众活动，这对于保护生态环境、防止水土流失具有重要作用。

建立环境管理体系是促进国家环境治理结构和能力现代化的关键因素，显然，环境管理不只需要政府的付出，还必须各界主动协助、一致积极参与以及不懈努力。首个环境保护部门由原中国计划委员会的环境保护局设立，其主要职责是拟定并审核与环境保护相关的政策。1973 年 8 月 5 日，国务院召开首次全国环境保护会议，制定了《关于保护和改善环境的若干规定（试行草案）》。这是我国第一部关于环境保护的综合性法规。明确了环境保护工作的"三十二字方针"。"三十二字方针"强调环境保护的全方位策划、合理的空间分布、整合资源使用、把危害转化为利益。同时，环境保护依赖公众的参与，每个人都应积极投入环境保护工作。总体而言，在我国环境保护的起步阶段，政府对保护环境进行了初步尝试，并制定了一些具有环境保护功能的政策。但这些政策相对分散，内容原则上缺乏具体、规范的环境管理程序，尚未建立完善的环境法律体系，不能完全满足环境保护的系统性、综合性要求。同时，在该阶段，大多数民营企业缺乏环境与社会责任意识，环境管理水平较低，造成环境破坏问题严重，迫切需要政府对环境的大力监管。环境保护目标责任始终是重中之重，环境保护目标完成情况被列为绩效考核的重要指标之一。随着时间的推移，我国逐渐构建了一套完整的绿色法规系统，并取得了更为显著的成绩。通过实施一系列新的措施，限制企业排污行为，提升城市的整体治理水平，使整个社会更加重视可持续发展的重要性并且积极参与到这一进程中。在此过程中，中国环境保护的工作逐渐步入正轨，基本的环境规制准则、策略与法规也得以确立，环境监督迈入了新的阶段。法律框架不断完善，环境管理的责任主体更加明确。一系列相关政策的稳步推进为我国环境规制体系的发展和优化提供了重要的指导思想和实践经验。

2. 环境监管的拓展阶段（20 世纪 90 年代）

污染防治与生态保护并重。在市场经济快速发展的背景下，我国经济进入快速发展时期，但随之而来的生态环境恶化问题也日益突出。具体而言，这一时期的环境保护工作部署主要包括以下四个方面：一是确立国家可持续发展战略地位；二是坚持污染防治与环境保护并重；三是加快环境保护立法和审查工作；四是深化环境保护机构改革。

在这个阶段，中国的环境规制发展取得了显著进步，包括法律框架构建、环境管理优化等多个方面，环境保护目标逐渐融入我国长远的发展计划中。同时，经济和社会的发展也促进了环境规制更具系统性和全方位性。但在这个阶段，部分地区的政府与行政机关仍然聚焦于经济发展，对环境保护投资相对匮乏，这使区域间的环境治理措施、重视程度及取得的成效均具有较大的差异性。

3. 环境规制的深化阶段（21 世纪开始到 2012 年）

进入 21 世纪后，随着改革开放的深入和工业化、城镇化进程的加快，我国经济总量持续扩大，随着资源浪费和环境污染问题越来越严重，政府对环境管理的压力越来越大，对环境保护的重视程度和环境保护要求越来越高。我国的经济发展模式逐渐从"重经济增长、轻环境保护"向"环境保护与经济发展并重"转变，从"环境保护滞后于经济发展"向"环境保护与经济发展同步"转变（Wu et al.，2020）。在环境规制的深化阶段，我国综合运用法律、经济、技术和必要的行政手段来改善环境。我国强调要实现"由注重 GDP 提升而忽视自然环境改善"到"兼顾绿色发展的平衡发展模式"的转型过程。此外，我国逐步调整至将可持续的发展理念融入社会、经济和政策制定等中，关注污染物排放情况等一系列举措，积极推进环境保护工作。

总体而言，在这个阶段，中国的环境规制已经完成了重要的策略转换，其主要观念已从过去的侧重经济扩张而忽略环境保护转变成对两者的共同重视。环境规制的目标也从环境保护落后于经济发展的模式逐渐过渡到促进二者共同发展上，并且环境政策工具也从以往的主要依赖政府干预逐渐转变为包括政府、企业及公众等多元主体参与的方式。因此，我国对于生态环境的保护措施正在逐步加强，涵盖的环境规范正在逐渐扩展，法律制度日益健全，环境治理的强度也不断增强，因此，环境规制的效果不断提高。

4. 环境规制的创新与成熟阶段（2012 年至今）

自 2012 年起，我国环境规制不断创新并走向成熟。目前，我国经济发展正处于增速换挡期。经济发展模式从高速增长转为中高速增长，产业结构不断优化升级，经济增长动力从要素驱动、投资驱动转向创新驱动，我国经济发展进入新常态。政府与市场的关系进一步明晰，市场越发发挥资源配置作用，表明经济发展主张市场主导下政府的有效性，而非政府主导下市场的有限作用。

总而言之，在该阶段，中国的经济增长策略逐渐转型，以更注重质量和效率的方式实现经济发展。随着中国步入新的经济社会发展状态（即"新发展格局"），GDP 增长速度有所减慢，但仍保持稳定且健康的发展。同时，对环境保护的重视也在进一步提高，我国对于生态保护政策制定及实施力度大幅增强，会继续改善直至达到最佳效果。通过建立健全制度实行严格监管，从而确保最大限度地减少污染现象发生的可能性。环境规制相关部门地位不断提升，规制向集中统一方向发展。

三、环境规制推动城市绿色发展的影响路径

（一）产业转型升级路径

我国产业结构调整的进程缓慢，如资源型城市以资源产业为发展支柱，市场化程度较低，存在人才和技术制约。推进产业结构的高级化和合理化是寻求经济动能转换的重要方式。延伸资源产业链条对于产业转型升级具有现实意义。环境规制是推动产业结构转型升级的外在驱动力（郑晓舟等，2021）。运用市场手段指导企业调整经营策略，同时转变生产方式，从而调节和有效优化产业结构（Jiang，2020）。低碳产业和高技术产业的快速发展可以带动整个区域产业结构的升级转型（夏海力等，2019）。因此，环境规制能够诱发产业结构的合理化发展，实现智能化生产与制造。企业变革原有的大批量、低效、重复的流水作业，使生产方式趋向多种类、高品质，并制定具有个性化的方案，有效提升制造业原有的生产水平，并完善管理模式（马晓君等，2022）。根据动态均衡理论，市场型环境规制通过市场需求使产业结构协调度增加，促进产业结构的转型与升级（杨岚和周亚虹，2022）。经过市场的筛选去除多余的生产力，这对于行业的绿色转变和效能提升产生了积极的影响。结合命令控制型及市场激励型这两种类型的环境规制的效果来看，市场激励型环境规制能够借助推动行业进步的方式展现出碳排放作用（张修凡和范德成，2021）。不同类型的环境规制通过政策指引与市场需求使产业协调度增加，促进产业结构的转型与升级。

（二）资源要素配置路径

资本要素的高效配置是城市绿色发展的重要影响因素，且在城市群间呈现异质性（李琳等，2016；吴朋等，2018）。基于引力模型，谢伟伟等（2016）构建了城市关联网络，发现资本要素是影响城市可持续发展绩效和创新效率的关键因素。通过打破要素流动的行政限制，形成要素自由流动通

道，能促使行业生产全过程中技术流、资金流、人才流等生产要素的高效性，促进产业的智能生产、柔性生产，降低要素资源错配率（王必达和苏婧，2020）。

依据要素禀赋理论，环境规制能够促进地区创新资源的集结效应，并聚焦于要素禀赋优势。在较高的环境规制强度的限制下，要素禀赋优势聚合，从而提高资源密度，实现低碳化转型（Yuan et al.，2018）。"命令控制型"环境规制通过设置壁垒对产业升级产生正向传导效应（张峰和宋晓娜，2019）。"公众参与型"环境规制追求环境的高质量发展，对自然生态无形价值具有深刻感知。随着城市绿色治理进程的深入，社会公众与非政府主体发挥的作用日益凸显（孙慧等，2022）。环境规制鼓励企业改善其资产分配以增强创造力，实施低碳改革。因此，高排放企业可以通过采用资金累积及资产重新分配的低碳技术途径来减少碳排放（李光红等，2018）。受到市场驱动的环境保护政策影响，企业的知识含量提升，并且朝着更高的知识密度转变，提高工作效率。企业的低碳技术创新实现了资源的最优分配和更新（易明和吴婷，2021）。不同类型的环境规制能够协同推进资源配置优化，建立信息与技术共享平台，使不同产业间实现信息共享，出现跨行业融合，驱动生产要素升级，从而促进生产效率的大幅提升。

（三）技术创新路径

随着市场激励型环境规制的激励程度不断加深，低碳技术的使用使信息与资源在不同产业间形成互动，企业的发展过程中参与碳排放权交易，推动了企业的创新式发展模式形成，对生产方式、组织模式等产生了深远影响（谭静和张建华，2018）。产业间通过形成交易而存在一定的融合与渗透，倒逼企业实施低碳技术创新，资源共享涌现，在企业间形成交互，促进了相关产业或同行业之间共同实现低碳发展目标，从而产生低碳经济发展的新动力（徐建中等，2018；Fankhauser，2013）。企业变革原有的大批量、低效、重复的流水作业，使生产方式趋向多种类、高品质，并具有个性化的方案，有效改变制造业原有的生产水平及管理模式（吕铁和李载驰，2021）。近年来，环境规制引领数字城市、物联网和云计算技术研发投入，促进数字技术的重大突破（孔繁彬，2022）。智慧管理、智慧服务、智慧运行等管理需求拉动数字技术研发与成果转化，激励数字核心技术研发。通过加大数字化平台软硬件投入，建立高效的网络化平台，为解决数字技术创新中的核心技术、复杂算法等问题提供有力支持，扩大数字技术创新规模和影响范围（郑少华和王慧，2020）。通过制订高级规划、实施法律监管、提供财务援助以及保护知识产权等手段来规范智慧城市的建设。环境规制的激励程度不断加深，低碳技术的使用使信息与资源在不同产业间形成互动，推动企业的创新发展模式，对生产方式、组织模式等产生了深远影响。

四、数字技术赋能城市绿色发展的影响机理

（一）数字技术内涵

国内外学者早就开始了对于数字技术概念的研究。著名 IT 咨询专家，有"数字经济之父"之称的唐·塔普斯科特（Don Tapscott，1996）最早提出了数字技术的概念。而随着数字技术在实体经济中的不断应用，研究人员根据数字技术与实体经济的融合程度，将其定义分为以下两种类型：狭义的数字技术主要是指信息与通信技术（ICT）。而广义的数字技术的定义则更加全面多样，具体包括 ICT、云计算、人工智能（AI）等多种技术，且数字技术能够促进不同行业的数字化转型和数字产业的大规模发展。

狭义的数字技术主要指信息通信技术。唐·塔普斯科特（Tapscott，1996）认为，信息是纷杂多变的，在数字技术时代以数据要素加以呈现。刘助仁（2001）认为，数字技术是以数字信息为要素的特殊技术，同时通过互联网传输数字信息，能够以新的方式促进商品和服务的流动和产业发展。孙德林和王晓玲（2004）分析了数字技术的主要特征和本质，认为信息经济的发展模式是将数字技术作为生产要素引入模型中。我国数字技术发展正处于信息化阶段，其经济效应逐步显现。《OECD 数字经济展望》（*OECD Digital Economy Outlook*）系经济合作与发展组织（OECD）考察和记述数字经济发展进程和新兴机遇与挑战的旗舰报告，每两年发布一期。首

份报告于 2015 年 7 月 15 日发布。经济合作与发展组织于 2017 年 10 月 11 日发布该系列第二期——《2017 年 OECD 数字经济展望》（*OECD Digital Economy Outlook 2017*），从信息通信技术的角度对数字技术进行了定义，并提出可以通过信息通信产业的发展、相关基础设施的完善、安全和隐私问题的解决以实现数字化转型。

广义的数字技术是基于信息通信技术、数据分析、人工智能等多种技术，实现信息和知识数字化的综合性新技术。数字技术具有增长性和整合性两个主要特征，能够推动产品的更新换代（Yoo et al.，2012）。同时，数字技术可以打破行业之间的壁垒，促进多个行业融合发展。吕蒂宁等（Lyytinen et al.，2016）定义了数字技术的范围，认为一切与 ICT、云计算、AI 等技术直接或间接相关的产品和服务都是数字技术。布赫特等（Bukht et al.，2017）也认为数字技术是数字经济最重要的源泉。李俊江和何晓银（2005）指出，新一轮经济革命必须以数字技术创新为驱动，覆盖整个社会经济领域，转变产业发展方式。刘志扬等（2020）研究了区块链，并从社会创新的角度研究了数字技术对产业和社会变革的重大影响。于东华等（2021）指出，数字技术是数字经济发展的重要动力，是新一轮产业革命的重要机遇。田秀娟等（2022）认为，数字技术可以为实体经济转型发展提供机遇。数字技术能够深度融入社会经济的各个层面，释放出数据元素的价值，引领数字化转型的新模式，改变产业结构和经济方式（Obashi & Kimura，2021）。

数字技术的创新可以追溯到 20 世纪 40 年代。20 世纪 40 ~ 60 年代，计算机的不断升级和优化推动了数字技术的发展。20 世纪 70 ~ 90 年代，计算机的发展让数字技术进入家庭和企业。20 世纪 90 年代以后，互联网和手机的发展也使数字技术更多地应用到各个行业，数字技术主要是通过数字化、智能化的方式融入各个行业，带动行业的进步，从而提高经济发展水平。随着时间的推移，我国对于数字技术发展的理解也不断深化和明确化——它指的是利用诸如人工智能（AI）、分布式账本系统（blockchain）、云计算（cloud computing）、大数据（big data）、物联网（internet of things）和互联网（mobile internet）等多种先进的信息科学手段来实现信息技术的深入应用，在实际生产中产生新的知识成果及商业价值，这是一种新兴的技术，被广泛认可为推动经济发展的重要力量之一。目前，国内外学者们都对数字技术、数字经济和数字化转型等进行了大量的研究与探讨。菲克曼等（Fichman et al.，2014）认为，数字技术的创新能够带来新的商业模式或者新产品的出现。吕蒂宁等（Lyytinen et al.，2016）认为，数字技术是一种产品与服务，不仅联系着信息还与通信技术相关。戈德法布等（Goldfarb et al.，2019）指出，数字技术是实现数据的储存管理及信息呈现的一系列技术的总称；而奥蒂奥等（Autio et al.，2018）提出了这种技术创新具备了分离化与非中介化的特性。布里尔等（Briel et al.，2018）认为，数字技术具备关联、开放的性质。根据对数字技术的理解与探索，余江等（2017）阐明了数字技术的概念和含义，介绍了其主要类别及其重要特性。刘洋等（2020）主要对数字技术创新的内涵、外延及数字技术创新机制进行了研究。柳卸林等（2020）认为，数字技术是新型的技术革新模式，呈现出多元参与者主导型（openness of innovation actors），是一种广泛存在及自我发展能力强且持续不断的过程。这些都充分体现了这一新兴领域的发展趋势。

（二）数字技术赋能城市绿色发展的路径

已有学者关注数字技术如何影响包容性发展（张勋等，2019）、高质量发展（赵涛等，2020）、城市创新能力（韩璐等，2021）、产业结构（陈晓东和杨晓霞，2021）及企业创新绩效（候世英和宋良荣，2021）等的影响。通过总结相关研究，数字技术通过产业结构优化、公众参与和要素流动路径赋能城市绿色发展。

1. 产业结构优化路径

数字技术对不同产业的渗透率存在差异，这能够驱使产业结构加速向以服务业和高端制造业为主的结构转型（刘佳琪和孙浦阳，2021）。通过应用数字技术实现资源的有效转换，促进产业结构的优化，能够提升产业联动和传播效应，为城市绿色发展提供更强大的发展动力（Heo & Lee，2019）。根据动态均衡理论，数字技术能够挤压高碳排放产业的发展空间，利用数字化、智能化和绿色化模式推动城市绿色发展（王佳元，2022）。基于协同集聚效应理论，数字技术的正外部性能够带动生产经济效益的提升，拉长资源行业链条，对产业的转型升级具有现实意义（曾可昕和张小蒂，2018）。利用数字技术拓宽资源配置的范围，促进劳动密集型和高耗能行业实现数字化转型，推进经济的可持续发展（刘平峰和张旺，2021）。如数字技术贯穿制造业的产品设计、零件生产、产品组装、产品流通等多个环节，能够提升精细化与低碳化的制造水平。产业结构调整是提高城市间协作度的内生动力，可长期实现资源节约、环境友好和生态平衡（庄贵阳等，2021）。城市应构建具有竞争优势的新产业体系，由产业生态化、多元化、合理化形成绿色发展支撑（赵霄伟和杨白冰，2022）。新产业体系的演进能够诱发区域创新资源的集聚效应，形成可持续发展动力（李程骅和黄南，2014）。高爽等（2017）提出了以"三生共赢"为核心理念的城市绿色发展目标及发展策略。由此可见，产业体系、城市空间及消费模式的变革有利于重构城市绿色发展的实施框架（杜宇玮，2019）。

2. 公众参与路径

数字技术能够促进公众参与城市环境管理，扩大环境信息披露与治理的主体范围，整合环境信息资源，推广公众环境保护与绿色治理意识（崔琪等，2022）。借助数字技术的网络化、智能性、分散性及非集中特性，它能与环境保护监督管理单位密切协作，从而提供强有力的技术，助力城市的绿色进步。这可以推动各部门间的数据分享，提升信息的合理应用，并解决因信息失衡所引发的问题（高锡荣和蒋婉莹，2016；徐维祥等，2021）。例如，大气110是专门针对空气质量检测和生态大数据解析的公众服务系统，目前在多个城市已经广泛使用，实现了精确的环境治理，增强了对生态环境全面管理的科学性和准确度（陈明明，2023）。数字技术在环境保护行业中的应用越发重要，为智能环境保护带来新机会，促进城市绿色管控网络的建立和完善。通过"数字环境保护"技术平台及环境法庭司法救济制度，信息共享机制能够提升公众参与环境保护的意识和能力（尹红和林燕梅，2016）。

3. 要素流动路径

依据克鲁格曼于1991年的研究成果,"中心—外围"的发展模式可能会受到诸如市场范围、人力资本及冰山成本等多种因素的影响而发生变化,导致要素分布由边缘到核心。数字化技术的应用有助于优化资源分配,提升能源效益,同时达成包括元素流通、经济发展以及减少温室气体排放等多项任务的目标。通过运用数据要素,可以有效地减轻传统的生产方式对于实体资源和能源的高耗用情况,从而进一步提升了资源的使用效能,实现了城市的绿色低碳发展目标(张凌洁和马立平,2022)。数字技术提高绿色全要素生产率,促进新产业、新业态和新模式的萌生,在要素市场化过程中发挥规模效应、网络效应和平台效应(韩少杰和苏敬勤,2023)。要素的自由流动能够开创空间和新的渠道,实现资金、劳务和能耗等要素结构的灵活调节。在区域内,信息、数据、技术以及人才的流动性大幅度提升,通过溢出效应和示范效应推动绿色发展(邱子迅和周亚虹,2021)。数字技术对劳动力和资本产生替代,加速生产要素在产业部门间的流动(张永恒和王家庭,2020)。利用数字技术打造由需求、信息、技术和要素驱动的可持续绿色发展模式(谢谦和郭杨,2022)。

(三)数字技术赋能城市绿色发展的效果

数字技术的进步正引领着新的技术创新与行业转型,不仅能影响工作模式和社会关系的构建,同时也能对经济体系产生深远的影响。首先,利用数字技术能够改善资金流转的环境,为公司带来更为便捷且易于获取的新型金融服务,有效地降低了企业的筹款压力(万佳或等,2020)。其次,数字技术应用可以促进产业结构优化升级,数字技术可以推动文化产业的发展,数字技术的应用为文化产业的发展注入强大动力(Cheng et al.,2010)。韩东林等(2020)利用建立的VAR模型,对数字技术应用与文化产业之间的关系进行了研究,了解到数字技术的应用会在一定程度上对文化产业的发展产生影响。利用技术工具,数字化可以强化各个行业之间的关联,从而有助于全面提高整个供应链的效能并增加整体劳动力产值(肖国安和张琳,

2019）。蒋树雷和张臻（2020）的研究表明，数字技术的运用可促使物流行业的进步，进一步推进了其组织架构的发展。最后，数字技术的实施也实现了资源的最优分配，随着数字技术的持续发展演进，它们的广泛使用及深入整合正不断地提升社会的生产能力（王开科等，2020）。同时，数字技术的使用也可以调节不同类型生产要素的投放比例，从而改善资源的配置效果，助力国家经济发展，并且提供了更好的配置方式和创新动力（荆文君和孙宝文，2019）。数字技术与产业的深度融合，推动了社会经济的发展（刘淑春，2019），通过数字技术范式的变革，为创新资源配置创造更加广阔的空间（张昕蔚，2019），解决资源配置中的局部低效率与全体高效率之间的矛盾（张鹏，2019）。

萨迪吉等（Sadeghi et al.，2021）认为，数字经济的迅猛发展导致了产业结构的巨大转变，使企业面临着空前的机遇和挑战。能够最直接地反映数字经济对企业生存影响的是数字技术在企业中的广泛应用。吴飞等（2021）和辛格（Singh，2017）认为，数字技术应用促进数字技术与企业现有生产体系的深度融合，是当代企业必须履行的战略重点。因此，也有学者对数字技术应用对企业的影响进行了广泛的研究。数字技术应用影响了盈余管理。罗金辉和吴一龙（2021）从管理者实施真实盈余管理活动的动机和能力的角度发现，数字化运营水平与企业真实盈余管理显著负相关，这表明数字技术有助于阻止管理层的实际利润。数字技术的使用会影响审计质量。利用数字技术，企业的数字化转型行为，如应用数字技术和创新商业模式等，能在一定程度上减少公司风险，提升信息的透明度，从而提高审计的质量（翟华云和李倩如，2022）。另外，数字技术的应用也影响着公司的管理。数字技术的应用可以缓解信息不对称，大幅提高企业的信息处理能力，促进企业内部信息和知识要素的流动和共享（沉国兵和袁正宇，2020）。数字技术的应用改变了企业价值创造的路径，提高组织绩效和效率信息传递速度，在一定程度上提高了公司治理效率。因此，数字技术的应用可以帮助企业降本增效，支撑组织结构的优化和现代化、生产的优化。数字技术的应用可以提高企业的生产效率，支撑企业实现生产效率提升与组织变革，实现高质量发展（刘飞，2020）。数字技术的应用影响企业的绿色创新。陈庆江等（2021）

通过对上市公司进行抽样调查发现，数字技术可以促进企业创新。李书文等（2021）通过问卷调查发现，大数据处理能力的提高能够促进企业实现产品创新与突破。博兰德等（Boland et al.，2007）指出了数字技术在商业模式创新中的重要性，指出数字技术具有很强的"技术渗透力"，可以支持商业生态环境中的复杂场景。

然而，一些学者质疑数字技术的应用是否可以直接支持企业的经济后果。例如于江等（2017）分析了数字技术应用对商业创新的影响，认为数字技术应用会产生大量的学习成本。这些成本短期内无法带来效益，这可能是阻碍数字效益发挥积极作用的原因。又如齐玉栋和蔡成伟（2020）也认为，企业在应用数字技术的过程中会产生大量的衍生管理成本，这将严重削弱其对企业绩效的影响。在数字经济领域，杨秀云和丛振楠（2023）认为，数字经济与实体经济深度融合是跨越中等收入陷阱的关键。杜金柱和扈文秀（2023）认为，数字经济发展有助于地区全要素生产率的提升，主要是通过技术进步的影响来实现的。张修凡和范德成（2023）发现，数字经济可以通过扩大技术市场范围来提高企业整体绿色要素生产率。但随着企业整体绿色要素生产率的提高，数字经济的边际效应逐渐下降。关于数字经济与城乡收入差距的关系，戚聿东和刘欢欢（2020）与樊轶侠等（2022）发现，数字经济与城乡收入差距之间存在"U"型关系。城乡居民之间的差距先缩小，然后扩大。黄庆华等（2023）采用面板模型实证检验数字经济对我国城乡居民收入差距的影响及其作用机制。结果表明，数字经济发展能够显著缩小我国城乡居民收入差距。产业数字化缩减城乡居民收入差距的效应强于数字产业化，数字经济缩减城乡居民收入差距的效应在城乡居民收入差距较大的地区表现得更为明显。随着我国经济进入高质量发展阶段，越来越多的研究者重点讨论数字经济与环境规制的关系，并基本形成数字经济在支撑环境规制中发挥重要作用的共识（陈少威和贾开，2020；郭昊等，2022；孟凡坤和吴湘玲，2022）。魏丽莉和侯宇琦（2022）通过实证分析发现，数字经济发展对于加速推进中国各地区的环境友好型转变、促使全国范围内的社会经济全方位变革并达到平衡的区域管理至关重要。

综上所述，大多数学者认为，数字技术与数字经济的快速发展能够带来积极的影响，这对中国的经济社会发展有着重大意义。

五、研究评述

学术界关于城市绿色发展的内涵与特征，环境规制的内涵、工具与成效，环境规制推动城市绿色发展的影响路径和数字技术赋能城市绿色发展的影响机理等议题的探讨十分丰富，取得了丰硕成果。通过梳理国内外学术领域的研究成果可以发现，国内外学者在该领域已经形成了一定的研究成果。

（一）从数字技术的本质出发，聚焦数字技术现状与发展问题

经过系统地梳理与分析，在现有研究中，国内外学者们对数字经济发展及数字技术的应用现状进行了大量的研究，对数字经济与技术的发展现状、发展对策研究和目标设计已形成了十分丰富的成果，对于拓展本书的研究视野提供了重要的参考价值。

（二）梳理环境规制对企业与城市绿色发展的机理形成指导

以往关于环境规制的研究涉及以下几个领域：首先，基于对企业环境规制的微观识别，从技术层面分析了环境规制对企业技术引进和自主创新两种技术进步方式的影响。环境规制通过改善企业环境绩效，稳定其生产规模，企业技术进步路径偏向技术引进，但企业生产率提升作用不明显。环境规制对于企业的绿色投资起到了显著的推动作用。在环境规制的影响下，企业更倾向于引入新技术。因此，适度环境规制能够增强企业技术进步的动力，增强企业技术进步的内生能力。其次，针对不同类型的环境规制工具，在经济竞争力视角下，环境规制的影响存在绿色技术创新门槛效应，城市绿色发展进程存在一定的"时间惯性"，呈现"雪球效应"，城市间存在明显的空间依赖关系、空间集聚性和空间溢出效应。命令型环境规制竞争属于良性竞

争，有利于促进绿色全要素生产率的提高；费用型环境规制竞争是一种恶性竞争，抑制绿色全要素生产率的提高。地方政府应根据环境规制竞争的良性、恶性，进行理性竞争。市场激励型环境规制工具显著促进了企业绿色投资。针对各地区经济竞争力的特点，分类实施竞争策略，缩短地区之间绿色全要素生产率的差距。严格的环境执法能够显著提升环境规制作用的发挥。因此，应适当增加环境规制强度和环境执法力度，逐步完善命令控制型和公众参与型环境规制工具，以激励企业绿色投资，实现高质量发展。从宏观层面来看，环境规制能提高我国能源利用效率。已有学者通过理论阐释环境规制在经济发展水平视角下影响能源利用效率的非线性传导机制，实证检验环境规制对能源利用效率的影响效果。环境规制对能源利用效率的影响因地区经济发达程度的不同而存在差异，为推动我国实现环境保护和能效提升的双赢局面提供了具有参考价值的经验证据和政策启示。执行新的发展观念，推进制造业向绿色低碳转型升级。环境规制能够提高地区环境管理的严格性，促进经济平衡发展。进一步充分利用地域的优势，提高各地区要素配置的效率，通过环境规制引导并培养新兴优势产业，增强城市的绿色发展竞争力。这些研究对我国不同类型环境规制的城市绿色发展具有一定的借鉴意义，为本书的研究提供了重要的参考。

（三）从数字技术与环境规制共同出发探讨其绿色转型影响

已有研究发现，在环境规制的作用下，数字金融、数字经济与数字技术的发展能够对绿色技术创新具有动态影响。数字金融对中国绿色技术创新产生了明显的促进作用，且这一积极效果随着国家层面的重视开始显著释放。过低的环境规制强度会造成数字赋能的红利损失，较严厉的环境规制策略才更有利于发挥数字经济的激励效应；环境规制的最优调节效果存在显著的空间差异，已有学者发现我国东部地区，环境规制强度对数字经济的调节效果更强。现阶段环境规制虽有利于数字经济与绿色技术创新的协调发展，但总体呈现阶梯化调控特征。从近年研究动态与发展趋势来看，数字技术和环境规制耦合正逐渐成为数字经济与城市绿色发展领域国际组织与学术界的前沿热点议题。但现有研究较少关注数字技术与环境规制的耦合机制研究，目前对环境规制与数字技术耦合推动城市绿色发展的影响机制及作用机理尚未形成统一的结论，仍存在进一步拓展空间，目前尚未形成统一的结论。

（四）现有理论对数字技术在城市绿色发展方面的理论解释力较为薄弱

环境规制与数字技术对城市绿色发展可能产生"创新驱动"与"要素驱动"等积极影响，形成城市新发展格局。从微观降低环境遵循成本，从宏观优化城市产业结构，通过跨规模和时间的多样化手段实现城市绿色发展目标。现有研究普遍聚焦于数字技术在环境规制中的应用及作用，基于数据的量化实证研究有待进一步深入。从研究方法上看，城市绿色发展效率的指标评价体系构建有待进一步完善。现有研究对指标的选取尚未考虑城市绿色发展的阶段。两阶段模型能更真实、全面地反映实际生产中能源消耗，考虑环境污染因素及因环境改善带来的生态效益的期望产出。从研究视角上看，从城市绿色发展的治理绩效的视角关注数字技术与环境规制的耦合影响有待进一步深入。从研究内容上看，对数字技术与环境规制的耦合协调机理与机制研究有待开发。数字技术为环境规制提供强劲的监督手段，可能放大环境规制的指引及约束作用。本书拟从数字技术与环境规制的耦合治理视角出发，在理论和实证上揭示作用机理，深入探索二者耦合对城市绿色发展的影响机制，为我国政策优化与发展战略提供重要依据。

因此，本书将研究视角聚焦于我国数字技术与环境规制的耦合协同作用，进一步探讨我国数字技术与环境规制能否耦合发挥城市绿色转型效应，并通过何种影响路径得以实现，国内外相关学者的研究成果对于拓宽本书的研究视野提供了参考价值。

第二节 理论基础

总结环境规制对城市绿色发展效应的机理，环境规制对城市绿色发展的理论逻辑与传导路径。

一、可持续发展理论

可持续发展，是指一种长期且稳定的进步方式。经济、社会、资源和环境相互关联并互相依赖，即需达到增长经济的效果同时，保护大气、淡水、海域、林地这些不可替代的重要自然资源与环境。可持续发展意味着在使用资源的时候不仅只考虑当前的需求，还要确保对未来发展没有威胁或伤害的可能。在制造的过程中，充分考虑环境保护因素，避免产生过多的有害物质而给环境带来严重的压力与负担。可持续发展的原理表现为：在解决发展与环境的关系时，必须限制资源的开发和使用，以保持在环境可接受的限度，避免由于优先经济发展而盲目过量消耗资源、过度排放固液气废物导致生态环境的极端恶化。同时，依据可持续发展理念的相关原则，对资源及其环境进行保护和修复，合理设定资源在发展中的效益与成本问题，引导相关经济主体在意识上认可并接受绿色发展理念，在行为上自觉选择绿色发展方式。

人类关于进步与发展的思维模式经历了多次重大转变：从最初的增长理论过渡到发展理论，进而演化至现代的可持续发展观。可持续发展理论最早产生于20世纪中后期。1962年，当蕾切尔·卡逊的环境保护著作《寂静的春天》出版时，引发了一场有关人类社会进化的热烈辩论。1987年，可持续发展的概念首次在《共同的未来》中被明确提出。随着时间的推移，全球各国的政府及人民都开始重视并深入探讨此项议题，相关的研究工作也已逐步从理论走向实际应用。

根据联合国环境规划署的理解，可持续发展指的是一种能够兼顾当下利益且不对未来世代的需求造成影响的发展方式，而且这种发展模式绝不会侵犯他国的领土主权。可持续发展的核心目标是在保持经济发展的同时保护自然生态系统，以最低成本达成这一目标。牛文元（2012年）指出，可持续发展理论不仅仅要解决人和自然之间的关系问题，还要解决人和人的关系问题，其中，前者为该理论提供了坚实的支持基础，而后者则为其提供了一个柔软的支持平台。如果人类向大自然获取资源的能力能与其回馈给大自然的程度相匹配，可持续发展就能得到实现。关于可持续发展理论的含义，学术界存在着多种不同看法，现阶段普遍将其划分为四种类型：自然环境的可持续发展、社会层面的可持续发展、科学技术领域的可持续发展以及经济方面的可持续发展。

可持续发展观念是一种新型的发展思维模式，其核心理念主要关注的是人对于资源使用和数量间的均衡关系及自然的持续生存状态，保持各种生物种类的丰富度和社会结构的健康稳定。任何形式的人类活动都必须遵循一条基本原则——绝不能牺牲未来利益或者损害家园，而这个过程则需要借助技术创新的力量才能得以实现并且不断完善。

二、环境库兹涅茨曲线理论

早期的环境库兹涅茨曲线起源于 20 世纪的经济学科研成果。在美国经济学家库兹涅茨于 20 世纪 50 年代提出的理论中，他认为在发展经济的过程中，贫富差距会经历一段先扩大再缩小的过程。简言之，这种关系的图表显示出一种倒"U"型的趋势。世界银行将这一概念引入环境与经济研究领域，即提出了环境库兹涅茨曲线假说：在经济发展初期，能源资源的消耗会造成环境污染问题，但随着经济的发展通过技术进步和污染控制投资来提高环境质量，从而实现环境与经济的协调可持续发展。随着对环境和经济研究的深入，科学家们不断探索环境库兹涅茨曲线。特别是 20 世纪 90 年代，科学家们在这一课题上取得了丰硕的研究成果。美国的两位经济学家——格罗斯曼和克鲁格选择了全球各地的国家进行了深入的研究。他们的主要关注点在于空气和水的污染问题，通过对这些问题的数量化处理来揭示二氧化硫排放量、灰尘等污染物质和人均国内生产总值（GDP）间的倒"U"型关联，以此为基础确定了转折点的数值。通过进一步探讨了经济发展与环境质量间的关系，使用大气污染物的指标构建模型以预测各类回归方程的结果。最终得到的结论显示，无论是二氧化硫还是固态垃圾等的环境污染物都呈现出了类似于倒"U"型的规律，也就是当经济规模扩大的时候，其初始阶段会持续上升，然后逐渐下降；然而对于水质污染而言，这种现象并未发生。该项研究被收入《世界发展报告》中，并且明确提出倒"U"型环境库兹涅茨曲线是描述这两者关系的有效方式之一。

此外，帕纳约图选取了水、气体、固体三个领域的污染物指标进行研究，其研究范围还包括全球50多个国家。研究揭示，工业生产污水、工业生产尾气和固体废物与经济相互之间的联系呈现出倒"U"型曲线。这是本次研究首度排除了人口因素以及价格因素在污染物指标中的影响。与经济指标相比的变化，使研究结果更加可靠。随后几年，帕纳约图用森林砍伐率取代了环境污染指标，也验证了环境库兹涅茨曲线的存在，并计算出拐点值为人均收入800美元，这个发现再次证实了之前的相关理论观点是正确的。在这个过程中，生态学家们对这种关系的探索与理解为后续的工作提供了宝贵的参考依据。基于此情况，格罗斯曼和克鲁格（Grossman & Krueger）首次通过实验数据分析探讨了人类生活水平与其所处的环境状况的关系问题。在经济增长的初期，环境质量会随着收入的增加而持续恶化。当收入超过某个转折点时，环境质量就会下降。如图 2-1 所示，环境质量与人均收入之间的关系呈先上升后下降的倒"U"型曲线。

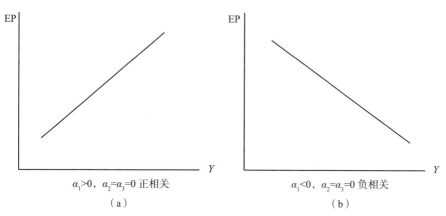

$\alpha_1>0$，$\alpha_2=\alpha_3=0$ 正相关　　　　$\alpha_1<0$，$\alpha_2=\alpha_3=0$ 负相关

（a）　　　　　　　　　　　　　　（b）

图 2-1　环境库兹涅茨曲线

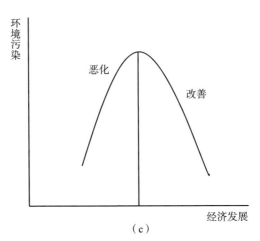

图 2 - 1　环境库兹涅茨曲线（续）

自环境库兹涅茨曲线理论提出以来，诸多学者从不同国家和地区的现实出发，通过选取不同的环境污染与经济增长指标进行了大量的实证研究来验证环境库兹涅茨曲线（the environmental Kuznets curve，EKC）假设。目前，学术界关于二者关系的数量研究主要是通过建立以下标准回归模型进行讨论：

$$EP_{it} = c_i + \alpha_1 Y_{it} + \alpha_2 Y_{it}^2 + \alpha_3 Y_{it}^3 + Z_{it} + \varepsilon_{it} \qquad (2-1)$$

其中，i 和 t 分别代表地区和时间；EP_{it} 表示环境污染排放量；Y_{it} 表示人均GDP；Z_{it} 代表环境污染的其他影响因素；c_i 与 ε_{it} 分别为常数项和随机误差项。

根据式（2-1）中 α 符号的不同，环境污染—经济增长之间的关系可能呈现为线型、"U"型、倒"N"型等。事实上，倒"U"型的环境库兹涅茨曲线其实只是环境污染—经济增长关系众多表现形式中的一种，倒"U"型曲线也可以看作"N"型或倒"N"型曲线的一部分。环境污染与经济增长关系曲线如图2-2所示。

当处于初始的发展时期（也就是曲线的上行部分）时，因为主要依靠大量使用自然资源来实现高速度的扩张，这导致了对自然生态环境造成了严重的破坏并付出了巨大的成本。然而到了更高的发展水平后（就是从转折点

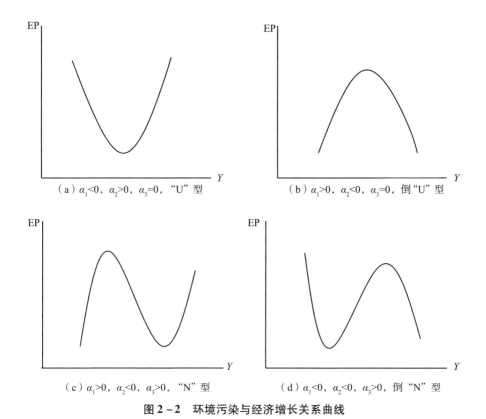

图 2-2　环境污染与经济增长关系曲线

的位置开始的部分），通过采用新的方法、观念及政策改革等手段使其能够更加可持续地运行并且减少对于生态系统的压力与影响。经济发展和环境状况前后两个阶段的关系反映在坐标轴中就是一条倒"U"型曲线。

最初的环境库兹涅茨曲线经验研究分别出现在三篇工作论文中：国家经济研究局（National Bureau of Economic Research，NBER）的工作论文（Grossman & Krueger，1991）；1992 年的世界银行发展报告（Shafk & Bandyopadhyay，1992）以及国际劳工组织的发展研讨会论文（Panayotou，1993）。其中，格罗斯曼和克鲁格（Grossman & Kueger，1991）指出了污染物（二氧化硫、粉尘）和人均收入水平之间的倒"U"型关系，而帕纳约托（Panayotou，1993）首先将这一关系命名为环境库兹涅茨曲线。环境库兹涅茨曲线（EKC）假说又是其中的核心问题。根据该假设推断出这样的结论：当社会开始进入工业化的初级时期时，由于人均 GDP 上升导致的环境破坏程度也会随之加剧；然而一旦超过某个特定阈值之后，情况就会发生变化并呈现相反的结果——人均可支配财产增长的同时伴随着生态环境保护力度加大的现象出现，这被定义为所谓的"N"型规律，或者称为正负交替效应的影响因素之一。初始的经济发展时期中，规模效益表现得尤为明显，而后随着时间的推移，结构效果与环境保护技术效用会逐步凸显并在最后导致污染—收益曲线朝着下降方向转变。因此，大多数 EKC 模型都以这两种影响因素为主线来展开研究。当结构变动时，它会对长期经济增长造成影响。如果消费结构保持不变，环境技术的影响力是主要导致污染下降的原因。

从技术效应出发对 EKC 进行理论分析时，技术效应通常被表述成"治污技术"或"环境支出"，其内在逻辑关系为：环境支出越多→治污技术越先进→技术效应越大。在模型的设定方面，典型的消费者通过在"消费"与"环境质量"之间进行权衡，满足自身的效用最大化。这种权衡关系一般可以通过两种途径得到：一种情况是，在效用函数中，将环境资源作为产出函数中的投入要素，在技术一定的条件下，要素投入越多、产出越多，给消费者带来的效用越大，而产出多导致环境质量相应下降并使消费者效用水平下降，因此权衡关系便产生了（Lopez，1994）。另一种情况是，模型中并不将环境资源视为一种生产要素，而是认为在生产过程中产生污染，破坏环境。为了降低这些污染给消费者带来的负面效应，就需要在消费者预算约束中，将全部的收入在消费支出和环境支出之间进行分配，因此也能得到一种权衡关系（Sellen & Song 1995）。这些模型在初始条件的设定上虽然存在着很多相似的地方，但是其隐含条件、局限性和适用性等方面却存在很大的差别。约翰和佩奇宁（John & Pecchening，1994）采用"世代交替模型"的分析框架，得出了在竞争均衡条件下的最优环境消费量，并发现在稳态均衡时，可能存在多重均衡，即"低增长—低环境消费""高增长—高环境消费"和"高增长—低环境消费"等状态。这一研究结果能够对不同产出水平上的污染程度分别进行解释（或者把它理解为，不同收入的国家对应的污染水平各不相同），进而对 EKC 的形状做了概念性的描述。然而，需要注意的是，基于稳定状态的研究方法只适合于横断面的实证分析，无法描绘个体（国家和区域）在时间序列中的污染变动过程。这是一种关于经济成长与收入分配平等之间的关系的假设，它认为随着国民平均收入自低至高的上升阶段，收入分配会先改善后恶化，然后再次改善，最终达到较为公正的水平。在这个坐标体系里，经济发展与收入分配的不平等呈倒"U"型分布。随后，美国环境学家格罗斯曼和克鲁格（Grossman & Krueger）在涉及经济发展和环境污染的相关研究中引入库兹涅茨曲线，验证了类似的规律，即在经济发展的过程中生态环境也呈现先恶化再改善的趋势。

三、波特假说

地方政府的环境规制对企业创新行为产生何种影响、环境规制能否实现环境保护与经济发展的双赢一直是学术讨论的前沿问题。新古典经济学认为，一方面，环境规制举措压减企业的创新性投资，增加了环境保护成本，不利于企业创新生产；另一方面，环境规制带来的环境成本由产品价格承担，从而削弱了产品的市场竞争力，企业的持久创新缺乏内在动力。波特（Porter）于 1995 年提出"波特假说"打破了新古典经济学这一论断。"波特假说"认为，环境规制如果能够得到合理的制定和严格的执行，短期内虽然有环境保护成本的压力，企业的创新投入和竞争力会受到损失，但长期来看，灵活适度的环境规制，尤其是基于市场手段的环境规制，能够加强企业内部优化管理，刺激企业探寻创新活动，为覆盖环境规制所带来的成本而探索技术上的创新，最终为企业带来生态效应，实现经济发展和环境保护的双赢。

贾菲和帕尔默（Jaffe & Palmer，1997）提出该假说的两种形式：弱"波特假说"肯定了合理的环境规制对企业创新的促进作用，但创新活动能否为企业带来市场竞争力和收益尚不能判断；强"波特假说"更关注规制的结果，认为企业创新从两个方面弥补规制成本，从而提高企业的市场竞争力：一是在生产环节，生产者采用更绿色环境保护的生产流程，利用新技术提高资源利用率；二是在销售环节，企业生产的绿色环境保护产品能够吸引更多的市场消费者。实际上，以上两种形式是"波特假说"倒"U"型曲线的具体表现形式，短期的成本遵循表现为弱"波特假说"，长期的规制红利表现为强"波特假说"。中国低碳城市试点政策作为一种综合性的环境规制政策，也将遵循"波特假说"对城市绿色创新产生影响。

四、生态经济协调发展理论

生态经济学中核心观点在于生态学与经济学的协同理念，它基于生态经济体系的概念，并主张把经济部分视为生态经济整体的一个组成部分，强调人类的活动必须受限于环境容量的约束，而生态系统及经济系统的结合构成了生态经济体系这一对立又和谐的关系，当两者互相调适时，便能实现生态经济的均衡状态；反之，如二者发生冲突，则有可能导致生态经济的不稳定状况。

生态经济协调发展论认为生产活动既是价值形成的过程也是自然与生态演进的过程，即生产活动包括了社会经济与自然生态两方面的内容，二者紧密联系，不可分割。这就需要城市在发展时，把居民与生态系统联系起来，不仅要考量人类在经济发展中的影响，还要考虑区域的水资源、森林资源、土地资源等自然生态资源，为城市发展提供坚实的物质基础。城市经济发展需要各种资源的投入不断加大，如果资源利用不加以控制，那么该地区资源承载力将很快达到上限。按照生态经济体系的工作原理来开展经济行为，并维持平衡，推动生态经济体系的健康成长和持续进步。

五、系统科学理论

系统科学是与社会科学和自然科学并列的新兴学科。20 世纪 70 年代，我国著名科学家钱学森投入大量精力进行系统科学的研究，提出了清晰的、系统科学的结构框架，并对系统科学给出了明确的定义。1981 年，钱学森指出系统科学的体系可分为工程技术、工程科学、基础科学、哲学四个层次，系统科学应该从系统的角度看待整个客观世界。

系统是由两个或两个以上相互联系、相互作用、相互依赖、相互制约的要素组成的具有一定功能的统一整体。这里的整体不等于部分之和。该体系具备诸如开放性、整合性、复杂性和相关性的特性，其中每个组成部分都持续地与外部环境保持联系，并且如果某个部分脱离了整体，它就会丧失整体的作用力。基于系统科学理论的研究方法是把被研究的目标看作一个总体系统，并深入探讨其中的组件间的关系及它们动态演变的过程，同时对这些组件的内在构造和作用机制加以解析，也就是从系统的角度去处理研究的问题。依据这种系统科学理论的角度来看，只有当所有组件能够实现和谐共生的情况时，才可以称为发展平衡的系统。所以，全面了解整套系统，包括各种成分间的互动方式以及如何协同构建出这套独特的有序状态非常关键。

系统具有普适特性。基于系统科学理念，把能源—经济—环境看作一体化的体系，通过探究各组成部分间的互动及影响，能够深入理解能源消耗量、经济发展程度和环境污染水平三者间的关系，并寻求出一种能促进可持续发展的策略来优化这个能源、经济和环境的三元组合体。依据系统科学原理，可以认为这三个领域是多元化且深层的复杂结构，它们需要从外界获取如资本、技术或其他资源等元素，这对保持其稳健运行至关重要，创建有序组织的基础和前提。王振双（2015）以山东省水泥工业为例，研究水泥工业能源、经济、环境可持续发展问题，发现山东省水泥工业能源、经济、环境总体协调正在上升。秦才艳（2015）也运用系统动力学方法研究能源—经济—环境系统，认为能源消费总量的持续增加虽然会促进经济增长，但会恶化环境质量。但当其达到一定值的时候，环境问题就会逐渐改善。

在能源—经济—环境体系里，为了达到经济开放的目标，必须依赖大量的能源供应来维持其运行。然而，在这个过程中，能源的使用会导致许多废物的排放，从而极大地破坏了环境的健康状况。虽然经济开放能够带来新的技术与资本投入以推动能源的发展，但也可能导致过度开发及恶化环境品质。同时，如果环境被视为是满足能源需求和促进经济发展所必需的基础设施，那么环境并不会无条件地承受由能源消费和经济开放引发的环境污染问题，而是在给予能源资源和经济开放所需的自然条件下，反过来对其做出反应，改善环境质量。这将迫使人们调整能源消费方式并开放经济。能源、经济、环境协调发展是经济稳定运行的前提，也是人民生活质量不断提高的重要保障。能源消耗、经济开放和大气污染相互关联、相互制约，有必要基于系统科学理论探讨三者之间的关系。

六、环境成本理论

环境规制理论的起源可追溯至规制经济学。规制经济学的产生是为了改善市场失灵带来的弊端，在平衡经济效率和社会公正的同时实现资源的合理分配和有效使用，维护公共利益最大化。政府规制也称为政府管制，指政府为了实现政策目的，实现公共利益最大化，利用规则、法律法规、条例、命令等多样化的手段对市场参与者的行为进行规范，对市场进行干预。环境监管的目的在于补偿由环境污染引起的市场失效，这是政府对环境保护的具体执行和应用。

环境规制的内涵是根据时代的发展和实践的需要而不断补充完善的。起初，人们简单地认为是政府利用行政法规、禁令、条款等非市场手段对环境资源的利用和调配进行直接控制。单一的行政命令不能满足市场经济的快速发展和市场主体多样化的需求，政府开始利用财政补贴、环境税费等市场手段对其进行间接调控，环境规制的涵盖范围得到扩大和补充。20 世纪末以来，除政府以外的行业协会、企业自身或其他社会主体也逐渐参与到环境规制的制定和执行中，学术界与时俱进对环境规制的概念进行了完善，把非正式环境规制纳入环境规制的范畴。

七、耦合理论

（一）耦合的内涵

耦合这个词汇起源于物理领域，它描述的是一种系统的整体状态，其中至少有两个到三个部分互相联系并产生互动的影响力（刘耀彬等，2005；

刘浩等，2011；吴文恒等，2006）。这种关联强度代表着各部分间的协同发展状况，也就是各个部分间的关系越紧密，其联合的效果就更显著。现有与数字技术相关的耦合研究多集中在城市数字经济与绿色技术创新（赵卉心和孟煜杰，2022）、数字技术与政府治理（赵娟和孟天广，2021）、数字技术与区域创新（曹玉娟，2019），数字与能源（马莉莉等，2022），数字技术产业与其他产业（王琴等，2022）等之间。在与环境规制有关的耦合研究中，部分学者探究了不同类型环境规制的耦合性（李国柱和张婷玉，2022）、环境规制与产业发展（孙红梅和雷喻捷，2019）、高质量发展与生态可持续耦合（王淑贺和王利军，2021；郭冬艳，2022）、环境规制与绿色经济增长（陈明华等，2022）、"能源—环境—经济"（张瑞，2015）等之间的耦合水平。还有一部分学者研究了数字经济内部的耦合协调水平，并探讨数字经济与环境规制等共同推动城市绿色发展的影响路径，但针对数字技术与环境规制的耦合相关研究相对较少。与此同时，在对不同主体进行耦合协调研究时，大多采用测度耦合协调度的方法，对耦合机理的分析相对不足，有待进一步深入。

（二）环境规制与数字技术的耦合机理分析

耦合涵盖了协同进步（coordination）和增长（development）的双层意义：一方面表现出自初级至高等水平的过程转变；另一方面则是各个元素间的互动合作以促进整体的发展变化。所以，当把数字技术和环境规制这两大体系结合起来时，就形成了这种紧密的关系——它既体现了量的扩张又反映出质量提升的需求。深度理解这个概念后可以发现，这不仅是指这两个领域的交融共生，还涉及了它们各自内部分子结构间的相关联结。借助公共部门、私人机构乃至全社会的共同努力来调整这些成分的位置并促成最佳组合状态，从而形成了一个具有高度灵活性和活力的复合型网络架构。连续性的升级迭代使信息化建设同生态环境保护目标得以达成并且成为关键所在，同时也是地区长期繁荣的基础保障。因此，环境规制和数字技术构成的耦合关系蕴含着发展的"量扩"和协调的"质升"。数字技术与环境规制持续性地由低级向高级的耦合协调发展，是推进数字技术与生态文明建设深度融合的目标与核心，是城市绿色发展的前提和基础。

据此，数字技术赋能不同类型环境规制提质增效，形成环境规制的技术支撑，环境规制通过政策推动和市场拉动效应助力数字技术在不同阶段实现快速发展。数字技术与环境规制能够实现充分融合，系统内部各组成要素之间充分耦合。作为绿色发展的重要引擎，中国实施"碳达峰""碳中和"策略的关键驱动因素是数字经济发展，它具有巨大的潜力。耦合过程包括了协同进步和持续增长这两个方面：一方面是指系统的逐步升级和复杂化的历程；另一方面则是关于系统内各个元素之间的互动和协作的发展进程。所以，由环境规制和数字技术构建出的这种融合关系不仅能推动数量上的扩张，还能实现质量方面的优化。作为生态环境维护的关键因素，"两山"理念构筑了环境规制和数字技术的结合机制的基础架构。本书主要围绕两者之间的互动关联来建立一个关于环境规制和数字技术融合机制的研究框架。本书以二者相互作用关系为主线，构建数字技术与环境规制的耦合机理分析框架，如图2-3所示。

数字经济的高效运行能够通过电商、电子政府、互联网及远程工作等多种新兴产业形态，线上的服务能完全或者部分取代传统的实体服务，从而产生碳减排效应。另外，数字经济也有助于提升资源尤其是煤矿资源的使用效益，以尽量减少碳排放。具体而言，（1）数字化技术可通过推广应用于生产流程中，以此降低过多能源的耗费并提升能源使用效果。（2）在区块链技术上，数字技术能有效地处理碳交易市场的冗余问题、透明度的不足以及拓展能力有限的问题，这有助于加速构建碳交易市场。（3）数据系统平台，利用大量的数据资源推动陆地大数据和云服务平台的建立，打破现有数据共享的限制。同时，根据人类社会活动和气候变化情境获取的各种参数，对空间上和时间上的分布情况进行再现，帮助管理者更好地制定环境政策。

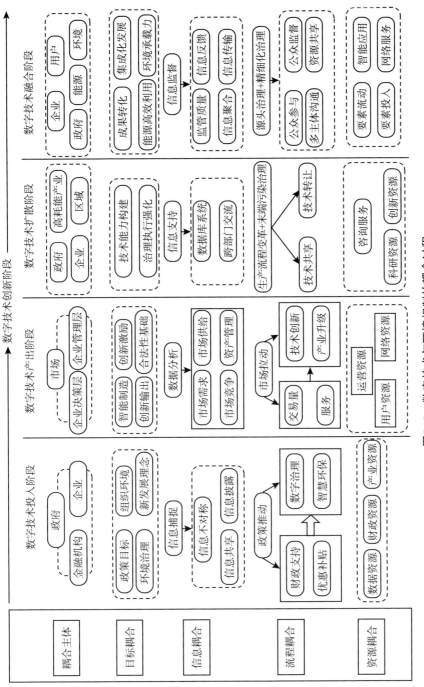

图2-3 数字技术与环境规制的耦合过程

资料来源：作者自绘。

通过政府、企业、社会各界的协作互补，合力推动数字技术与环境规制内部的优化配置，使其融合为一个开放动态的综合系统。根据数字技术的不同发展阶段以及环境规制的分类，基于资源基础观理论、信号理论、数字创新、市场供求等理论，综合考虑政府、市场与企业等多元主体耦合，技术创新与生态环境治理的目标耦合，市场需求及监管等信息耦合，政策推动、市场拉动及公众参与等流程耦合和多重资源耦合，实现数字技术和环境规制的反复耦合过程。

第三节 本 章 小 结

在本章中，本书分别阐述了数字技术与环境规制相关的文献综述与理论基础。首先，总结城市绿色发展的内涵与特征，城市绿色发展效率的测度方法与环境规制的内涵、工具、发展与成效。其次，探讨了数字技术与环境规制的耦合机理，概述了数字技术与环境规制之间的关系。再次，阐述环境规制推动城市绿色发展的影响路径，数字技术赋能城市绿色发展的影响机理。最后，总结可持续发展理论、环境库兹涅茨曲线理论、波特假说、生态经济协调发展理论、系统科学理论、环境成本理论以及耦合理论，从而进一步探索数字技术与环境规制的相互影响及其耦合关系。

第三章

中国城市绿色发展效率测度与分析

第一节　中国城市绿色发展评价指标体系构建

一、城市绿色发展效率界定

立足我国国情，在可持续发展与"双碳"目标的追求下，城市绿色发展应在不破坏经济发展的同时实现生态环境保护目标。目前，随着全球气候变化问题的日益严重以及人们对环境保护意识的不断增强，城市绿色发展已成为各国政府和社会各界的共同关注焦点之一。因此，优化能源结构和降低能源消耗已经成为当前城市绿色发展中不可忽视的问题。城市绿色发展以可持续发展为目标，形成新型经济增长和社会发展方式。当受到环境容纳量、环境承载力等的影响时，应将绿色发展理念融入城市的建设中，从而创造一种新的经济发展方式（曾刚和胡森林，2021；程序，2019）。在这种新发展理念下，城市发展重视的是如何通过高效地分配并合理使用自然资源来达到最大的经济增长效果，且尽可能减少其负面的环境破坏结果（田光辉等，2022）。在生态环境容量和资源承载力约束下，衡量城市绿色发展应关注"经济—社会—环境"复杂系统的综合发展效率。绿色经济效率强调绿色

GDP 产出效益，生态效率强调经济增加价值与生态环境影响的比值，在概念上更加关注经济活动产出的环境影响（窦睿音等，2023；岳立和薛丹，2020）。城市绿色发展效率与以上二者具有相似内涵，均强调经济社会系统与生态环境间的相互作用，体现经济绿色生产力的发展水平，反映人与自然之间的和谐程度以及经济增长与环境保护相契合程度。在以上目标的基础上，实现经济、社会与生态效益的最大化。由此可见，城市绿色发展效率兼顾了利用资源和环境实现经济发展，综合考虑了能源消费和环境污染成本，更符合中国新时期的"城市绿色转型"的内在要求。近年来，随着新能源技术的发展和应用范围的扩大，城市对传统化石燃料的需求逐渐减少，而对于清洁能源的需求也越来越大。因此，城市绿色发展效率是指在实现城市可持续发展的同时，提高城市的环境质量和资源利用率。研究城市绿色发展效率具有重要的理论意义和实践价值。

基于此，本书将城市绿色发展效率定义为在资源与环境约束下的城市要素配置和利用效率。具体而言，城市系统将资源要素投入转化为正向经济效应，同时生产过程中产生环境负向效应。二者之和与实际资源要素投入之比可反映城市绿色发展效率。借鉴张泽义和罗雪华（2019）、黄小勇和查育新（2022）等的研究方法，将城市绿色发展阶段划分为经济发展阶段与转型治理阶段。在第一阶段：能源系统投入能源，经济系统投入资金，资源系统投入资源，该过程中获得期望产出，同时伴随碳排放总量和工业废水等非理想产出。在第二阶段：将第一阶段的非理想产出总量作为第二阶段的投入。非理想产出作为两个阶段的中间变量，引入环境治理，产生最终的理想产出：能源强度下降率、碳排放强度下降率和工业废水处理率。据此，可构建城市绿色发展的两阶段概念模型，利用超效率 SBM 建模计算每个 DMU 单元的绿色发展效率。

二、非期望产出 SBM – DEA 模型

近年来，中国城市化和工业化进程加快，目前成为全球较大的碳排放国家之一。为了实现碳中和、碳达峰的目标，我国在推进城市化进程中，寻求

绿色低碳的发展方式，并反映城市环境状况。绿色发展效率是一种投入产出的比例，它将环境限制纳入预期的产出进行评估。在具体的计算过程中，随机前沿模型（slow feature analysis，SFA）可能会因为各参数的设定精确度不足而导致计算结果的误差，但 DEA 模型可以依据原始数据的对应特征，构建生产前沿面规避 SFA 模型在参数设定过程中可能产生的偏误。综合对比已有学者的研究，本书选取 DEA 非参数方法测度绿色发展效率。目前，多数相关文献均采用此种方法计算绿色发展或绿色经济效率。故本书使用 DEA 方法测算绿色发展效率。运用 DEA 方法可能会出现过松弛的问题，其预测结果也可能带有一定的误差。使用 DEA – SBM 模型会出现多个决策单元（DMU）效率值超过 1 但取值只能为 1 的情形，导致无法对效率值进行有效排序。综合对比之下，由托恩（Tone，2002）所提出的 Super – SBM 模型既可以解决松弛互补问题，又能对 DEA – SBM 模型中多个效率值为 1 的 DMU 进行排序，双重优势显著。此外，由于 SBM 模型考虑到输入或者输出组合的效果，因此被认为是解决冗余的标准模型之一。运用二阶段关联 DEA 模型，将城市绿色发展分为经济发展与转型升级两个子过程，分别进行效率测度，从而更好地发现效率不足以便于改进。

在本书的研究中，以每个城市为一个决策单元（DMU），构造每一时期中国城市绿色发展效率的最佳前沿面。根据法尔等（Fare et al.，2008）的分析思路，假设每一个城市有 N 种投入 $x = (x_1, \cdots, x_n) \in R_N^+$，得到 M 种产出 $y = (y_1, \cdots, y_n) \in R_M^+$，则在第 $t = 1, \cdots, T$ 时期，第 k 个省份的投入产出值为 $(x^{k,t}, y^{k,t})$。生产可行性集在满足闭合集和有界集，产出和投入可自由处置的情况下，运用 DEA 方法可建立生产技术模型：

$$P^t = \{(x^t, y^t) : x_n^t \geqslant \sum_{k}^{K} \lambda_k x_{nk}^t, \forall n; y_m^t \leqslant \sum_{k}^{K} \lambda_k y_{mk}^t,$$

$$\sum^{K} = 1, \lambda_k^t \geqslant 0, \forall k\} \qquad (3-1)$$

其中，λ_k^t 为权重变量，权重和为 1，非负的权重约束表示约束规模报酬可变（variable-returns-to-scale，VRS）；若去掉权重之和为 1 的约束，则表示规模报酬不变（CRS）。为保证模型的完备性，假设上述技术模型满足闭集与有界集，产出和投入可处置的公理。数据包络分析（data envelopment analysis，DEA）是利用数学规划和统计数据确定生产前沿面，并判断决策单元效率高低的非参数技术效率分析方法。由于 DEA 模型不需要考虑具体函数形式、量纲、价格信息和行为假设等优点被广泛使用，并衍生成众多模型，以在实际应用中更具有针对性。SBM – DEA 是托恩（Tone）于 2001 年提出的 DEA 传统模型的变形，从非径向角度出发将松弛变量直接加入目标函数，来解决径向导向型模型中仅包含投入产出等比例增减的限制，而忽视松弛改进部分效率偏差的问题，使其经济解释是利润最大化而非效益比例的最大化。传统的 DEA 模型假设并没有考虑到实际生产过程中的非期望产出问题，如城市发展进程中的工业化所排放的废水、废气、固体废弃物等。为了处理非期望产出，学者们提出了多种假设，如海鲁和维曼（Hailu & Veeman，2001）将非期望产出最小化，视作投入变量，但其与现实生产过程却不相符；部分学者提出将非期望产出乘以 – 1，但这种方法只能在可变规模报酬的前提下进行计算（Seiford & Zhu，2002；Fare & Grosskopf，2008）。因此，本书在评价中国地级以上城市绿色发展效率时选择托恩（Tone，2006）提出的包含非期望产出的非径向非角度的 SBM 模型。同时，托恩（Tone，2006）将非期望产出以强可处置性加入 SBM 模型，可有效分析经济活动中污染排放、生态破坏等坏产出的问题，较好拟合了负向外部性对经济发展的制约作用，契合绿色发展下期望产出增加，投入和非期望产出减少的目标。设置 SBM 方向性距离函数为：

$$\overleftarrow{S}(x^{t,k'}, y^{t,k'}; g^x, g^y) = \max_{s^x, s^y} \frac{\frac{1}{N}\sum_{n=1}^{N}\frac{S_n^x}{g_n^x} + \frac{1}{M}\sum_{m=1}^{M}\frac{S_m^y}{g_m^g}}{2}$$

$$\text{s. t.} \sum_{k=1}^{K}\lambda_k^t x_{kn}^t + s_n^t = x_{k'n}^x, \forall n; \sum_{k=1}^{K}\lambda_k^t y_{km}^t - s_m^y = y_{k'm}^y, \forall m$$

$$\sum_{k=1}^{K}\lambda_k^t = 1, \lambda_k^t \geqslant 0, \forall k; s_n^y \geqslant 0, \forall n; s_m^y \geqslant 0, \forall m \quad (3-2)$$

其中，$(x^{t,k}, y^{t,k})$ 代表 t 时期城市 k 的投入和产出向量 DMU_k^t；(g^x, g^y) 代表产出扩张，投入压缩的取值为正的方向向量；(s_n^x, s_m^y) 代表投入和产出的松弛向量。s_n^x 和 s_m^y 为正值代表实际的投入大于边界的投入且实际的产出小于边界的产出。当方向向量（g^x，g^y）和松弛向量（s_n^x，s_m^y）存在相同的测度单位时，可以将松弛向量标准化，然后把标准化的投入松弛和产出松弛分别相加，求其平均值。基于以上思想，为消除数据量纲上的差异，本书借鉴成刚和钱振华（2013）的 DEA 数据标准化的思路，具体处理方法如下：

$$\widehat{x}_{ij}^t = x_{ij}^t / x_{ik}^t，\ i = 1，2，\cdots，N \qquad (3-3)$$

$$\widehat{y}_{rj}^t = y_{rj}^t / y_{rk}^t，\ i = 1，2，\cdots，N \qquad (3-4)$$

其中，$r = 1$，2，$\cdots$，m，j 决策单元的数量。同时在方向向量（g^x，g^y）的选择上，本书参照多数学者的方法，选择被评价对象 $DMU_{k'}^t$ 的各项投入产出值作为方向向量，标准化后，方向向量为（1，1，$\cdots$，1），因此标准化后的 SBM 方向性距离函数为：

$$\text{s. t.} \sum^K \lambda_k^t \widehat{x}_{kn}^t + s_n^t = 1，\ \forall n；\ \sum^K \lambda_k^t \widehat{y}_{km}^t - s_m^y = 1，\forall m$$

$$\sum^K \lambda_k^t = 1，\lambda_k^t \geqslant 0，\ \forall k；s_n^y \geqslant 0，\ \forall n；s_m^y \geqslant 0，\ \forall m$$

$$\overleftarrow{S}_v^t (x^{t,k'}，y^{t,k'}，g^x，g^y) = \max_{s^x,s^y} \frac{1}{2N} \sum_{n=1}^N S_n^x + \frac{1}{2M} \sum_{m=1}^M S_m^y \qquad (3-5)$$

其中，无效率的组成包括投入无效率 IE_x 和产出无效率 IE_y，即：

$$IE_x = \frac{1}{2N} \sum_{n=1}^N S_n^x \qquad (3-6)$$

$$IE_y = \frac{1}{2M} \sum_{m=1}^M S_m^y \qquad (3-7)$$

根据本书的研究内容，城市发展的绿色效率包含期望产出和非期望产出，因此本书先构建一个包含投入项、期望产出项、非期望产出项的生产可能性集合。非期望产出 SBM – DEA 模型表述如下：

假定生产决策系统有 n 个决策单元，m 种投入要素和 s 种产出，但是 s 种产出中有 s_1 种产出为期望产出，s_2 种产出为非期望产出，对应的向量分别为 $x \in R^m$，$y^g \in R^{s_1}$，$y^h \in R^{s_2}$，投入产出矩阵为 $X = (x_{ij}) \in R^{m \times n}$，$Y^g = (y_{ij}) \in R^{s_1 \times n}$，$Y^b = (y_{ij}^b) \in R^{s_2 \times n}$，$X > 0$，生产的可能性边界 $P = \{(x，y) \,|\, x \geqslant$

$X\lambda$，$y \leqslant Y\lambda$，$\lambda \geqslant 0$｝，λ 是 R^n 非负向量，如果需要修订生产可能性边界，可以对其设定一些限制，例如限定其为单位向量（BBC 模型）。$x \geqslant X\lambda$ 表示实际投入大于前沿投入水平，$y^g \leqslant Y^g\lambda$ 表示实际的期望产出低于前沿的产出水平，$y^b \geqslant Y^b\lambda y$ 表示实际的非期望产出大于前沿非期望产出。

将超效率 SBM 建模与 DEA 窗口计算相结合，测度城市绿色发展效率。设定 r^* 为最优效率值；$W_h(h=1，2)$ 为权重；x_{i0}^h，y_{r0}^h，u_{q0}^h 分别为 h 阶段的投入与期望产出、非期望产出；s_i^{h-}，s_r^{h+}，s_q^{hu-} 分别为对应的松弛变量；r^{*h} 为在径向条件下的效率值；ε^{h-} 为非径向部分的核心参数；Z 为中间变量，λ 为相应阶段的强度矢量。因此基于超效率 SBM 模型的城市绿色发展两阶段概念模型如图 3-1 所示。

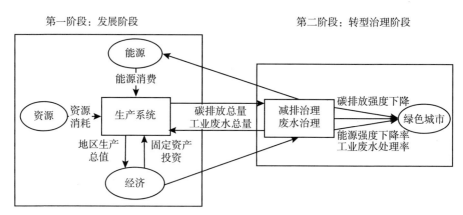

图 3-1　基于超效率 SBM 模型的城市绿色发展两阶段概念模型

资料来源：作者自绘。

综上所述，基于模型优势特征、原始指标数据特征与省级层面数据可得性，选取 Super - SBM 模型，参考成刚（2014）、韩洁平等（2019）和蔡宁等（2014）数据包络分析方法，使用 MaxDEA Ultra 软件对 2007~2021 年我国 285 个城市的绿色发展效率进行测算。利用超效率 EBM 建模计算每个 DMU 单元的绿色发展效率：

$$\min r^* = \dfrac{\displaystyle\sum_{h=1}^{2} W_h \left(\theta^h - \varepsilon^{h-} \sum_{i=1}^{m} \dfrac{w_i^{h-} s_i^{h-}}{x_{i0}^h} \right)}{\displaystyle\sum_{h=1}^{2} W_h \left[\varphi^h + \varepsilon^{h+} \left(\sum_{r=1}^{s} \dfrac{w_i^{h+} s_i^{h+}}{y_{r0}^h} + \sum_{q=1}^{p} \dfrac{w_q^{hu-} s_q^{hu-}}{u_{q0}^h} \right) \right]}$$

$$\text{s. t.} \begin{cases} \displaystyle\sum_{j=1,j\neq k}^{n} x_{ij}^h \lambda_j^h + s_i^{h-} = \theta^h x_{i0}^h, \ i = 1, 2, \cdots, m_h, \ h = 1, 2 \\[2.5ex] \displaystyle\sum_{j=1,j\neq k}^{n} y_{rj}^h \lambda_j^h - s_r^{h+} = \varphi^h y_{r0}^h, \ r = 1, 2, \cdots, s_h, \ h = 1, 2 \\[2.5ex] \displaystyle\sum_{j=1,j\neq k}^{n} u_{qj}^h \lambda_j^h + s_q^{uh-} = \varphi^h y_{r0}^h, \ r = 1, 2, \cdots, s_h, \ h = 1, 2 \\[2.5ex] \displaystyle\sum_{j=1,j\neq k}^{n} z_{pj}^{(k,h)} \lambda_j^k = \sum_{j=1,j\neq k}^{n} z_{pj}^{(h,k)} \lambda_j^h, \ p = 1, 2, \cdots, l_h, \ k = 1, 2 \\[2.5ex] \lambda_j^h \geqslant 0, \ s^{h-} \geqslant 0, \ s^{h+} \geqslant 0, \ j = 1, 2, \cdots, n, \ k \neq j \end{cases}$$

$$(3 - 8)$$

三、指标选取与数据来源

选取科学的投入与产出指标是构建 DEA 模型的基础，绿色发展效率的评价涉及经济、社会、生态环境等多个领域，科学合理地选取投入产出指标是保证绿色发展效率测度具备准确性的基本前提。DEA 模型对 DMU 的数量以及投入产出指标的数量没有十分严格的限制。一般而言，DMU 数量较多时评价结果更广泛可取，数量过少时，容易出现大部分决策单元均有效的情况，不能有效评价各个 DMU 的实际效率情况。在考虑到国民经济发展、社会发展绩效、资源利用和环境方面的协同发展状况，以及样本数据的可获取性后，选择了八项指标来构建一套城市绿色发展效率评价体系。

选择投入指标时，从经济元素和自然资源元素两个角度进行考虑。依据传统的增长理论，将资本与能源视为城市经济发展的关键投资因素，并分别用其总消耗能源（万吨标准煤）和固定资产投入（万元）来进行评估。将碳排放总量（万吨）作为非理想产出，即两阶段间的中间变量。在第二阶段，期望产出指标能够反映城市的社会经济与生态效益。生态治理投入指标为节能减排治理投资（万元），通过节能减排，在环境政策下实现一定程度的碳排放强度下降率（%）和能源强度下降率（%），作为城市绿色转型阶段的理想产出，同时随着一定的非理想产出，以环境空气质量综合指数综合反映中国城市绿色发展效率。基于《中国城市统计年鉴》《中国能源统计年鉴》及《中国环境统计年鉴》中的城市 GDP 数据（亿元），能源消耗总量数据（万吨标准煤）等数据，将有关价格的各项绝对数指标通过相应价格指数平减至 2000 年不变价格。

（一）投入指标

本书选取了 285 个城市作为 DMU，计算绿色发展效率通常需要采用三类指标。在投入指标中，主要包含资本和能源的两个投入指标，资源投入要素如土地、能源等。能源投入包括各城市消耗的全社会用电，煤炭、液化石油气三大类能源，估算城市的能源投入，本书按照换算系数折算为万吨标煤值。资本投入要素中，部分文献采用年鉴中全社会固定资产投资额，根据固定资产投资价格指数进行折算后来衡量资本投入，这种方法获取的是资本的流量数据，不能科学表征资本存量。本书根据单豪杰等（2008）的估算方法进行计算，以永续盘存法对固定资产投资进行处理获取资本存量。在第一阶段中，即工业生产阶段，选取能源和资金作为投入。能源消耗总量反映了能源消费水平。将不同种能源通过折标准煤系数换算为标准煤，转换系数如表 3-1 所示。本阶段理想产出为区域生产总值，它是衡量城市工业发展及经济效益的重要指标。在第二阶段的城市绿色转型治理阶段，对生态环境的规制政策如环境治理投资，会对城市绿色发展效率产生影响，作为第二阶段的投入指标。原始数据由城市统计年鉴以及各市的统计公报收集整理。数据均来源于《中国城市统计年鉴》。本书中计算使用的一次能源消费数据及其碳排放系数等指标如表 3-1 所示。

表 3 - 1   各能源碳排放系数及相关指标

能源名称	折标准煤系数（kgcc/kg）	碳排放系数（kgcc/kg）
原煤	0.7143	0.5183
焦炭	0.9714	0.7801
原油	1.4286	0.8237
汽油	1.4714	0.8647
煤油	1.4714	0.7977
柴油	1.4571	0.8231
燃料油	1.4286	0.8443
天然气	1.2143	0.8458

资料来源：《综合能源计算通则》（GB/T 2589—2008）及《省级温室气体清单编制指南》。

（二）产出指标

产出指标包括以经济效益为代表的期望产出和以污染排放量为代表的非期望产出，主要的产出有区域生产总值、碳排放总量等工业总产值、工业二氧化碳排放量等产出指标，符合 DEA 模型对指标数量的要求。其中，期望产出，如地区或某个产业的生产总值、增加值，以及第二阶段的碳排放强度下降率和能源强度下降率。中间变量选取碳排放总量，数据来源于碳排放账户和数据集（carbon emissions accounts and datasets，CEADS）数据库中的碳排放总量估算数据。中间变量表征为第一阶段非理想产出和第二阶段投入变量。参考现有文献衡量期望产出的方法，本书以各城市 2007 年不变价格换算成的工业生产总值作为期望产出，由于各城市的物价水平或者生产总值的平减指数无法全部获取，各城市的总产值平减指数为该城市对应的 GDP 平减指数。非期望产出则为环境空气质量综合指数。现有文献多以"工业三废"衡量非期望产出，部分文献采用一种或其中几种污染物的排放量指标。自工业革命开始，全球气候变暖的原因就是温室废气环境污染，这对生态安全构成了威胁。这已经转化为全球可持续发展面临的重大议题和挑战，碳中和也已经被视为一种普遍的节能减排观念。在第二阶段中，即减排治理阶段，其投入指标包括中间变量与节能减排治理投资两部分。节能减排治理投资表征本阶段的节能减排治理投入，按城市生产总值占所属省份的生产总值的比重乘以所属省份的减排治理投资估算得到，数据来源于《中国城市统计年鉴》与《中国统计年鉴》。此阶段的理想产出为碳排放强度下降率和能源强度下降率，非理想产出为环境空气质量综合指数，是描述城市环境空气质量综合状况的无量纲指数，综合考虑了多种温室气体排放情况，数据来源于《中国环境状况公报》。

本书具体采用的指标及核算处理如表 3 - 2 所示。

表 3 - 2　　　　　　中国地级以上城市绿色发展评价指标体系

阶段	指标名称	符号	类型	单位	指标方向
第一阶段	能源消耗总量	x_1^1	能源投入指标	万吨标准煤	负
	固定资产投资	x_2^1	经济投入指标	万元	负
	区域生产总值	y_1^1	理想产出	万元	正
中间变量	碳排放总量	u_1^1	非理想产出	万吨	负
第二阶段	节能减排治理投资	x_1^2	生态治理投入指标	万元	负
	碳排放强度下降率	y_1^2	理想产出	%	正
	能源强度下降率	y_2^2	理想产出	%	正
	环境空气质量综合指数	u_1^2	非理想产出	—	负

资料来源：作者自制。

第二节　中国城市绿色发展效率测度

一、中国城市绿色发展投入产出特征

根据已建立的超效率 SBM - DEA 模型，本书采用 MaxDEA 7 软件测算城市绿色发展效率。鉴于数据的可获取性，选用 2007 ~ 2021 年中国 285 个

城市的相关数据，并将其分为东部、中部、西部三大区域进行研究。其中，东部地区包括北京市、天津市等 114 个城市；中部地区包括吉林省、黑龙江省等 105 个城市；西部地区包括重庆市、四川省等 66 个城市。所需数据主要来自中国研究数据服务平台（CNRDS）和历年《中国城市统计年鉴》《中国区域统计年鉴》《中国能源统计年鉴》等。表 3 – 3 为 2007 年、2014 年和 2021 年我国总体及东部、中部和西部各区域城市的平均投入产出松弛率。

表 3 – 3　　　　　2007 年、2014 年和 2021 年我国城市投入产出松弛率　　　单位：%

年份	区域	投入冗余度			期望产出不足度			非期望产出冗余度
		资本	能源	治理	GDP	碳强度下降	能源强度下降	环境空气质量综合指数
2007	全国	5.9	0.7	11.1	0.2	1.1	0.6	14.4
	东部	4.4	0.6	4.9	0.1	0.5	0.7	11.1
	中部	6.3	0.8	13.3	0.7	0.8	1.3	5.7
	西部	7.0	0.7	15.1	0.1	2.0	0.2	17.4
2014	全国	8.6	2.5	9.3	1.1	0.9	0.6	16.8
	东部	6.3	4.3	3.8	0.7	0.6	0.8	13.5
	中部	6.6	3.1	7.5	0.9	1.2	0.7	18.5
	西部	12.9	1.0	16.6	1.7	0.9	0.5	18.4
2021	全国	3.2	0.4	6.1	0.3	0.5	0.2	7.2
	东部	3.0	0.4	5.7	0.2	0.6	0.1	6.6
	中部	4.7	0.6	7.1	0.4	0.5	0.3	7.9
	西部	1.9	0.2	5.5	0.3	0.4	0.2	7.1

资料来源：根据 MaxDEA 7 软件测算所得。

由表 3 – 3 中我国不同区域的城市投入产出松弛率结果可知，整体来看，全国层面的要素的投入冗余度和非期望产出冗余度高于期望产出不足度。即资本和能源两种投入及非期望产出（环境空气质量综合指数）的冗余度整体高于期望产出指标。因此，经济投入及节能减排治理投资配置存在不合理，能源使用结构及效率有待进一步完善，这是城市绿色发展效率低下的重要原因，也是城市绿色发展效率提升的突破口。由表 3 - 3 中结果可知，2014 年与 2007 年相比，资本和能源的投入冗余度有所恶化，治理投入冗余度有所改善，说明资本和能源的经济产出能力并未得到提升。在我国生态治理逐渐发挥作用的过程中，期望产出冗余度的变化幅度较小，因此，我国的生态环境治理效果有待进一步提高，该阶段依然处于环境恶化阶段。2018 ～ 2021 年，中国一些城市的经济发展模式逐步走向稳健，对资本、能源及生态环境保护的投入效益也在不断增强，这使这些城市的绿色经济成长速度大幅度上升。同时，《中共中央关于加快推进生态文明建设意见》等环境政策法规、碳排放权交易机制、公众参与型环境规制等推动资源节约和环境治理进程等政策综合作用效果提高。同时，低碳城市试点与智慧城市试点政策的推行进一步推进了城市绿色发展进程。与 2017 年相比，2018 年我国城市绿色发展效率的最高单元数量从 68 个增加到 85 个，而低效单元数量则由 113 个减少到 102 个。其中，效率提升最快的矿业城市如陇南市、南充市和亳州市等，已经从无效的状态转变为效率最优的等级。这些城市的共同特点就是能源结构的大幅调整，转变经济发展的模式。相较于 2014 年，2021 年的情况有了明显的进步：对于资本和土地的投资过剩问题及对 GDP 预期产出的需求缺口都有所减少，这表明城市在利用这些资源时有更高的效率，同时也反映出其在环境保护方面的努力取得了一定的成果。非预期的产出过剩现象呈现显著降低趋势，这也意味着城市可能正在有效地节约资源并减缓能源的使用，从而实现了一部分的环境污染排放的控制。

二、中国城市绿色发展效率的变化趋势

根据超效率 SBM – DEA 模型测算的我国城市绿色发展效率，根据城市所处的不同地区计算得到我国城市全国和四大区域效率均值变动趋势，如图 3 -2 所示。

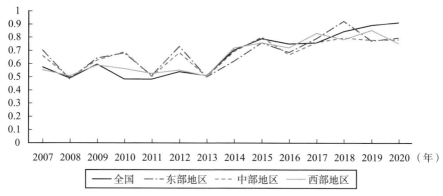

图 3 - 2　2007 ~ 2020 年全国及四大地区绿色发展效率变动趋势
资料来源：根据超效率 SBM - DEA 模型测算的我国不同地区的城市绿色发展效率整理。

由图 3 - 2 中的结果可知，我国城市绿色发展效率水平总体呈现增长趋势，在 2007 ~ 2013 年，绿色发展效率呈现波动态势，城市的经济发展模式及能源利用特点的差异与变化带来全国城市平均绿色发展效率的不稳定变化。总体而言，大多数城市的效率在中等水平，这表明我国的城市绿色发展效率并不理想。2013 ~ 2021 年我国全国及各地区城市绿色发展效率均值开始呈现逐渐上升的趋势，且 2014 年的涨幅明显，城市绿色发展效率快速回升。但城市的资源配置、能源结构改善和环境治理投资水平依然有较大改善空间。自 2015 年起，部分城市进入效率良好区间，实现效率最优的城市快速增加，有效单元城市数量快速增加且具有一定稳定性。在数字技术快速发展和环境规制工具不断完善的背景下，城市利用生态环境治理投资和能源利用效率增加，逐渐向使用清洁能源的绿色环境保护城市转型。

分地区来看，我国东部和中部城市的绿色发展效率较为一致，且东部和中部城市的绿色发展效率在 2007 ~ 2014 年整体优于西部地区。然而，从发展趋势来看，我国各地的城市绿色发展效率表现出波动性，增长幅度不显著，效率低下等级的城市数量依然较多。究其原因，我国东部地区生产要素集聚、数字技术发展较快，企业逐渐引入先进的绿色生产体系。因此，东部地区城市的产业转型升级和要素配置能力相对较高，使城市绿色发展效率领先于西部地区。但从变化趋势来看，我国不同地区的城市绿色发展效率值呈现波动态势，增长幅度不大，效率无效等级城市数量依然较多。究其原因，东部地区的部分高耗能行业依靠资本和能源消耗，碳排放强度下降压力较大。提升能源利用效率和促进产业结构调整是东部地区城市改善绿色发展效率的重点。

我国西部地区效率的指标松弛率较高于其他地区，在 2007～2014 年的绿色发展效率在三大板块中最低。西部地区部分资源型城市的要素投入较高，产业低端，节能减排与环境保护的责任较重。西部地区主要依赖资源和重工业的产业布局以及粗放式的增长模式，使资源投入过多且产出不足，这限制了效率的提高。资源型城市的高能耗和高污染排放对效率的提升造成了影响。节能减排的治理效果并不显著，导致效率呈现波动和下滑的趋势。但2014 年后，城市的能源、资本等投入冗余快速下降，能源利用效率、低碳创新和产业结构升级助力城市的绿色转型。因此，高效率城市数量逐渐增加。2016 年效率快速回升则是铁岭、抚顺、朝阳、四平等城市在降低资本和能源投资冗余情况下，大幅减排的结果。虽然从整体上看，单位 GDP 能耗都在下降，但在某些特定的区域内却出现了相反的情况，这种趋势表明了需要采取更加严格的环境保护措施来控制其环境质量恶化速度。值得关注的是，我国东部沿海省份由于人口密度较大且资源条件较好，能够实现较高的生产率并保持良好的生态环境状况，相比之下，位于西部的部分省份则面临较大的压力以应对日益严重的生态危机等问题。

第三节　中国城市绿色发展效率时空格局演变分析

一、中国城市绿色发展效率时空格局

中国的城市绿色发展整体表现出效率提升的态势，但优秀的城市数量相对有限。截至 2021 年，效果较好的城市主要分布于我国的中部区域、东北地带及一些东部的沿海地区，然而效益差的城市却相当广泛，这些低效城市的规模排序正在经历从集聚走向分散的过程。因此，我国城市绿色发展效率格局具有明显的高效集中与低效分散的"凹陷"特征。在 2007~2021 年，我国城市绿色经济发展效益的高低表现出递减和递增的趋势。这一变化揭示了全国绿色发展效益由下降转向上升的过程。此外，东部、中部、西部三大区域的绿色经济发展效果随时间推移也有较大差异。随着城市绿色发展进程的不断加快，数字技术与环境规制发挥了对城市绿色发展的推动与拉动作用。

2007~2014 年，我国中部地区、西部地区的最优城市数量总和由 35 个减少到 6 个，无效城市的数量也从 25 个降低到 21 个。这表明，在这一阶段，中西部地区是全国绿色发展效率降低的主要区域。但最优城市的绿色发展效率下降幅度相对较小，无效城市的分布更加分散。在无效率城市中，合肥、芜湖、安庆、马鞍山、阜阳等八个城市相比 2014 年，由无效率城市转变为更高等级效率的城市，榆林、德阳、商丘、邢台、咸阳、铁岭、丹东和太原等 25 个城市下滑幅度明显。尽管东北地区的效能级别数值波动相对微弱，如七台河、黑河及丹东等地市的效能级别的降低却相当显著。过度使用资源和超标排污对于城市的成长效益产生了重大负面的影响，但是这种状况正在逐步改观。这影响了东北整体的效能水准。持续的高能源消耗和严重污染并未获得有效的缓解，经济增长与环境保护之间的冲突依然存在，这是需要改进的关键领域。

2014~2021 年，我国城市整体的绿色发展效率提升幅度较大，高效率等级城市的分布更加集中，呈现"高高相邻"的分布趋势，无效等级城市占比大幅度减小，推动了全国城市绿色发展效率的提升。其中，城市绿色发展效率领先型有 21 个城市，涵盖了如深圳、上海、广州等大型都市，同时也包含了像岳阳、鄂尔多斯这样的中等规模城市。这部分城市的经济发展速度与发展效率都表现得非常优秀，成为引领城市绿色发展的典范之城。位于中部地区的诸如岳阳、邵阳、随州、娄底、信阳、重庆、萍乡、驻马店、白城、黄冈、襄阳、怀化、长沙及张家界等 19 个城市，它们的绿色发展效率在后期的表现优于经济发展效率，表明它们在资源节省和环境保护方面有着显著的效果，同时展现出了较高的经济与环境保护协调能力。西部区域中的泸州、雅安、西安、重庆、自贡、咸宁、银川、阳泉、榆林、内江、成都、绵阳、眉山、昆明、宝鸡、宜宾及乌鲁木齐等 24 个城市，由于对生产要素的投入产出效益得到了明显的提高，并且污染物排放量也有所减少。这也意味着这些城市的绿色发展效率有了一定的提升，且资源的使用率和污染物的降低都有所改观。另外，东北地区的齐齐哈尔、四平、哈尔滨、大连、长春、辽阳等 10 座城市的效率级别得到提升，进一步促进了东部地区绿色效率的发展。

由以上分析可知，在城市绿色发展过程中，不同地区内部城市发展基础的差异及演变趋势构成城市绿色发展效率的整体走势。由于各个城市处于不同的发展时期和经济形态，并且其外部的生态环境也有很大的区别，这使每个城市的绿色发展的效果呈现出不一样的变化趋势。所以，准确地评估城市的绿色发展状况并确定哪些地区是经济发展和环境保护之间的和谐或者矛盾区，对城市能够更有效地分配各种资源元素，通过使用数字化工具和环境管理相结合来促进城市的可持续发展有着重要的价值。

二、中国城市绿色发展的结论与启示

本节中基于非期望产出 SBM 模型，选取 2007 ~ 2021 年中国 285 个城市进行绿色发展效率测度，分析全国及四大地区绿色发展效率变动趋势，以及城市绿色发展效率的时空格局及演化趋势。由此，可得到城市绿色发展的结论与启示如下。

2007 ~ 2014 年，中国城市绿色发展效率水平总体呈现下降趋势，部分城市的绿色发展效率波动较大，呈现降低后回升的反复波动趋势。区域绿色发展效率呈现东部 > 东北 > 中部 > 西部态势，其中部分东部城市的绿色发展效率波动较大，呈现不稳定的趋势。中西部和东北地区城市绿色发展效率波动趋势相对较小，部分城市在降低后有所回升，东北地区城市部分无效率城市的增长趋势较为明显。究其原因，以往在城市经济发展过程中，优先追求经济发展速度，导致整体资本配置效率低，对节能减排的重视程度不足，造成中国城市绿色发展效率损失较大。环境规制强度较低，且部分地区的环境规制工具种类较少，有待进一步完善。2014 年，东部地区部分城市绿色发展效率下降较为明显，且呈现先上升后下降的反复波动趋势。究其原因，东部地区的沿海发达城市重工业较为发达，城市具有较丰富的资本与能源，通过高投入的经济发展模式实现经济增长，带来较高的污染排放冗余，使城市面临较大的减排压力。东部城市需要增强资金和技术的转化效能，通过运用数字化手段来促进城市的资源分配更加合理化，从而进一步提升其环境保护发展的效益。而东北部及一些西部的城市环境保护效果有显著改善，这是由于这些地区的经济增长相对缓慢，且对各种资源的投入也相应减少，并加强了污染处理措施所形成的。中部地区城市需进一步提高资本利用效率，完善环境规制的指引力度，从而增加绿色经济产出。随着生态环境的建设和管理，城市应该逐步向信息化、智能化的方向发展，以满足全社会的发展需求。提升资源的利用效率，制定更加科学合理的管理和监督体系。针对西部的经济状况，需要特别关注其财政收支及消费能力的欠缺问题，并加速推进城市的经济发展模式转型升级。此外，构建完善的社会生态监管网络是必要的，这可以通过加强环境保护意识教育与部分资源信息的分享来实现。同时，也应该建立多样的公众参与渠道和制度，以全方位提升环境数据的管理效率，强化环境数据的服务功能，从而满足环境管理的各种需求，协助政府做出科学合理的决策，并在信息披露方面发挥重要作用。

2014～2021年，我国城市整体的绿色发展效率提升幅度较大，无效等级城市占比大幅度减少。部分效率领先型城市成为绿色发展的标杆城市。高效率等级城市的分布更加集中，呈现"高高相邻"的分布趋势。在中西部和东北地区，效率最高的城市主要集中在中部。总体上看，效率最高的城市数量先减少后增加，而效率低下的城市数量则是先增多后减少。中部城市在资源利用和环境保护方面表现出色，达到了较高的经济和环境保护协同水平。宏观经济进入中速运行阶段，其产业结构优化调整、资源环境约束显著加强、经济动力结构转换等特征日益显现。环境保护的发展理念主要聚焦从传统的经济发展方式转向环境保护的策略，强调以生态文明为核心的导向，推广循环经济，塑造绿色行业，优化自然环境，从而达到地区经济、社会与自然的和谐共生（肖宏伟和牛犁，2020）。绿色发展的核心内容是从传统经济增长向生态治理模式转变，以生态文明建设为主导，发展循环经济，培育绿色产业，改善生态环境，实现区域经济、社会、生态协调发展（于法稳，2018；魏胜强，2019）。减少能源消耗则有助于推进环境保护效益的提高。西部的城市中，生产力的大幅增加随着大气污染物的减少。城市的环境保护效能也得到了一定的提升，同时对自然资源的使用及污染物排放也有所改进。通过良好的制度设计统筹各经济主体之间的关系，使各主体在低碳城市建设过程中形成合力。政策命令手段指政府将低碳理念贯彻到城市规划和城市空间优化当中，为城市低碳建设和实现可持续发展提供支撑和载体。信息化水平和政府干预的影响有所不同，尤其是对全国、东部以及东北地区而言，政府干预带来了明显的负面效果。此外，东北城市的效率提高也促进了东部地区绿色效率的增长。

第四节　本 章 小 结

本章基于非期望产出 SBM 模型选取 2007～2021 年中国 285 个城市进行绿色发展效率测度，分析城市绿色发展效率的时空演变规律。结论如下。

一是我国城市绿色发展效率水平总体呈现波动增长趋势，分地区来看，我国东部和中部城市的绿色发展效率较为一致；二是 2007～2014 年，我国东部和中部城市的绿色发展效率整体优于西部地区。2014～2021 年，我国城市整体的绿色发展效率提升幅度较大，高效率等级城市的分布更加集中，呈现"高高相邻"的分布趋势；三是城市绿色发展效率时空格局演变规律表明，2021 年，效率最优城市集中在中部地区、东北地区、部分东部沿海地区等，而效率无效的城市则较为分散。因此，应根据不同城市所处的发展阶段、经济发展模式及外部环境条件指引城市的绿色发展方向。

第四章

中国城市数字技术与环境
规制耦合协调水平测度

数字技术与环境规制之间的互动状态与相互作用本质是系统不断由低级耦合向高阶耦合的发展过程。基于此，本章基于"波特假说"与"绿色悖论"等理论系统探究二者耦合协调的内在机理，建立数字技术和环境规制的 PVAR 模型验证数字技术与环境规制的互动效果，测度数字技术与环境规制耦合协调水平。本书从耦合治理视角出发，基于数字技术创新与环境规制类型，揭示二者互相驱动的作用机理，为政策优化提供依据。基于城市视角评估中国数字技术与环境规制的协调性及二者的滞后状态，弥补了已有研究对数字技术与环境规制耦合协调度评价分析的不足。通过建立 PVAR 模型对数字技术和环境规制之间相互作用关系进行探索和分析，为中国数字技术与环境规制的协调发展提供一定的理论支持。探索数字技术与环境规制互动关系及其作用程度的差异化特征，进而"因城而异"提出城市绿色发展与建设的对策与建议。

第一节　数字技术与环境规制耦合的理论分析

在当今社会，数字技术已经成为人们生活中不可或缺的一部分。随着科技的不断发展和进步，数字技术的应用范围也越来越广泛，从日常消费到生产制造都离不开它的支持。然而，数字技术的发展并不总是顺畅的，其背后存在着许多问题和挑战。数字技术与环境规制两个系统各自内部均存在众多要素，系统间、要素间、各要素内部因子之间的关系错综复杂，为二者耦合机理研究带来一定难度。从系统论的视角出发，将数字技术与环境规制纳入一个理论框架，揭示数字技术与环境规制的耦合协调机理，解构二者之间的内在逻辑联系。基于数字技术与环境规制的基本内涵、传导因素、一般规律及特征分析，在明确数字技术阶段与环境规制分类的维度基础上，系统阐释数字技术与环境规制耦合协调的内在机理。

一、环境规制推动数字技术创新

环境规制通过干预市场主体行为等推动数字技术创新。基于信号理论，当企业的决策者感知不确定性强度变化时，会潜在影响企业的创新决策（李恩极等，2022）。数字技术创新是更具风险的不确定性活动，环境规制强化市场竞争信号，支持企业寻求数字技术创新活动。数字技术的进步表现出偏向性的特征。随着技术发展的不断推进，不同方向的技术进步速率存在明显的差异，导致了进步的偏向性，从而推动产业结构及生产能耗水平的变化，受到经济活动和环境规制的限制和鼓励（景维民和张璐，2014；李小明等，2021）。

（一）环境规制能够加大数字技术投入

首先，数字技术创新相对周期较长，具有更高的外部不确定性，需要环境规制的支持。环境规制的绿色、开放和共享的新发展理念对数字技术创新的外部环境产生引导和规范作用（Elmagrhi et al.，2019）。通过对数字技术的外部影响和渗透，主动加强碳信息捕捉与披露，打破其"锁定效应"（郭进，2019）。其次，根据动态均衡理论，环境规制耦合带动行业流程重构与附加值（李国柱和张婷玉，2022）。环境政策鼓励市场的拉动作用，对智慧城市建设投入资源要素与支持。最后，环境规制能够改善组织冗余，给予绿色环境保护创新活动的优惠政策，如绿色财政补贴、税收优惠等政策等，缓解 R&D 经费不足的压力（郭莉和董庆多，2022）。同时，通过制定相关法律法规和标准规范，鼓励企业采用更加环保的技术手段，减少污染物排放量。此外，政府还可以加大监管力度，加大处罚力度，以确保企业的合规性与环保性并重。加大监管力度，增强企业责任意识，从而促进数字环保事业的发展（张颖和何贞铭，2021）。

（二）环境规制能够强化数字技术产出过程

政府通过有效的环境规制手段刺激数字技术产出。从寻租成本视角出发，环境规制对企业管理层和决策层形成倒逼机制，诱发绿色发展战略，有效结合制造优势和智能优势，诱导创新输出（原毅军和陈喆，2019）。根据计划行为理论（theory of planned behavior，TPB），企业愿意采纳数字技术创新的主观愿望，保障数字技术产出。基于熊彼特的创新动力理论。"市场激励型"环境规制下，通过市场需求和竞争驱动绿色创新行为，刺激传统技术的创新转变为环境保护模式，从而推动数字技术的生成（陈德球和胡晴，2022；李毅等，2020）。

（三）环境规制能够推动数字技术扩散过程

数字技术扩散存在高成本及收益不确定的问题，而环境规制可采取补贴的形式鼓励和引导制造企业实施数字技术扩散，减少企业成本，正向刺激数字技术扩散行为。在碳排放权交易机制下，低碳技术共享平台建立，使不同产业间实现信息共享，跨行业发展的新形式出现，驱动生产要素升级，通过数字技术扩散过程促进生产效率的大幅提升。不同类型的环境规制手段能够共同诱发技术创新，形成区域间的技术共享与转让，从而形成环境规制促进数字技术扩散活动的一系列传导机制（Wu et al.，2020）。

（四）环境规制能够推进数字技术融合过程

环境规制通过限制高耗能产业的资源开发范围，调整其生产要素与投资规模而诱发技术融合（李毅等，2020）。环境规制倒逼资源的开放共享和要素流动，进一步发挥数字技术与实体经济的融合与匹配效应（胡森林等，

2022)。在能源消费和环境保护领域，数字技术的应用可以帮助解决环境承载力减弱和资源稀缺等问题。从要素生产率角度出发，环境规制能够转变要素投入方式。通过加大新型科学仪器、重大设备的投入，极大提升数字技术生产力，全面实现企业新产品生产及管理向集成化、数字化、智能化发展（孟凡生和赵艳，2022）。总之，环境规制对于推进数字技术创新具有重要作用。政府应该加大对数字环保的研究投入，完善相关法律法规体系，解决数字环保的问题，还可以激发企业创新精神，推动数字技术的发展。鼓励企业积极参与环保活动，建立健全的监督制度，以确保环境规制措施的有效实施和落实。政府可以通过制定相关法规和政策鼓励企业进行科技创新，同时也可以加大对环保领域的投入，以期达到保护生态环境的目的。

二、数字技术为环境规制提质增效

（一）数字技术能够拓宽"命令控制型"环境规制的广度

数字技术重塑政府的组织结构、业务流程，促进政府治理理念和职能转变（楼培敏，2003），生成"无缝隙政府"（林登，2002）和"平台型政府"（黄璜，2020；韩万渠，2021）而实现整体治理等新形态。数字技术减少了信息检索和管理的成本，极大改善了沟通运营的效率，提高了流程的信息化和智能管理的水平，产生智能效益（Laudien et al.，2019）。数字技术促进数字治理形成"自下而上"的制度供给模式，支持生态环境保护工作（任晓松和孙莎，2022）。这在一定程度上缓解环境规制监管力度不足的问题，降低政府、企业和民众之间的信息不对称程度，提高环境监管体系的有效性（Hao et al.，2023）。利用网络、人工智能以及区块链等先进的技术管理手段，有效地整合了零散的信息，极大地提高了管理的效率。这样做可以实现对数字化过程的高效控制和精细化治理，并且强化了前期生产流程的改革和末端污染的处理（刘钒和余明月，2021）。以大智移云物为代表的数字技术的蓬勃应用正在逐步改变着企业价值创造的模式。企业对数字技术的接受和应用能力，通过企业创新投入影响企业价值。一方面，数字技术改变了传统的商业模式，数字技术不再是单纯的技术应用和效率提升，而是基于数字技术改变了商业交易规则和模式；数字环保是通过利用数字技术手段实现环境保护的一种方法。它可以帮助我们更好地了解自然资源的状况以及人类活动对环境的影响。例如，可以通过遥感技术监测大气污染情况，或者使用数据分析的方法预测气候变化趋势等。它包括但不限于数据采集与分析、智能化管理系统、绿色能源开发等。这些措施不仅可以减少对自然资源的消耗，还可以降低企业的碳排放量，从而达到保护环境的目的。另一方面，数字作为新的生产要素参与到经济活动中。根据 2023 年的数字中国建设总体框架计划的发布，需要强化、优化并扩大数字经济的发展规模，同时也要培养出强大的数字经济的核心行业。此外，也需研究如何促进数字产业发展的高质量策略，以建立具备全球竞争力的大型数字产业集群。同样重要的是，要鼓励数字技术深入应用于实际经济发展中，并且支持数字企业的成长与扩张。

（二）数字技术能够开发"市场激励型"环境规制的手段

数据融入环境规制，有利于制定环境规制的技术框架，形成有效的治理结构，为"市场激励型"环境规制提供技术手段，促进主体间的跨区域交流合作，使市场趋向透明化（陈维宣和吴绪亮，2020）。利用数字平台建立事前信用承诺制度、失信惩戒机制和追踪机制，推进供给主体严格遵守市场交易规则，在提高碳交易市场的公共服务质量的前提下实现有效供给（杜振华和胡春，2022）。数字化绿色项目正在努力使用大数据分享服务的技术手段来深入研究并解析生态环境资料存储平台中的大量资讯，从而达到"一主多元"信息交换方式的目的，旨在降低生态保护领域的复建成本及消除因封闭式网络而产生的障碍问题，提升了这些相关信息的使用效率及其潜在经济效益，同时向大众公布自然状况（陈晓红等，2021；高锡荣和蒋婉莹，2016）。中国国家环境保护部门已经构建了一个关于自然资源管理的大型公共服务平台体系结构。该架构包括三个主要部分：通过访问服务器端口开放式的交互界面，使内外部的用户能够方便快捷地获取所需的环境信息及相关知识内容，并且还可以根据需要对其进一步加工处理或整合成新的产品形式供人们参考学习（韩少杰和苏敬勤，2023；Wang et al.，2021；孟天广和赵娟，2018）。由此可见，数字技术打破空间距离的限制和行业壁垒，使知识和信息的传播跨越地理和组织边界，降低信息获取成本和沟通成本，产生渗透效应（王金明和斯建华，2023）。这在一定程度上解决了"市场失灵"与"自治失灵"问题，赋能城市绿色发展。

（三）数字技术能够提高"公众参与型"环境规制的渗透性

区块链的去中心化与分布式自治组织具有耦合性，有利于建立广泛的公众参与机制，形成积极互动的新型治理关系，使政府决策具有合法性基础（李光红等，2018；Zhao et al.，2018）。数字技术提供了公众参与、共享、监督和沟通的信息渠道，使海量数据得以整合（曹海军和侯甜甜，2021）。政府应该利用数字技术实现数据开放和信息互通，为公众提供更透明、公正的信息服务（胡淑娟等，2022）。数字技术联合环境规制从"末端治理"向"源头治理"转变。依靠公众自觉参与环境监督快速捕捉外部冲击，推动企业主动承担环境保护责任，释放绿色信号（罗仲伟和陆可晶，2020）。数字技术具有开放性和实时性特点，在解决信息不对称问题方面独具优势，能够减少以往环境保护与监管中所存在的各种问题。通过使用物联网、人工智能（artificial intelligence，AI）等数字技术，政府决策者、企业和公众能够实时高效地获取对应环境污染信息。环境污染可以被动态监测，从而及时对环境污染物进行处理。因此，数字技术能够释放较强的经济效应，有利于绿色经济效率的提升（丁玉龙和秦尊文，2021）。数字技术引进社会公众参与城市绿色发展的战略决策，通过第三方公众的软约束和隐性压力影响环境行为与生态治理，加强生态环境规制的目标约束，对环境规制手段形成重要补充（张志彬，2021；韩晶和陈曦，2022）。

本书将研究的重点聚焦于数字技术与环境规制之间的关系，并进一步研究创新投入在这一过程中的作用。总结已有学者的研究，本书绘制了数字技术与环境规制耦合的内在机理，如图4-1所示。

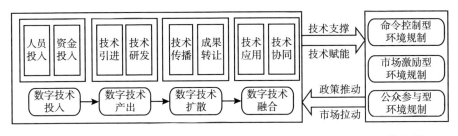

图 4 – 1　数字技术与环境规制耦合的内在机理

资料来源：作者自行整理。

第二节　数字技术与环境规制互动关系研究

在本节中，构建一个边界清晰的数字技术与环境规制的综合分析框架，从数字技术的发展阶段及环境规制工具分类的多尺度对我国 285 个城市的数字技术和环境规制发展水平进行系统评价。建立数字技术和环境规制的 PVAR 模型，应用 Stata 17.0 软件，运用协整检验分析数字技术与环境规制之间是否存在长期的、均衡的稳定关系。利用 Granger 因果关系检验确定事情发生的先后顺序，分析数字技术与环境规制之间是否存在相互影响的因果关系。利用脉冲响应分析数字技术与环境规制的交互响应关系。利用脉冲响应函数观察其对内生变量的当前值和未来值的影响轨迹，进行蒙特卡罗模拟直观展现数字技术与环境规制之间的动态交互效应和响应趋势。

一、评价指标选取

（一）数字技术评价指标选取

关于如何测度衡量数字技术，现有研究并没有统一的官方核算体系，目前主要通过以下五种方式对数字技术水平进行测度：第一种方式是一些学者或研究机构会通过相应指数对数字技术水平进行间接测算与表示（宋孙红梅和雷喻捷，2019），如埃森哲中国数字化转型指数就可以用来间接表示数字技术对于产业转型升级的影响，而腾讯大数据研究院 2016 年出版的《中国"互联网＋"指数 2016》也可以间接表示数字技术在各领域的应用。第二种方式是部分学者使用信息与通信技术（information communications technology，ICT）发展指数来对数字技术水平进行评估，如使用 ICT 发展指数评估数字技术应用现状。第三种方式是部分学者从数字技术基础设施、数字技术应用以及数字技术创新等角度入手，综合构建数字技术指标体系，使用熵值法、主成分分析法等方法来对数字技术水平进行测算，如任转转和邓峰（2022）等主要通过构建数字技术与相关服务发展指标体系来衡量数字技术水平。第四种方式是部分学者以数字发明专利申请的数据样本作为衡量数字技术水平的标准，例如罗佳等（2023）采用 2008～2019 年制造业上市公司面板数据，以企业专利数据识别数字技术创新情况，研究了数字技术创新对企业全要素生产率的影响及其机制。研究发现，拥有数字技术专利的企业全要素生产率显著高于没有数字技术专利的企业，而且数字技术创新规模越大，越有利于制造业企业全要素生产率提升。这表明数字技术创新能够促进制造业企业全要素生产率提升，进而研究数字技术创新对企业市场价值的影响。第五种方式是部分学者收集相应政府政策报告或上市企业公开文件、申请专利中的数字技术相应关键词来衡量数字技术水平，例如董康等（2023）使用爬虫对政府工作报告进行文本分析，刻画各省份数字技术水平，研究数字技术是否会缩小居民收入差距，选取数字技术应用相关细分指标关键词对数字技术应用程度进行量化。

从技术的角度出发，乌拉斯（Ulas，2019）将数字技术定义为将模拟信息转换为数字形式、将自然语言转换为机器语言的技术过程。因此，数字技术是一种新的技术，它可以和网络进行融合，将各种生产因素进行整合（Hai et al.，2021）。邢小强等（2019）认为，数字技术由硬件、软件以及网络三大领域组成，包含了区块链、网络、虚拟现实、新一代人工智能和物联网等新型数字信息技术。技术创新可划分为"发起阶段→实施阶段→应用阶段→推广阶段"四个阶段（张辽和黄蕾琼，2020）。综上所述，本书将数字技术定义为通过要素驱动、融合激发和反馈匹配等方式推动生产管理、节能减排和提升生产率等环节的技术手段。数据作为数字技术要素，数字技术具有"增效"性、非竞争性、规模报酬递增性和可再生性的特征。由于其无竞争特性，同一批数据可以被多个实体重复利用而不会导致数量上的减少，这有助于突破传统的生产因素的总体限定，充分发挥数据元素的增值作用，从而最大化地实现数字技术的效益（杜振华和胡春，2022；戚聿东和刘欢欢，2020）。技术推广是指新技术通过各种途径向可能的使用者传递并被采纳的过程（朱巧玲等，2021）。技术推广的速度受制于技术相对于其他技术的优越性、技术的基础设施建设、技术的兼容性和人们对其技术的认识等多种因素的影响。数字技术的普及能带来规模经济的增长及可持续发展，它深远地影响了信息的交流方式和各方之间的合作关系，推动着城市的资源共享和整合，增强了城市间的联系强度。通过构建一个包含环境监测数据中心、信息网络、定位设备和紧急处理工作的综合性数字环境保护管理平台，能够有效提高需求供应方的配对效率（夏明等，2023；侯杰等，2023）。随着数据挖掘和机器深度学习的不断完善，数字技术的结合运用会变得更加普遍且深入（赵云辉等，2019）。大数据增加了生产研发活动的业务价值，驱动了高质量发展（许宪春等，2019）。数字技术在不同发展阶段能够交替发挥规模经济效应、挤压效应和倍增效应，加大对环境管控的监督，鼓励公众参与，加速环境信息披露过程（任晓松和孙莎，2022）。通过突破"卡脖子"技术的核心领域，从而深度破解经济发展不平衡问题（张中祥和邵珠琼，2020）。

从数字技术创新出发，本书将数字技术创新划分为数字技术投入、数字技术产出、数字技术环境三个维度。

1. 数字技术投入

在数字技术投入阶段，外部资金支持、投资支持和技术范式变换为数字技术发展提供机会，形成数字经济创新发展的外在动力（王谦和付晓东，2021）。在新一代信息通信技术迅猛发展的背景下，信息技术在智能制造企业价值链内外的各个环节应用日益深入，为企业生产、市场营销和运营管理等业务领域提供了关键的信息和数字服务，推动智能制造企业加快数字化和智能化发展的步伐（权小锋和李闯，2022）。在智能制造企业数字化创新进程中，信息技术作为关键的数字化资源，具有对智能制造企业生产制造模式、组织结构形式、业务流程等产生根本性和颠覆性影响的能力（尹洪英和李闯，2022）。信息技术通过缓解创新资源对接的时空约束、提升数据传输与储存的体量、丰富数据获取类别、提高创新资源整合水平和提升研发决策能力五个方面，赋能创新主体有效利用数字技术进行产品、生产流程等方面的数字化创新（张昕蔚和蒋长流，2021；李晓娣和饶美仙，2023；栗晓云等，2023）。因此，信息技术投入有利于智能制造企业的数字化基础设施建设与先进技术工具应用，帮助企业更好地挖掘潜在市场机会、优化产品设计和改善运营效率，从而提升智能制造企业数字化创新的绩效水平。

2. 数字技术产出

在数字技术产出阶段，数据呈现协同联动、海量和爆发增长等特点，应助力数字技术产生规模效应。数字技术扩散阶段呈现显著的非均衡特征，形成技术扩散的"核心—外围"结构。数字工具为数字技术提供扩散路径，数字化应用场景不断推广，技术创新成果通过成果转移等形式实现多次大幅扩散（陈维宣和吴绪亮，2020；余妙志和方艺筱，2022）。在数字技术融合阶段，数字技术能够有效实现资源低成本配置。在企业现有技术基础上进行数字化优化，实现信息化等技术的集成使用（郭晓川等，2022）。

数字化成果是指组织利用技术手段来捕捉并解读市场的机遇及其变迁趋势，结合信息的处理、运算和服务通信等多种技能以实现其内外的整合提升，进而触发商务活动的调整优化、工作程序的设计更新、能力和经营策略的变化革新，并对现有的设备或服务实施改进增强竞争力的多项技术创新行动组合体（苏墨等，2018）。如夏良科（2010）选择使用科学研究与试验发展（R&D）人次数量等衡量标准去评价基于科学进步的技术发展指数。因此，可借鉴其研究方法全面地描绘出了当前阶段数字技术领域的进展及相关情况。孟庆时等（2021）提取有关的研究领域中专利资料、联合开发协议的数据库记录还有进程间通信（IPC）分类的信息内容后建立起了一个相关的网状连接图表，测定这一新兴产业发展情况；孙勇等（2022）采用数字技术专利申请量和每千万人数字技术专利申请量两个指标代表数字技术创新。邢小强等（2019）通过研究互联网公司的低收入人群在信息生产与消费中的角色与地位，发现数字技术可以挖掘低收入人群的经济潜力。在互联网产业，数字技术应用不仅降低了生产的门槛，拓展了内容创作的空间与多样性，而且在大规模用户之间建立个性化的连接，促进低收入人群平等地参与生产与消费，获取无形的精神价值与有形的经济价值，企业也能获得相应的价值回报。

数字技术应用可以提升企业信息透明度。新一代数字技术诸如人工智能、云计算及区块链等的发展使公司能够更加方便地收集、传递与存储数据。这种创新性的运用能有效改善公司的信息架构缺陷，从之前的滞后、断续、粗糙且不完全的信息状态逐步提升至实时、持续、精细并完善的状态，从而增强了公司对信息的可用性（韩忠雪和张莹，2023）。数字技术应用的广泛使用为企业提供了丰富的数据来源和数据处理工具，从而增强了信息的透明度。企业可以利用数字技术应用来收集和处理消费者的数据、生产数据以及内部经营数据等，这些数据可以经过标准化和结构化处理后，变成易于分析和理解的数据。通过数字技术应用，企业可以更加透明地向内部和外部传递信息，使企业的业务流程透明度得到提升，有效缓解企业内外部的信息不对称问题，提高信息透明度（李三希等，2021；杨辰凌等，2023）。在数字技术应用方面，数字技术引领资源、能源与环境保护行业的深度融合和应用创新。一方面，在碳足迹、碳汇等领域的深度融合能够促进对能源行业的排放精准计量与预测，提升能源利用效率（李容达和何婧，2023）。数字技术能够引领低碳配套设施与生产技术的完善，通过产业数字化打造低碳生态产业链条，推进产业的低碳化发展，产生长远的经济效益和生态效益（刘钒和余明月，2021）。政府将数据信息关联环境规制，改进信息传播与处理方式，完善环境规制工具的治理逻辑，释放环境补偿制度的治理效能。"数字环境保护"体系利用大数据实现生态环境数据监控的自动化、标准化和信息化，推进环境保护的信息化建设，更全面地掌握城市生态环境状况等信息，形成具有协调性与信息共享性的生态环境监控体系，实现不同层级的生态环境信息采集（尹红和林燕梅，2016；胡淑娟等，2022）。如城市碳达峰预测、碳资产管理等数字平台通过多源数据融合有效整合多机构和市场的公共服务需求和供给信息，有效支持相关方的协作交流（宋德勇等，2022）。又如政务云平台能够实现各种应用系统之间的数据整合、传输、共享和协作（何小钢等，2020；蔡跃洲和马文君，2021）。另一方面，数字技术推动传统企业形成以生产流程智能化、自动化和系统化的深度数字化转型模式，利用资本、信息、技术、管理等要素的加速流动模拟生态资源与能源环境的治理方式，在生产过程中实施修复与创新工程以降低碳排放，逐渐转变企业的生产方式和演变过程（罗仲伟和陆可晶，2020；方岚，2022）。数字技术有效推动了能源供应侧与消费侧的协同，数字技术引领的新业态、新模式变革助推商业模式重构，助力我国城市碳减排目标的实现（陈晓红等，2021；Zhang et al.，2022）。

利用数字技术可以协助企业更优化地管理和处理信息，降低获取资源的费用，并提升对资源的分配效率。这样一来，企业就能更专注于自己的核心业务，从而提高业务质量和效益，为企业的发展和价值创造打下扎实的根基。数字技术应用重新塑造了企业的经营管理环境与运作模式，运用大数据等技术，可以对客户的个性化需要进行准确的定位（杜金柱和扈文秀，2023）。一方面，数字技术的运用，让企业可以及时地获得顾客是怎样使用其产品的相关数据，并在此基础上，以顾客的使用信息为基础，研发出新产品，推动了以技术为主导的商业模式的创新。另一方面，借助数据解析能力来研究顾客行为，能更深入地了解其价值所在并降低顾客流失率、提升顾客满足感和忠实度。数字化技术被视为一种重要的经济资产，可能导致制造商与消费者间的互动方式转变，进而影响制造商的资源储备及收益流动，进一步促进以数据为核心的商业模式革新（张省和杨倩，2021）。

3. 数字技术环境

数字技术的进步和数据分析技能的增强，使数据转变为基本的战略资源。大数据、人工智能、信息通信等数字技术带来了信息机制的变革。纵观相关研究，数据被纳入生产要素体系中发挥价值，其渗透性和智能性能够发挥乘数效应（韩晶等，2022）。数字技术对全量信息进行数据分析，实现对象的"数字化还原"，掌握信息之间的关联性规律（戴祥玉和卜凡帅，2020）。数字技术手段推动传统要素变革和优化重组，提高资源与生产要素的"流动性"和"可获取性"，发挥创新效应和乘数效应（武常岐等，2023）。数字工具为数字技术提供扩散路径，数字化应用场景不断推广，技术创新成果通过成果转移等形式实现多次大幅扩散（陈维宣和吴绪亮，2020）。利用数字技术可以有效地进行资源的低成本配置，例如，通过构建一个集环境检测数据中心、信息系统、定位系统和应急管理工作于一身的数字化环境保护管理系统，能够大幅度提升供需双方的匹配效率（衲钦和张慧春，2022）。数字技术的扩散能够帮助企业降本增效。数字技术的扩散帮助企业实现精细化管理，优化整个供应链资源配置，提升效率。借助数字化技术的运用和传播，公司有能力对供应商各个环节的信息提供即时监测与解析，优化供应链管理流程，提升供应商资源使用效率，减少企业的成本和费用，达到整体供应商信息资源的最优化分配（张任之，2022）。数字技术的广泛扩散可以改造和优化生产流程，实现生产过程的自动化和智能化，降低中间环节成本、缩短生产周期，提高资本周转效率，从而提高生产效率。通过改善数据元素和其他生产元素的比例，数字技术能够进一步提升公司的总体效益（谢卫红等，2023）。数字技术可以降低生产成本，提高企业盈利能力。数字化技术的传播可以优化制造设备的效能，降低维护费用及耗时，进而削减制造成本，同时，它也可以推动制造业和服务业的自动化与智能化的进程，显著地降低人力需求，因此也可能减少人工成本（郭美晨和杜传忠，2019）。此外，运用数字技术还能有效解决信息的失衡问题，降低获取信息所需的时间和金钱投入，并进一步缩小合约履行和产品研发的开销，这有助于增强企业的资源使用效益，最终促使公司价值的增长（李青原等，2023）。

随着数据挖掘和机器深度学习等技术的完善，数字技术的融合与应用将更广泛和深刻（Zhang et al.，2012；赵云辉等，2019）。这也推动了经济高质量发展（许宪春等，2019）。

（二）环境规制评价指标选取

根据环境规制的工具、内涵与特征，学者构建综合型环境规制强度测度指标体系，测度环境规制强度指数。邱金龙等（2018）将环境规制分为正式型环境规制（命令控制型、市场激励型等）和非正式型环境规制。综合已有研究成果，选取命令控制型环境规制和市场激励型环境规制构建环境规制评价指标体系。

由此可见，从数字技术创新出发，可划分为数字技术投入、数字技术产出、数字技术环境三个维度。参考丁仕潮和张飞扬（2023）及邓荣荣和张翔祥（2021）对数字技术创新及城市数字创新水平的测度方法，构造了数字创新指数（数字创新投入、数字创新产出和数字创新环境）与环境规制（命令控制型和市场激励型）的评价指标体系。熵值法可根据信息熵求得指标权重，是一种适合于多指标综合评价的客观赋权法。采用引入时间变量的熵值法准确测度各城市的数字创新与环境规制水平，对不同区域与年份进行横向与纵向比较。运用极差法对原始数据进行标准化处理，计算我国285个城市2007～2021年的数字创新X与环境规制Y得分，构建了数字技术与环境规制评价指标体系，如表4-1所示。

表4-1 评价指标体系构成与指标测度

一级指标	二级指标	指标测度
数字创新X	数字创新投入X_1	人力投入X_{11}：信息传输、计算机服务和软件业从业人员占比（%）
		资金投入X_{12}：财政科学技术支出占比（%）
		科研投入X_{13}：科学研究和技术服务业从业人员占比（%）
	数字创新产出X_2	专利申请X_{21}：每万人数字经济发明专利申请量（件/万人）
		专利授权X_{22}：每万人数字经济发明专利授权量（件/万人）
	数字创新环境X_3	互联网宽带普及率X_{31}：每百人互联网宽带用户数（户/百人）
		移动电话用户普及率X_{32}：每百人移动电话用户数（户/百人）
		数字金融发展水平X_{33}：数字普惠金融指数

续表

一级指标	二级指标	指标测度
环境规制 Y	命令控制型环境规制 Y_1	Y_{11}：地区环境行政案件处罚数（件）
		Y_{12}：各地区污染治理项目年度完成投资（万元）
		Y_{13}：地方颁布环境保护法规、环境规章、环境标准总数（个）
	市场激励型环境规制 Y_2	Y_{21}：各地区排污费收入（万元）
		Y_{22}：地区 GDP/能源消耗总量（％）

资料来源：作者自行整理。

（三）评价过程及结果分析

熵值法可根据信息熵求得指标权重，是一种适合于多指标综合评价的客观赋权法。数字技术发展与环境规制测度是涉及多种资源、技术、产业政策等的多维度复杂测度过程。构造数字技术发展综合指数（数字技术投入、数字技术产出、数字技术环境）与环境规制（命令控制型和市场激励型）的评价指标体系。采用引入时间变量的熵值法准确测度各城市的数字技术发展与环境规制水平，对不同区域与年份进行横向与纵向比较。运用极差法对原始数据进行标准化处理，利用加入时间变量的熵值法确定各评价指标权重，代入区域的评价指标值，计算国内30个省（区、市）2010～2021年的数字技术系统中数字基础设施 X 与环境规制 Y 得分。

本书首先使用熵权法根据各指标提供的信息量大小，对其赋予客观权重，具体过程如下：

$X_{ij,t}$ 表示 t 时期第 i 个地区 j 个指标。

（1）数据标准化处理，对于正向指标按式（4-1）处理，负向指标按式（4-2）处理：

$$y_{ij,t} = \frac{x_{ij,t} - \min(x_{ij,t})}{\max(x_{ij,t}) - \min(x_{ij,t})}(1 \leq i \leq m, 1 \leq j \leq n) \qquad (4-1)$$

$$y_{ij,t} = \frac{\max(x_{ij,t}) - x_{ij,t}}{\max(x_{ij,t}) - \min(x_{ij,t})}(1 \leq i \leq m, 1 \leq j \leq n) \qquad (4-2)$$

（2）计算各指标信息比重：

$$p_{ij,t} = y_{ij,t} / \sum_{i=1}^{m} y_{ij,t} \qquad (4-3)$$

（3）计算第 j 个指标信息熵：

$$e_{j,t} = -\frac{1}{\ln m} \sum_{i=1}^{m} (p_{ij,t} \times \ln p_{ij,t}) \qquad (4-4)$$

（4）计算第 j 个指标权重：

$$w_{j,t} = (1 - e_{j,t}) / \sum_{j=1}^{n} (1 - e_{j,t}) \qquad (4-5)$$

二、模型设定与检验方法

（一）模型设定

1. PVAR（面板向量自回归）模型

向量自回归（vector autoregressive）模型是由多元时间序列变量组成的，是由向量自回归移动平均模型简化而来的，它是指系统内每个方程都包含相同的内生变量的滞后期，当变量可以放在方程式的左右两边时，就可以建立 VAR 模型。VAR 模型可以很好地分析经济时间序列系统，分析随机扰动对变量的动态冲击，解释变量受到各类经济因素冲击后产生的影响，VAR（向量自回归）模型在经济研究中使用广泛，克服了无法确定变量内生或外生的特性，基于模型可利用脉冲响应、方差分解等对变量进行冲击反应、响应强度的分析，建立模型如下：

$$\gamma_t = A_1 \gamma_{t-1} + \cdots + A_p \gamma_{t-p} + B\chi_t + \varepsilon_t (t = 1,\ 2,\ 3,\ \cdots,\ T) \qquad (4-6)$$

其中，p 为滞后阶数；t 为样本个数；γ_t、χ_t 分别为 k 维内生变量向量和 d 维外生变量向量；$A_1,\ \cdots,\ A_p$ 和 B 为被估计的系数矩阵；ε_1 为扰动向量，则 VAR 模型公式转换成：

$$\begin{pmatrix} y_{1t} \\ y_{2t} \\ \vdots \\ y_{kt} \end{pmatrix} = A_1 \begin{pmatrix} y_{1t-1} \\ y_{2t-1} \\ \vdots \\ y_{kt-1} \end{pmatrix} + A_2 \begin{pmatrix} y_{1t-2} \\ y_{2t-2} \\ \vdots \\ y_{kt-2} \end{pmatrix} + \vdots + A_\rho \begin{pmatrix} y_{1t-\rho} \\ y_{2t-\rho} \\ \vdots \\ y_{kt-\rho} \end{pmatrix} + B \begin{pmatrix} x_{1t} \\ x_{2t} \\ \vdots \\ x_{dt} \end{pmatrix} + \begin{pmatrix} \varepsilon_{1t} \\ \varepsilon_{2t} \\ \vdots \\ \varepsilon_{kt} \end{pmatrix}, \quad t = 1, \ 2, \ \cdots, \ T$$

$$(4-7)$$

构建 VAR 模型时，执行的主要测试包括变量的平稳性检验、最优滞后系数和模型稳定性检验。首先，在时间序列数据是平稳的基础上，才能进一步建立模型、考察变量间的因果关联性，VAR 模型检验是深入分析变量间互动关系是否客观、可靠、可解释的重要依据。其次，可利用脉冲响应函数或方差分解等探究数字技术与环境规制的相互作用关系及其影响程度，为深入度量二者的互动关系提供可实现路径。

面板向量自回归（PVAR）模型综合了向量自回归（VAR）模型和面板数据模型的优势特征，利用脉冲响应函数、方差分解等获得变量的响应情况，同时能够考察样本间不可观测的个体效应及不同截面间的时间效应差异。本书应用该模型分析我国城市层面数字技术与环境规制相互影响的动态响应，可进一步反映二者的相互依存和互动关系。建立模型如下：

$$Y_{it} = MY_{vit-1} + NY_{vit-2} + \cdots + PY_{vit-p} + \alpha_i + \beta_t + \varepsilon_{it} \qquad (4-8)$$

其中，$Y_{it} = \{$变量 1，变量 2，$\cdots$，变量 $n\}$，i 为个体数量；t 为年份；M、N、T 均为 $n \times n$ 阶的系数矩阵；α_i 为 $n \times 1$ 阶个体固定效应变量；β_t 为 $n \times 1$ 阶时间效应变量；ε_{it} 为随机扰动项。

2. 脉冲响应函数

为深入度量城市数字技术与环境规制之间的作用程度，本书采用脉冲响应函数来分析各变量之间长期的动态变化影响，本书对每个变量进行一个标准差冲击，该反应解释了城市数字技术与环境规制的互动冲击力度。为了进一步清楚刻画各影响变量之间的强度差异，基于脉冲响应函数进行方差分解得到数字技术与环境规制之间相互波动响应的贡献度。

脉冲响应函数（impulse response function）反映了内生变量对误差变化的响应情况，这种方法可以用来描述一个内生变量对由误差项所带来的冲击反应，即在随机误差接收到一个标准差的冲击时，对内生变量的当期值和未来值所产生的影响程度及变化趋势，即：

$$x_t = y_{11}x_{t-1} + y_{12}z_{t-1} + u_{1t}, \quad (t = 1, 2, \cdots, n) \qquad (4-9)$$

$$z_t = y_{21}x_{t-1} + y_{22}z_{t-1} + u_{2t}, \quad (t = 1, 2, \cdots, n) \qquad (4-10)$$

其中，y_{11}，y_{12}，y_{21}，y_{22} 是参数，$u_t = (u_{1t}, u_{2t})$ 为误差向量，当公式中的 u_t 发生变化时，当期的 x 会立即发生变化，与此同时当期 x 的变化会对 x 和 z 的未来值产生影响。假设从第一期开始发生反应，设 $u_{11} = 1$，$u_{21} = 0$，$u_{11} = u_{21} = 0$，$x_0 = 1$，$z_0 = 0$，则：

$$x_1 = y_{11} + 1$$

$$x_1 = y_{21}$$

依此可以推出：

$$x_2 = y_{11}^2 + y_{11} + y_{12} \times y_{21}$$

$$z_2 = y_{12} \times y_{21} + y_{21} + y_{21} \times y_{22}$$

以此类推，可以得到 x_t 和 z_t 的其他各期的值，将此过程称为第二期给 x 以脉冲后 x 和 z 的响应函数，依此同样能得到 z 的脉冲引起的 x 和 z 的响应函数。

（二）模型的检验

1. 平稳性检验

时间序列的单位根检验：判定时间序列是否平稳，主要通过单位根检验（unit root test），随着时间的变化，若一个时间序列的均值或协方差函数也随着变化，则这个序列就是非平稳的，如果该时间序列经过一阶差分后表现平稳，则称为一阶单整序列，若经过 n 次差分后才表现出平稳，则称为 n 阶单整序列。采用面板单位根检验如 LLC 检验、IPS 检验、ADF - Fisher 检验等对变量进行平稳性检验。对于单位根检验的结果，学者们通常采用"少数服从多数"的方法来确定数字数据是否符合单位根检验，即根据几项检验的结果判断序列的平稳性，若多数结果是平稳序列，那么为稳定序列，反之成立。本书采用 Dickey - Fuller 单位根检验（DF 检验），构建 AR1 模型，即：

$$y_t = \beta_0 + \beta_1 y_{t-1} + \gamma t + \varepsilon_t \qquad (4-11)$$

其中，γ_t 为时间趋势项如果不含时间趋势，可令 $\gamma = 0$，ε_t 为独立白噪声。

具体检验过程如下：

（1）提出原假设和备择假设；

（2）对方程进行 OLS 回归，可得估计量及相应的 t 统计量（DF 统计量）；

（3）查询 DF 临界值表；

（4）根据样本计算的估计值与临界值对比做出判断。

通过在回归方程右边加入因变量 y_t 的滞后差分项来控制高阶序列相关：

$$\Delta y_t = \eta y_{t-1} + \sum_{i=1}^{\rho} \beta_i \Delta y_{t-i} + u_t, \ t = 1, 2, 3, \cdots, T \qquad (4-12)$$

$$\Delta y_t = \eta y_{t-1} + a + \sum_{i=1}^{\rho} \beta_i \Delta y_{t-i} + u_t, \ t = 1, 2, 3, \cdots, T \qquad (4-13)$$

$$\Delta y_t = \eta y_{t-1} + a + \delta t + \sum_{i=1}^{\rho} \beta_i \Delta y_{t-i} + u_t, \ t = 1, 2, 3, \cdots, T$$

$$(4-14)$$

其中，Δy_t 是差分因子；t 为时间趋势因素；u_t 为纯粹白噪声误差项；ρ 为滞后期。原假设为：序列存在一个单位根；备选假设为：不存在单位根，通过检验 η 估计值是否拒绝原假设来判定是否存在单位根。

2. 面板数据的单位根检验

在进行面板数据回归之前，通常进行单位根检验，其目的是避免出现伪回归现象，导致回归结果无效。这里采用 LLC 单位根检验（Levin – Lin – Chu unit-root test，LLC）和 IPS 单位根检验（Im – Pesaran – Shin unit-root test，IPS）两种面板数据单位根检验方法，分别对同质面板数据和异质面板数据两种情况进行检验。

（1）LLC 方法。首先对式（4 – 15）提出原假设和备择假设：

H_0：$\rho_i = 0$（即存在单位根）；H_1：$\rho_i < 0$。

$$\Delta y_{i,t} = \rho_i y_{i,t-1} + \sum_{L=1}^{\rho_i} \theta_{iL} \Delta y_{it-L} + \alpha_{mi} d_{mi} + \varepsilon_{it}, \ m = 1, 2, 3 \qquad (4-15)$$

在得到最佳滞后阶数之后，计算正交残差，需要继续计算两个回归；进行 $\Delta y_{i,t}$ 分别关于 $\Delta y_{i,t-L}$（$L = 1$，2，$\cdots$，ρ_i）和 d_{mi} 的回归，得到残差 $\hat{e}_{it}$；再进行 $y_{i,t-1}$ 分别关于 $\Delta y_{i,t-L}$（$L = 1$，2，$\cdots$，ρ_i）和 d_{mi} 的回归，得到残差 $\hat{v}_{i,t-1}$，进行残差标准化：

$$\tilde{e}_{it} = \hat{e}_{it}/\sigma_{\xi i}, \quad \tilde{v}_{i,t-1} = \tilde{v}_{i,t-1}/\sigma_{\xi i} \tag{4-16}$$

其中，$\sigma_{\xi i}$ 为回归模型中的标准差，$i = 1$，2，$\cdots$，N。H_0：$\rho_i = 0$（即存在单位根）时：

$$\hat{\sigma}_{yi}^2 = \frac{1}{T-1}\sum_{t=2}^{T}\Delta y_{i,t}^2 + 2\sum_{L=1}^{\overline{K}}\omega_{\overline{K}L}\left(\frac{1}{T-1}\sum_{t=L+2}^{T}\Delta y_{i,t}\Delta y_{i,t-i}\right) \tag{4-17}$$

是式（4-16）的长期方差。式（4-17）中，$\overline{K}$ 依赖于面板数据的截断滞后阶数。根据 NT 个观测值，合并标准残差：

$$\tilde{e}_{it} = \rho v_{i,t-1} + \xi_{it} \tag{4-18}$$

其中，$\rho = \sum_{i=1}^{n}\rho_i/N$ 为回归的平均滞后阶数。则 t 统计量为：

$$t_\rho = \frac{\rho}{\sigma(\rho)}$$

调整后的 t 统计量服从 $N(0, 1)$ 分布。

（2）IPS 方法。IPS 方法是在各种单位根检验的方法的基础上提出的一种检验方式，同样基于 ADF（augmented dickey-fuller）单位根检验方法的回归式，计算公式为：

$$\Delta y_{it} = \rho_i y_{i,t-1} + \sum_{L=1}^{\rho_i}\theta_{iL}\Delta y_{it-L} + \alpha_{mi}d_{mi} + \varepsilon_{it}, \quad m = 1, 2, 3 \tag{4-19}$$

H_0：$\rho_i = 0$（即存在单位根）；H_1：$\rho_i < 0$。

$$T_t = \sqrt{N}\left[t_{NT}(p) - a_{NT}\right]/\sqrt{b_{NT}}$$

$$a_{NT} = \left(\frac{1}{N}\right)\sum_{i=1}^{N}E\left[t_{NT}(p, 0)\right]$$

$$b_{NT} = \left(\frac{1}{N}\right)\sum_{i=1}^{N}\text{var}\left[t_{NT}(p, 0)\right]$$

其中，t_{NT} 表示 ADF 的 t 统计量，$E\left[t_{NT}(p, 0)\right]$，$\text{var}\left[t_{NT}(p, 0)\right]$ 分别表示滞后期为 p 的 t 统计量的均值和方差。且当 $T \to \infty$，$N \to \infty$ 或者 $N/T \to k$，k

是有限常数时，T 服从正态分布函数。

3. 最优滞后期选择

面板单位根检验完成之后，还需要对 PVAR 模型的最后滞后阶数进行判定，采用赤池信息准则（Akaike information criterion，AIC）和贝叶斯信息准则（Bayesian information criterion，BIC）确定建立的模型最优滞后阶数，以消除残差项的时间序列相关性。本书构建的 PVAR 模型既包含时间效应又包含个体固定效应，由于固定效应和滞后的因变量相关，为避免传统的均值差分分析估计方法的有偏性，采用 GMM 广义矩估计方法进行消除处理，从而保证滞后变量和转换后的变量呈正交化。对样本数据及其差分项进行检验，判断原序列数字技术（DT）、环境规制（ER）变量是否为非平稳的时间序列，从而判断是否符合接下来进行 Granger 因果关系检验、协整检验、脉冲响应的要求。

4. 协整检验

通常认为，协整方程是平稳的时间序列的线性组合，如果时间序列存在协整关系，就表示这些经济变量间存在长期稳定的均衡关系。

如果两序列为同阶单整序列，那么两个序列之间可能存在协整关系。本书的时间序列检验选择了 E – G 两步法作为主要的协整检验方法。下面为E – G 两步协整检验法的具体步骤。

第一步，建立序列之间的回归方程，计算公式为：

$$y_t = \alpha + \beta x_t + \varepsilon_t \qquad (4-20)$$

采用最小二乘法得到估计 $\hat{\alpha}$、$\hat{\beta}$。构造 y_t 和 x_t 之间的线性组合，得到回归方程的组合序列，即：

$$\hat{\varepsilon}_t = y_t - \hat{\alpha} - \hat{\beta} x_t \qquad (4-21)$$

第二步，对残差序列 $\hat{\varepsilon}_t$ 进行 ADF 单位根检验。若残差序列是平稳的，则两序列协整。

JJ（Johansen – Juselius）检验是由约翰森 – 尤塞柳斯（Johansen – Juselius）在 VAR 模型的基础上对回归系数进行检验所提出的，可以进行多变量协整检验。

在 VAR 模型中，设变量 y_{1t-1}，y_{2t-1}，$\cdots$，y_{kt-1} 为一阶单整序列，x_t 是 d 维外生向量，代表趋势项、常数项等，$y_t = A_1 y_{t-1} + A_2 y_{t-2} \cdots + A_p y_{t-p} + B x_t + u_t (t = 1, 2, 3, \cdots, n)$

变量 y_{1t}，y_{2t}，$\cdots$，y_{kt} 的一阶单整过程经过差分后变为零阶单整过程：

$$\Delta y_t = \prod y_{t-1} + \sum_{i=1}^{p-1} \Gamma_i y_{t-i} + B x_t + u_t \qquad (4-22)$$

$$\prod = \sum_{i=1}^{p} A_i - I$$

$$\Gamma_i = -\sum_{j=i+1}^{p} A_j$$

其中，Δy_t 和 $\Delta y_{t-j} (j = 1, 2, \cdots, p)$ 都是零阶单整变量构成的向量，如果 $\prod_{yt-1}$ 是零阶单整的向量，则 y_{1t-1}，y_{2t-1}，$\cdots$，y_{kt-1} 之间存在协整关系。

当统计量小于临界值时，可以接受原假设；当统计量大于临界值时，拒绝原假设。Johansen 协整检验结果判断原假设是否存在协整关系，从而分析两变量是否存在长期的均衡关系。

5. 面板数据的协整检验

通常检验变量之间的协整关系有以下几种方法。其中，E - G 两步法适用于两变量之间的协整检验，而 Johansen 检验法则可以适用于多变量之间的检验。本书采用 Johansen 检验法，具体如下。

建立以下向量自回归模型：

$$Y_t = A_1 Y_{t-1} + A_2 Y_{t-2} + \cdots + A_P Y_{t-P} + B X_i + \xi_t \qquad (4-23)$$

式（4-23）可以简化表示为：

$$\Delta Y_t = \prod Y_{t-1} + \sum_{i=1}^{P-1} \Gamma_i Y_{t-1} + B X_i + \xi_t \qquad (4-24)$$

其中，$\prod = \sum_{i=1}^{P} A_i - 1$，$\Gamma_i = -\sum_{j=i+1}^{P} A_j$。

根据 Johansen 提出的多变量协整模型，计算过程如下：

H_0：有 r 个协整关系；H_1：有 $r+1$ 个协整关系。

检验特征根迹的统计量为：

$$LR_{tr}(r \mid k) = -T \sum_{i=r+1}^{k} \log(1 - \lambda_i) \qquad (4-25)$$

检验最大特征根统计量为：

$$LR_{tr}(r \mid r+1) = -T\log(1 - \lambda_{r+1}) = LR_{tr}(r \mid k) - LR_{tr}(r+1 \mid k)$$

$$(4-26)$$

当面板数据经过单位根检验证明了不存在单位根，而且通过了协整检验，那么说明解释变量和被解释变量之间存在着长期稳定的关系，即该面板数据避免了出现伪回归的情况，可以进行回归分析。

6. Granger 因果关系检验

在厘清数字技术与环境规制之间存在长期协整关系的基础上，采用 Granger 因果检验方法研判二者之间是否存在因果关系，以及探明数字技术与环境规制之间因果关系的类型。

分析两个时间序列间是否存在因果关系。运用 Granger 因果关系检验，观测当期的变量 Y 被变量 X 解释的能力大小，以及在加入变量 X 的滞后期后对变量 Y 的解释程度是否有影响，如果 X 对预测 Y 有帮助，并且 X 与 Y 的相关系数在置信区间内显著，则认为变量 Y 就是由变量 X 的"Granger"引起的，即检验一个变量的滞后变量是否可以放入其他变量的方程中，如果该变量受到其他变量滞后期的影响，则两变量间存在格兰杰因果关系（Hurlin，2004；Lopez & Weber，2017）。

利用普通最小二乘法（ordinary least squares，OLS）估计以下两个线性回归模型，计算出残差平方（residual sum of squares）RSS_1 和 RSS_2：

$$y_t = \sum_{i=1}^{s} i_i y_{t-i} + n_{2t} \qquad (4-27)$$

$$y_t = \sum_{i=1}^{s} i_i y_{t-i} + \sum_{i=1}^{k} t_i x_{t-i} + n_{2t} \qquad (4-28)$$

假设添加 x 的滞后变量不能显著增加模型的解释能力，即 H_0：$t_1 = t_2 = \cdots = t_k = 0$，构造统计变量 F 为：

$$F = \frac{(RSS_2 - RSS_1) \div k}{RSS_1 \div (n-s-k)} \sim F(k, \ n-s-k) \qquad (4-29)$$

其中，n 为样本容量；s，k 表示参数个数。

当相伴概率 $P < 5\%$ 时拒绝原假设 H_0，接受变量 X 是引起变量 Y 的原因；当相伴概率 $P > 5\%$ 时接受原假设，认为变量 X 不是引起变量 Y 的原因。

面板数据格兰杰因果关系检验可进一步分为以下四种情形。

情形一：不含个体效应和时间趋势，即：

$$Y_{i,t} = \sum_{k=1}^{m} \alpha^{(k)} X_{i,t-k} + \sum_{k=1}^{m} \beta^{(k)} Y_{i,t-k} + v_{i,t}$$

$$X_{i,t} = \sum_{k=1}^{m} \delta^{(k)} X_{i,t-k} + \sum_{k=1}^{m} \lambda^{(k)} Y_{i,t-k} + u_{i,t}$$

$$H_0: \alpha^{(1)} = \alpha^{(2)} = \cdots = \alpha^{(m)} = 0$$

$$F = \frac{(RSS_R - RSS_U)/M}{RSS_U/(TN - 2m)} \sim F(m, TN - 2m) \qquad (4-30)$$

情形二：不含个体效应，只含时间趋势，即：

$$Y_{i,t} = \sum_{k=1}^{m} \alpha^{(k)} X_{i,t-k} + \sum_{k=1}^{m} \beta^{(k)} Y_{i,t-k} + \eta_t + v_{i,t}$$

$$X_{i,t} = \sum_{k=1}^{m} \delta^{(k)} X_{i,t-k} + \sum_{k=1}^{m} \lambda^{(k)} Y_{i,t-k} + \varphi_t + u_{i,t}$$

$$H_0: \alpha^{(1)} = \alpha^{(2)} = \cdots = \alpha^{(k)} = 0$$

$$F = \frac{(RSS_R - RSS_U)/m}{RSS_U/(TN - 2m - T)} \sim F(m, TN - 2m - T) \qquad (4-31)$$

情形三：只含个体效应，不含时间趋势，即：

$$Y_{i,t} = \sum_{k=1}^{m} \alpha^{(k)} X_{i,t-k} + \sum_{k=1}^{m} \beta^{(k)} Y_{i,t-k} + \mu_i + v_{i,t}$$

$$X_{i,t} = \sum_{k=1}^{m} \delta^{(k)} X_{i,t-k} + \sum_{k=1}^{m} \lambda^{(k)} Y_{i,t-k} + \tau_i + u_{i,t}$$

$$H_0: \alpha^{(1)} = \alpha^{(2)} = \cdots = \alpha^{(k)} = 0$$

$$F = \frac{(RSS_R - RSS_U)/m}{RSS_U/(TN - 2m - N)} \sim F(m, TN - 2m - N) \qquad (4-32)$$

情形四：同时包含个体效应和时间趋势，即：

$$Y_{i,t} = \sum_{k=1}^{m} \alpha^{(k)} X_{i,t-k} + \sum_{k=1}^{m} \beta^{(k)} Y_{i,t-k} + \eta_t + \mu_i + v_{i,t}$$

$$X_{i,t} = \sum_{k=1}^{m} \delta^{(k)} X_{i,t-k} + \sum_{k=1}^{m} \lambda^{(k)} Y_{i,t-k} + \varphi_t + \tau_i + u_{i,t}$$

$$H_0: \alpha^{(1)} = \alpha^{(2)} = \cdots = \alpha^{(k)} = 0$$

$$F = \frac{(RSS_R - RSS_U)/m}{RSS_U/(TN - 2m - T - N)} \sim F(m, TN - 2m - T - N) \quad (4-33)$$

三、研究结果及分析

本书选择前面计算的 2007～2021 年我国 285 个城市的数字技术发展指数和环境规制强度指数进行计量分析。

(一) 模型参数设定

为了确定最佳滞后阶数以保证模型拥有足够的滞后项和自由度,使用了 PVAR 模型并进行了信息的测试。通过设定不同的滞后阶数评估 AIC、BIC 和 HQIC (Hannan – Quinn information criterion) 的信息指标,结果如表 4 – 2 所示。经过对比分析,将最低的标准作为判断依据,最终得出结论:最佳滞后阶数应是 1 阶。

表 4 – 2　　　　　　　　　　　最优滞后阶数检验

地区	lag	AIC	BIC	HQIC
全国	1	– 8.8511 *	– 7.62665 *	– 8.40951 *
	2	– 8.62937	– 7.50614	– 8.22625
	3	– 8.49651	– 7.45925	– 8.12589
	4	– 7.27628	– 6.31304	– 6.9335
东部	1	– 9.311 *	– 8.32004 *	– 8.90372 *
	2	– 9.24246	– 8.25985	– 8.87312
	3	– 9.22076	– 8.23252	– 8.88366
	4	– 7.68587	– 6.856	– 7.37652

续表

地区	lag	AIC	BIC	HQIC
中部	1	- 9. 20999 *	- 8. 14315 *	- 8. 80548 *
	2	- 8. 7766	- 7. 80559	- 8. 41014
	3	- 8. 73515	- 7. 84604	- 8. 40104
	4	- 8. 10533	- 7. 28713	- 7. 79908
西部	1	- 7. 50556 *	- 6. 49821 *	- 7. 11511 *
	2	- 7. 2326	- 6. 32268	- 6. 88146
	3	- 7. 06067	- 6. 23436	- 6. 74308
	4	- 5. 13668	- 4. 38303	- 4. 84812

注：＊表示在 10% 的水平上显著。
资料来源：根据 Stata 结果进行整理。

（二）面板数据的平稳性检验

1. 单位根检验

在运用 PVAR 模型估计之前，为了避免伪回归现象，需对序列的平稳性进行检验，以避免"虚假回归"。鉴于原始样本为短面板数据，参照已有研究，同时为了确保检验的准确性，本书选用 HT 检验和 IPS 检验对数字技术（DT）和环境规制（ER）序列的平稳性进行检验（见表 4 - 3）。结果显示，应用 Stata 17. 0 软件执行相关命令，对两个进行平稳性检验。从表 4 - 3 可知，DT、ER 显著拒绝非平稳的原假设，因此可认为 DT、ER 是平稳的，可以构建面板向量自回归（PVAR）模型。

表 4 - 3　　　　　　　　　　　　单位根检验结果

序列	检验方法	全国	东部地区	中部地区	西部地区
DT	IPS 检验	- 10. 171 *** (0. 000)	- 2. 597 *** (0. 0045)	- 6. 720 *** (0. 000)	- 8. 697 *** (0. 000)
	HT 检验	- 4. 964 *** (0. 000)	- 15. 004 *** (0. 000)	- 3. 258 *** (0. 001)	- 8. 998 *** (0. 000)

续表

序列	检验方法	全国	东部地区	中部地区	西部地区
ER	IPS 检验	-24.135 *** (0.000)	-5.261 *** (0.000)	-14.554 *** (0.000)	-12.259 *** (0.000)
	HT 检验	-25.996 *** (0.000)	-18.812 *** (0.000)	-15.986 *** (0.000)	-11.292 *** (0.000)

注：括号内为 HT 或 IPS 检验的 *P* 值，*** 表示在 1% 的水平上显著。

为了确保后续模型估计、脉冲响应与方差分解的有效性，对模型进行稳健性检验，即动态矩阵特征值的模是否小于 1（在单位圆内）。选择最优滞后阶数的基础上，建立滞后阶数为 1 的 VAR 模型。为了保证模型的稳定性和序列分析的有效性，进行了 AR 单位圆检验，如图 4-2 所示。

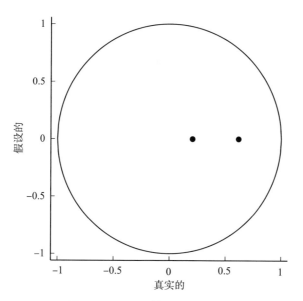

图 4-2　PVAR 模型稳健性检验

资料来源：作者自绘。

由图 4-2 可知，2 个单位根都在单位圆内，说明本书建立的 VAR 模型具有稳定性，构建的 PVAR 模型是稳健的。

2. 模型 GMM 参数估计

在确定最优滞后阶数与单位根检验后，进一步运用 Stata 17.0 对数字技术和环境规制这两个变量进行 GMM 估计，借鉴连玉君的 PVAR 程序进行矩估计，以此探讨我国全国、东部、中部和西部地区的数字技术和环境规制的相互作用方式（见表 4 - 4）。矩估计结果显示，我国不同地区的城市数字技术和环境规制的交互影响存在较大差异。

表 4 - 4　　　　　　　　　　　　　矩估计结果

区别	全国		东部地区		中部地区		西部地区	
变量	DT	ER	DT	ER	DT	ER	DT	ER
L1. DT	0. 587 *** (12. 22)	0. 051 * (1. 80)	0. 316 *** (7. 04)	0. 087 ** (2. 58)	0. 376 *** (11. 59)	0. 031 (1. 20)	0. 505 *** (7. 12)	0. 051 * (1. 80)
L1. ER	0. 239 *** (4. 59)	- 0. 143 *** (- 4. 21)	0. 280 ** (2. 12)	- 0. 017 (- 0. 62)	0. 015 (0. 48)	- 0. 088 *** (- 3. 07)	0. 104 *** (2. 91)	- 0. 245 (- 3. 59)

注：L1 表示变量滞后 1 期；括号中的值为 t 值；*** 、** 、* 分别表示在 1% 、5% 、10% 水平上显著。

由表 4 - 4 中的结果可知，从总体而言，滞后一期的数字技术对环境规制的影响系数为 0. 051，在 10% 的置信水平上显著；对于数字技术而言，其受滞后一期的自身影响显著，同时受环境规制的影响系数为 0. 239，在 1% 的置信水平上显著。这表明从整体角度而言，城市数字技术与环境规制之间存在双向互动关系，且均促进了双方水平的提高。

东部地区滞后一期的数字技术对环境规制的影响系数为 0. 087，在 5% 的置信水平上显著，说明东部地区的数字技术发展对环境规制具有积极作用。以数字技术作为因变量，环境规制的滞后一期影响系数为 0. 280，在 5% 的置信水平上显著。因此，东部地区的数字技术与环境规制之间存在双向互动关系，城市数字技术与环境规制能够形成重要的互相支撑作用。

中部地区滞后一期的数字技术对环境规制的影响系数为 0. 031，但影响却不显著。滞后一期的环境规制对数字技术的影响系数为 0.088，在 1% 的置信水平上显著，说明中部地区的环境规制能够有效促进数字技术水平的提高，但数字技术尚未有效支撑城市环境规制的发展，因此，数字技术对环境规制的推动作用尚未表现出来。这可能是由于这两个地区的数字技术发展形成了资源的"挤占"，导致对环境规制的支撑力度不足，在一定程度上影响了环境规制的效能。

西部地区的数字技术发展受其自身影响显著，对自身发展存在较强的依赖作用，同时受到环境规制的影响也很显著。西部地区的数字技术发展具有较大潜力，数字技术在转化为推进环境规制与城市绿色发展的实际推动力方面发挥了重要作用。环境规制受到滞后一期的数字技术发展的影响，但该系数小于东部地区。

东部地区的环境规制对数字技术发展的影响较其余两个地区更为明显，环境规制的创新补偿效应更为显著，西部地区环境规制的影响力仍需进一步强化，且中部地区的环境规制对数字技术发展的作用不显著。东部和中部地区数字技术对环境规制的作用较为显著，说明我国东部和中部地区的数字技术能够嵌入环境规制，提高了环境规制的效能，从而可能进一步促进了城市绿色发展。

3. 脉冲响应分析

系统 GMM 模型是对模型进行静态分析，为了进一步分析绿色创新和绿色发展的响应机制，借助蒙特卡罗方法经过 200 次试验得到三大经济区的脉冲响应轨迹，能够更直观地展示绿色创新和绿色发展的动态交互影响。可以发现，三大经济区的脉冲响应图均呈收敛趋势，说明模型是稳定的。模拟得到全国及东部、中部和西部地区滞后 10 期的脉冲响应（见图 4-3~图 4-6），图中横轴表示滞后期数，中间线表示给某一冲击变量一个标准差的冲击后响应变量的脉冲响应值。

由图 4-3 可知，当环境规制与数字技术受到自身标准差的冲击后，二者均在当期的反应较大，达到最高值，之后脉冲函数值迅速下降并逐渐趋于稳定在 0 附近。这表明数字技术与环境规制均呈现出相对的经济惯性。

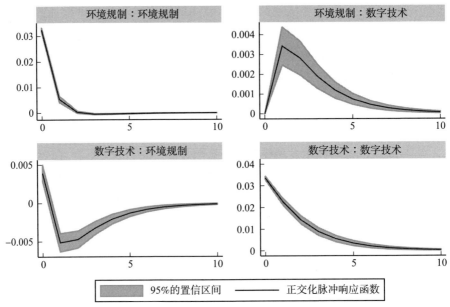

脉冲：响应

图 4 - 3 脉冲响应函数分析

注：蒙特卡罗法产生的每侧误差为 5%，重复 200 次。中间线为脉冲响应曲线，上下方的两条曲线分别为 95% 置信区间的上线和下线，横坐标代表冲击作用的滞后期，纵坐标为脉冲函数值，下同。

资料来源：作者自绘。

当对环境规制施加一个标准差的正向冲击时，数字技术的响应值在当期未受到影响。当数字技术受到环境规制一个标准差的冲击时，在第一期达到最高值之后数值开始下降，即呈现出先扩大后缩小的倒 "U" 型正向影响，表明环境规制对数字技术发展的影响具有一定的滞后性。这表明从长期来看，环境规制通过倒逼技术投入等提升资源配置效率、催生高技术企业等有效促进了数字技术水平的提升。

当对数字技术施加一个标准差的正向冲击时，环境规制的响应值在当期为正向影响，第一期出现下降且为负向影响并达到最高值，随后开始上升，负向影响逐渐降低。随着滞后期的增加，数字技术冲击对环境规制的负向影响程度逐渐缓和。

由图 4 - 4 可知，东部地区环境规制对自身一个标准差的冲击当期响应

值大于 0，达到最高值 0.03，之后脉冲函数值迅速下降至 0 附近并出现小幅
震荡的形势。这表明数字技术与环境规制均呈现出相对的经济惯性。

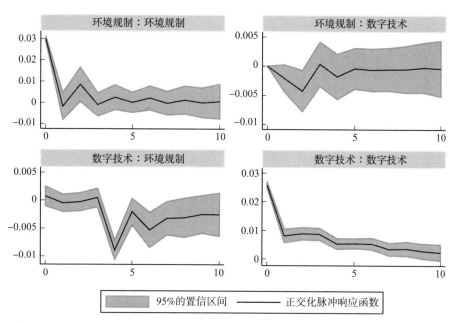

图 4-4　东部地区脉冲响应函数分析

资料来源：作者自绘。

　　当对环境规制施加一个标准差的正向冲击时，数字技术的响应值在当期
未受到影响。当数字技术受到环境规制一个标准差的冲击时呈现下降趋势，
在第二期达到最大负向影响，之后数值开始回升，在第四期又出现下降后逐
渐趋向于 0，这表明短期内环境规制不利于数字技术水平的提升。但随着不
同类型环境规制水平的逐步提升与完善，东部地区可能进一步增加数字创新
投入。从长期来看，数字技术与环境规制的互动关系有待进一步加强。

　　当对数字技术施加一个标准差的正向冲击时，环境规制的响应值在当期
为轻微的正向影响，第一期出现下降后上升，在第四期迅速下降且负向影响
达到最高值，随后开始上升，负向影响逐渐降低。随着滞后期的增加，数字
技术冲击对环境规制的负向影响程度得到缓和。在第五个预测期数仍存在波

动，表现出比其他两个地区更大的惯性作用，自身依赖性较强。但从长期来看，数字技术与环境规制的不匹配会制约环境规制效能的发展。因此，应进一步促进数字技术与环境规制之间形成长期良性互动关系，尤其是通过数字技术指引环境规制提质增效，还有较大的提升空间。

由图4-5可知，中部地区环境规制对自身的影响同东部地区较为相似。当对环境规制施加一个标准差的正向冲击时，数字技术的响应值在当期未受到影响。第一期值为0，表示环境规制对数字技术的影响存在滞后性，当数字技术受到环境规制一个标准差的冲击时，在第二期达到最大正向影响，之后数值快速下降，在第四期又重新达到最大值。后期经过波动后，又围绕在0值附近。整体而言，中部地区数字技术的响应值在0左右，说明环境规制对数字技术的传导机制还不完善。原因可能在于我国中部地区的环境规制强度相对较弱，致使其难以发挥对数字技术升级的倒逼作用。因此，环境规制的实际驱动力有待进一步提高，从而强化对数字技术的促进。

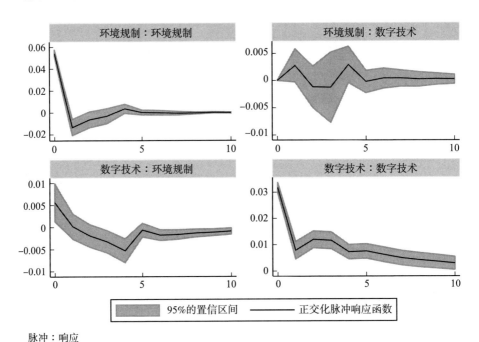

脉冲：响应

图4-5 中部地区脉冲响应函数分析

资料来源：作者自绘。

当对数字技术施加一个标准差的正向冲击时，环境规制的响应值在当期为轻微的正向影响，第一期后逐渐下降并在第四期达到最高值，随后开始上升，函数值整体波动幅度趋于平稳。中部地区数字技术对自身的影响在即期产生正向影响，影响值达到最大，随着时间的推移，影响力迅速变弱，最后趋向于0。这说明中部地区的数字技术发展存在依赖自身发展状况的情形。

由图4-6可知，西部地区与东部地区的情况类似，西部地区的环境规制对自身的响应值在当期大于0，表明环境规制对自身发展具有促进作用。除第四期外，其响应值均大于0。数字技术受到环境规制一个单位标准差冲击后，在第二期函数值迅速下降至最低点后，在第三期迅速回升至最大值，表明短期内环境规制升级的技术需求会刺激数字技术水平的提升。在第三期之后函数值稍微下降，并呈现小幅度波动。在第五期之后呈现相对稳定的状态。

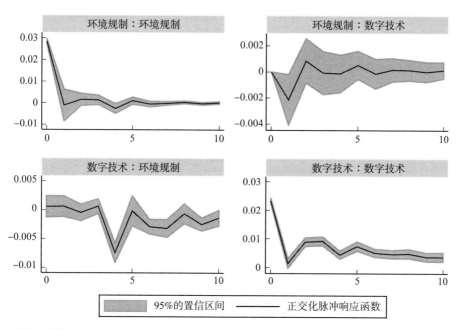

脉冲：响应

图4-6　西部地区脉冲响应函数分析

资料来源：作者自绘。

当对数字技术施加一个标准差的正向冲击时,环境规制的响应值在第五期后依然出现反复的小幅震荡,预测期数内数字技术对自身的响应大于0。这说明数字技术对自身发展具有持续正向影响。

我国数字技术与环境规制能够呈现较强的促进作用,存在长期动态耦合关系,但这种关系在部分地区有待进一步提升。东部与西部地区的响应程度还有待提高。我国数字技术发展对环境规制的支撑机制有待进一步形成,同时环境规制推动与驱动数字技术创新发展需得到进一步重视。

4. 方差分解结果

为了进一步量化分析数字技术和环境规制的互动关系,评估二者的相互作用程度,为进一步评估模型扰动项对内生变量冲击的影响程度及各变量变化过程中不同结构冲击的贡献力度,进一步对 PVAR 模型进行方差分解,取第 10 期、第 20 期和第 30 期来分析数字技术与环境规制二者相互影响的程度。本书在 PVAR 矩估计和脉冲响应分析的基础上进行方差分解(见表 4-5)。

表 4-5　　　　　　　　　　　　方差分解结果

变量	期数	全国		东部		中部		西部	
		DT	ER	DT	ER	DT	ER	DT	ER
DT	10	0.9034	0.0966	0.8957	0.1043	0.9325	0.0675	0.9032	0.0968
	20	0.9032	0.0968	0.8956	0.1044	0.9324	0.0676	0.9032	0.0968
	30	0.9031	0.0969	0.8956	0.1044	0.9324	0.0676	0.9032	0.0968
ER	10	0.1366	0.8634	0.1747	0.8253	0.1221	0.8779	0.1444	0.8556
	20	0.1367	0.8633	0.1748	0.8252	0.1225	0.8775	0.1445	0.8555
	30	0.1367	0.8633	0.1748	0.8252	0.1226	0.8774	0.1445	0.8555

资料来源:作者自行整理。

根据表 4-4 的方差分解的结果可以发现:

对于我国整体及不同地区而言,我国东部地区的数字技术对环境规制的贡献程度最大（10.44%），西部地区次之（9.68%），三大区域中数字技术对环境规制贡献程度最小的是中部地区（6.76%）。

就环境规制对数字技术的影响而言，依然是东部地区最大（17.48%），然后是西部地区（14.45%）和中部地区（12.26%）。

总体上讲，尽管我国不同地区的环境规制与数字技术之间的相互影响存在区域差异，但环境规制与数字技术两个变量对自身的解释贡献率均超过了85%。因此，二者更多地依赖于自身的发展，相互影响程度有待进一步加强。

就环境规制与数字技术二者间的互动关系而言，我国西部地区的数字技术与环境规制二者的相互作用更为显著，形成较为有效的互动。总体来看，中国区域环境规制与数字技术的互动还有待加强，不同地理区域的环境规制及数字技术对其自身仍有明显依赖。就全国而言，数字技术与环境规制均主要受自身的影响，在第30期时仍分别为90.31%和86.33%。

5. 格兰杰因果关系检验

格兰杰因果检验将各变量互相作为解释变量与被解释变量，可有效甄别环境规制与数字技术的因果作用方向，广泛应用于时间序列及面板数据。格兰杰因果检验的实质是检验变量的滞后变量是否对其他变量有影响，若一个变量受到一个变量的滞后影响，则称具有格兰杰因果关系（Dumitrescu & Hurlin, 2012；Lope & Weber, 2017）。格兰杰因果检验可划分为以下三种类型：单向格兰杰因果关系、双向格兰杰因果关系及无明显格兰杰关系。

数字技术与环境规制之间的内部结构状态与相互作用本质是系统不断由低级耦合向高阶耦合的发展。基于此，在总结二者互动的理论基础上利用Granger因果关系实证检验数字技术与环境规制的互动关系。一般用Granger因果关系检验来确定事情发生的先后顺序，可以分析数字技术与环境规制之间是否存在相互影响的因果关系。在已知数字技术与环境规制之间存在长期的、均衡的稳定关系基础之上，通过Granger因果关系检验，可以分析环境规制与数字技术之间的关系是否存在相互作用、相互影响的因果关系，结果如表4-6所示。

表 4 – 6   Granger 因果关系检验

地区	原假设	F 统计量	P 值	是或否
全国	ER 不是 DT 的 Granger 原因	10.067	0.039	否
	DT 不是 ER 的 Granger 原因	222.865	0.000	否
东部	ER 不是 DT 的 Granger 原因	9.895	0.048	否
	DT 不是 ER 的 Granger 原因	31.834	0.000	否
中部	ER 不是 DT 的 Granger 原因	7.794	0.099	是
	DT 不是 ER 的 Granger 原因	104.074	0.000	否
西部	ER 不是 DT 的 Granger 原因	18.931	0.001	否
	DT 不是 ER 的 Granger 原因	111.106	0.000	否

资料来源：作者自行整理。

根据 Granger 因果关系检验结果（见表 4 – 6）可知，从 ER 对 DT 的 Granger 因果关系来看，P 值为 0.039，F 值落在拒绝域，拒绝原假设，接受备择假设，说明 ER 是 DT 的 Granger 原因；从 DT 对 ER 的 Granger 因果关系来看，P 值为 0.000，小于 0.05，因此 F 值落在拒绝域，说明拒绝了原假设，接受了备择假设，说明 DT 是 ER 的 Granger 原因。据此，总结数字技术与环境规制的互动关系能够得知，二者呈双向格兰杰因果关系，即数字技术与环境规制均具有显著的双向推动作用。城市数字技术发展带来了大量潜在优质人居环境供给的需求，数字技术规模的扩张是环境规制增效的根本动力。随着数字技术的不断发展以及环境规制的深入，二者互馈影响逐步上升。

进一步分地区对环境规制与数字技术的互动关系进行检验。研究结果表明，东部地区和西部地区的数字技术与环境规制能够产生互动关系。而中部地区的环境规制不是数字技术的 Granger 原因。P 值为 0.099，F 值落在接受域，接受原假设，拒绝备择假设，说明环境规制的平稳序列不能够引起数字技术的平稳变换，即环境规制不是数字技术的 Granger 原因，说明环境规制对数字技术影响有限，不是推动数字技术水平提升的主要原因，这可能是环境规制对于数字技术的动力作用，并没有通过源头控制、经济基础和制度供给三方面充分体现。因此，总结不同地区城市层面环境规制与数字技术的互动关系可知，中部地区城市呈现数字技术对环境规制的单向因果关系，生产要素的流动、经济空间的集聚及城市功能的高效规划推动了对环境规制的追求。应进一步利用较高水平生产要素的自由流动及数字技术增长推动二者正向循环反馈。应进一步有序推进二者的协调、多元发展，促进数字技术与环境规制的深度融合一体化发展，发挥数字技术的引领示范效应。

第三节　数字技术与环境规制耦合协调模型构建

数字技术与环境规制之间要实现耦合协调，才能发挥合力，而耦合度和协调度正是对二者之间协调作用程度的科学度量。利用耦合度模型对数字技术与环境规制间复杂的耦合机理进行研究。引入物理学中容量耦合的概念，建立耦合度模型测度子系统数字技术和环境规制之间的耦合度。进一步引入耦合协调模型计算数字技术与环境规制的耦合协调度。通过耦合协调度模型，研究了 2007~2021 年中国 285 个城市的数字技术与环境规制之间的耦合和协调关系。同时，使用 Dagum 基尼系数分解以及核密度估计方式来描绘我国全部以及东部、中部和西部各地区的耦合协调度在时空上的演变特性。

一、耦合协调度模型构建

耦合指的是多个系统的互动受到其内部及外部因素的作用并产生互相影响的情况，用以衡量这种影响力的指标就是耦合度。该模型已被普遍应用于对经济增长和社会环境之间错综复杂的关系的研究上。借鉴了物理学的容量耦合理念，即当耦合度越高时，意味着系统会朝着更有序的状态转变。预设耦合度模型为：

$$C = \left\{ \frac{F(x) \times G(y)}{\left(\frac{F(x) + G(y)}{2} \right)} \right\}^2 \qquad (4-34)$$

其中，C 为子系统 A 和 B 之间的耦合度，$0 \leqslant C \leqslant 1$，$F(x)$ 是数字创新系统 A 的综合评价值；$G(y)$ 表示环境规制系统 B 的综合评价值；计算综合发展指数：$T = \alpha \times F(x) \times \beta \times G(y)$。

进一步引入耦合协调模型计算数字创新与环境规制的耦合协调度。引入耦合协调模型 D，计算耦合协调度 $D = \sqrt{C \times T}$，α 和 β 为待定系数，表示 $F(x)$ 和 $G(y)$ 即系统 A 和 B 评价值的重要程度，为消除城市环境规制与数字创新发展均处于低水平下的高耦合度给分析带来的偏误，将二者设置为具有同等重要性，即 $\alpha = \beta = 0.5$。

根据城市数字技术和环境规制评价指标体系，运用极差法对原始数据进行标准化处理。采用熵值法确定各评价指标权重，在一定程度上避免主观因素带来的偏差。代入城市的评价指标值，运用线性加权法建立综合评价模型。利用耦合协调模型进行综合评价，对城市数字技术与环境规制做出相对完整的系统性综合评价。根据计算得出的协调度，划分数字技术与环境规制的耦合关系，耦合关系可以划定为低水平耦合（数字技术与环境规制耦合不明显）、拮抗耦合（数字技术与环境规制相互制约）、磨合耦合（数字技术与环境规制关系重组）与高水平耦合（数字技术与环境规制不断协调）的四个阶段。数字技术与环境规制协调关系的具体划分标准如表4-7所示。其中，低水平耦合和拮抗耦合属于失调关系，磨合耦合和高水平耦合属于协调关系。

表4-7   数字技术与环境规制协调关系的划分标准

耦合协调度	协调关系	协调程度	
0.00 ~ 0.10	极度失调	低水平耦合	失调
0.10 ~ 0.20	严重失调		
0.20 ~ 0.30	中度失调		
0.30 ~ 0.40	轻度失调	拮抗耦合	
0.40 ~ 0.50	濒临失调		

耦合协调度	协调关系	协调程度	
0.50～0.60	勉强协调	磨合耦合	协调
0.60～0.70	初级协调		
0.70～0.80	中级协调		
0.80～0.90	良好协调	高水平耦合	
0.90～1.00	优质协调		

资料来源：作者自行整理。

二、Dagum 基尼系数测度

根据我国区域的行政划分情况，对我国东部、中部和西部地区的城市数字技术与环境规制耦合协调情况进行分析。为探明我国城市整体及不同地区的耦合协调度的空间差异及来源，本书利用 Dagum 基尼系数及其分解方法分解，将总体基尼系数 G 分解为区域内差异贡献、区域间净值差异贡献及超变密度贡献，以此反映耦合协调度的内部差异、区域间差异和交叉重叠现象。利用 Dagum 基尼系数测度 2007～2021 年中国区域城市数字技术与环境规制耦合协调的总体空间差异，揭示城市数字技术与环境规制耦合协调的非均衡性特征，计算公式如下：

$$G = G_w + G_{nb} + G_i$$

$$G = \frac{\sum_{j=1}^{k} \sum_{h=1}^{k} \sum_{i=1}^{n_j} \sum_{r=1}^{n_h} |y_{ji} - y_{hr}|}{2n^2\mu}$$

$$\mu_h \leqslant \mu_j \leqslant \cdots \leqslant \mu_k$$

$$G_{jj} = \frac{\frac{1}{2\mu_j} \sum_{i=1}^{n_j} \sum_{r=1}^{n_j} |y_{ji} - y_{jr}|}{n_j^2}$$

$$G_{jh} = \sum_{i=1}^{n_j} \sum_{r=1}^{n_h} |y_{ji} - y_{hr}| / n_j n_h (\mu_j + \mu_h)$$

$$G_w = \sum_{j=1}^{k} G_{jj} p_j s_j, p_j = n_j/n, s_j = n_j \mu_j/n\mu$$

$$G_{nb} = \sum_{j=2}^{k} \sum_{h=1}^{j-1} G_{jh} (p_j s_h + p_h s_j) D_{jh}$$

$$G_i = \sum_{j=2}^{k} \sum_{h=1}^{j-1} G_{jh} (p_j s_h + p_h s_j)(1 - D_{jh})$$

$$D_{jh} = \frac{d_{jh} - p_{jh}}{d_{jh} + p_{jh}}$$

$$d_{jh} = \int_0^{\infty} dF_j(y) \int_0^{y} (y - x) dF_h(x)$$

$$P_{jh} = \int_0^{\infty} dF_h(y) \int_0^{y} (y - x) dF_h(y) \qquad (4-35)$$

其中，G 为总体基尼系数；G_w 为区域内部城市数字技术与环境规制耦合协调差异的贡献；G_{nb} 为区域间城市数字技术与环境规制耦合协调差异的贡献；G_t 为超变密度贡献；$k=3$，为区域数；n 为各区域内城市数量；$y_{jt}(y_{hr})$ 为第 $j(h)$ 个区域中第 $i(r)$ 个城市的数字技术与环境规制耦合协调度；μ 为 285 个城市数字技术与环境规制耦合协调度的均值，对各城市数字技术与环境规制耦合协调度进行排序；G_{jj} 为区域内基尼系数；G_{jh} 为区域间基尼系数；$0 \leqslant D_{jh} \leqslant 1$，为第 j 和第 h 个区域城市数字技术与环境规制耦合协调度的相对影响；d_{jh} 为第 j 和第 h 个地区中全部 $y_{ji} - y_{hr} > 0$ 的城市样本值加总的数学期望；P_{jh} 为 j 和第 h 个地区中全部 $y_{ji} - y_{hr} < 0$ 的样本值加总的数学期望；$F_j(F_h)$ 为第 $j(h)$ 个区域的累积密度分布函数。总体基尼系数 G 表示耦合协调水平的空间差异，G 越大，则意味着地区耦合协调水平的空间差异性越大。分析区域城市数字技术与环境规制耦合协调总体差异的空间非均衡特征，测度区域内部差异和区域间区域城市数字技术与环境规制耦合协调差异。

三、核密度估计

核密度估计法（Kernel density estmation，KDE）主要是借助一个移动的单元格（相当于窗口）对点或线格局的密度进行估计。一般定义为：设

x_1，…，x_n 是从分布密度函数为的总体中抽取的独立同分布样本，估计 f 在某点 x 处的值，通常用 Rosenblatt – Parzen 核估计：

$$f_n(x) = \frac{1}{nh}\sum_{i=1}^{n} k\left[\frac{x - x_i}{h}\right] \tag{4-36}$$

其中，$k(h)$ 称为核函数；$h>0$ 为带宽；$x-x_i$ 表示估计点到样本 x_i 处的距离。

在 KDE 估计中，带宽 h 的确定或选择对于计算结果影响很大，随着 h 的增加，空间上点密度的变化更为光滑，但会掩盖密度的结构；h 减小时，估计点密度变化突兀不平。在具体的应用实践中 h 的取值是有弹性的，需要根据不同的 h 值进行试验，探索估计的点密度曲面的光滑程度。在 ArcGIS 的 KDE 中，会自动生成一个默认的带宽，该默认值采用分析的数据图层中最小宽度或者长度除以 30 得出。本书以自动生成带宽分析数字技术与环境规制协调的演变趋势。

KDE 估计具体方法：（1）定义一个固定的搜索半径（即核函数带宽），以滑动的圆来统计落在圆域内的事件数量；（2）根据密度精度要求，确定输出栅格大小，栅格越小，精度越高；（3）通过核函数计算出每个事件对圆域内各个栅格的密度贡献值；（4）对每个栅格的密度值进行赋值，其值为该栅格搜索半径范围内各个事件对该栅格的密度贡献值的累加；（5）输出每个栅格的密度值。

在本书中，利用核密度估计我国城市数字技术与环境规制耦合协调度的概率密度，利用平滑的连续密度曲线描述其动态演进特征。本书采用高斯核密度函数对城市数字技术与环境规制的耦合协调度进行估计，以此反映不同城市的耦合协调水平的高低、极化趋势和分布动态等特点。

第四节 数字技术与环境规制耦合协调及时空演化分析

一、数字技术与环境规制耦合协调度分析

通过对 2007～2021 年我国 285 个城市的耦合协调度进行计算并求得城

市耦合协调度均值，可以得到我国城市数字技术与环境规制耦合协调度均值及耦合阶段，如表4-8所示。

表4-8   我国城市数字技术与环境规制耦合协调度均值及耦合阶段

年份	耦合协调度	耦合阶段
2007	0.554	勉强协调
2008	0.702	中级协调
2009	0.638	初级协调
2010	0.755	中级协调
2011	0.728	中级协调
2012	0.562	勉强协调
2013	0.704	中级协调
2014	0.656	初级协调
2015	0.596	勉强协调
2016	0.605	初级协调
2017	0.627	初级协调
2018	0.494	濒临失调
2019	0.816	良好协调
2020	0.837	良好协调
2021	0.811	良好协调

资料来源：作者自行整理。

从表4-8中的结果能够发现，我国城市数字技术与环境规制的耦合协调度均值从2007年的0.554上升至2021年的0.811。从整体上看，我国城市数字技术与环境规制的耦合协调度呈波动增加态势，系统的耦合度虽然呈现波动上升，但在2018年下降幅度较大，进入濒临失调阶段。究其原因，我国在推行数字化战略过程中，部分城市或企业缺少明确的目标和验证标准。不同部门或城市对数字技术应用和数字化转型等概念与内涵的理解存在较大分歧，数字化技术与业务场景的融合存在问题，这使引入的新技术对城市绿色发展未产生显著的改变。另外，数字技术带来的耗能和废弃物问题严重。大量的互联网产品需要巨大的能源供应来支持。随着数字化的发展，大量的《电子垃圾》也随之产生，给生态环境带来了巨大的压力。为了解决这一挑战，积极推进数字经济发展与环境保护发展的结合，努力降低数字技术的能源消耗，利用其融入并整合的特点来增强城市的可持续发展能力，同时提供了更广阔的环境管理选择（刘淑春，2018）。2019~2021年，数字技术与环境规制两个系统之间的耦合协调情况处于高耦合的良好协调阶段，耦合协调度在波动中实现上升。2020年3月，我国提出将推进5G互联网、数据中心等新兴信息技术基础设施的建设，针对兴起的信息技术基础建设、数字平台和相关政策制度加大开发力度。数字技术已深入经济、政治、文化和生态环境的构建中，并提升了其间的互动关系；同时，还需加强数字技术创新系统及网络安全的防护措施。进一步整理得到我国城市数字技术与环境规制耦合协调关系的空间分布，如图4-7所示。

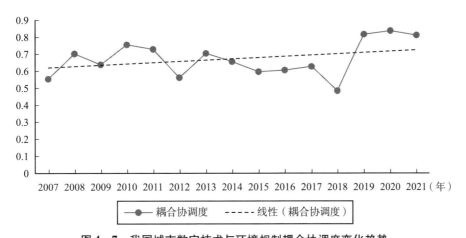

图4-7 我国城市数字技术与环境规制耦合协调度变化趋势

资料来源：作者根据数字技术与环境规制耦合协调度数据自行整理。

从图 4-8 中可以看出，2007~2021 年我国城市数字技术与环境规制耦合协调度均值在 0.50~0.90，个别地区处于濒临失调和磨合协调阶段，多数地区处于初级耦合和中级耦合阶段。进一步将我国 285 个城市按照 2021 年的耦合协调度划分为五个亚类型，如表 4-9 所示。

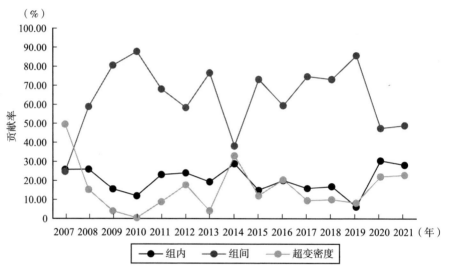

图 4-8　我国城市数字技术与环境规制耦合协调度差异的演变趋势

资料来源：作者自行整理。

表 4-9　　　　　　　我国 2021 年城市数字技术与环境规制

耦合协调关系及分布情况

协调程度	协调关系		主要分布	城市数量（个）
低水平耦合	失调	极度失调	无	0
		严重失调	无	0
		中度失调	云南省曲靖市、黑龙江省鹤岗市	2
		轻度失调	江苏省南通市和徐州市	2
拮抗耦合		濒临失调	分布在湖南、湖北等中部地区，辽宁、江苏等东部地区，四川、陕西等西部地区城市	12

续表

协调程度	协调关系		主要分布	城市数量（个）
磨合耦合	协调	勉强协调	分布在吉林和辽宁的东北地区；江苏和浙江等东部地区；云南、四川和陕西等西部地区城市	51
		初级协调	分布在浙江、江苏和上海等东部沿海地区，湖北、江西等中部地区，陕西、四川等西部地区以及吉林、黑龙江和辽宁等东北地区城市	70
		中级协调	分布在黑龙江、吉林、辽宁、内蒙古通辽；山东、江苏、浙江等东部地区；山西、湖北、江西、湖南等中部地区；四川、陕西、云南等西部地区城市	83
高水平耦合		良好协调	山东、江苏、浙江、黑龙江、辽宁、福建广东、安徽等东部地区；湖北、河南和江西等中部地区；宁夏、四川、广西和甘肃等西部地区城市	47
		优质协调	分布在浙江、江苏、安徽、海南、北京和山东等东部沿海城市；宁夏、甘肃等西部地区城市	16

资料来源：作者自行整理。

由表 4-9 可知，我国有 16 个城市属于失调型（低水平耦合和拮抗耦合），占样本总数的 5.61%，包括常德、孝感、十堰和本溪等城市，这些城市的数字技术与环境规制处于失调状态，应进一步实现二者的协调发展，缩短与高级协调之间存在的较大差距。部分城市资源产品的消耗也较多，尚未形成生态化的产业构架，这限制了数字技术与环境保护法规的协同发展。我国大部分城市属于"磨合耦合型"城市，共有 204 个，占比为 71.58%，分布较为广泛。这些城市的环境规制发展水平与数字技术发展水平较为先进，二者在一定程度上实现了互动与耦合协调发展，因此在保持环境优势的基础上应加快数字技术发展。有 63 个城市属于高水平耦合型，占比为 22.11%，又可进一步划分为良好协调和优质协调两种类型。部分城市如潍坊、烟台、杭州、合肥和苏州已经步入高协同融合期，其环境管理政策及数字化技术的进展程度都相当成熟，这有助于提升技术创新对于环境保护持久性的影响力，并强调了维护城市生态的重要性。而甘肃、福建、河南和广西壮族自治区的47座城市属于较好的协同类型，占总数的16.49%，它们需要在快速推进数字化进程的同时，妥善运用现有资源，以保持生态永续的发展势头，从而达成城市的绿色发展愿景。

二、城市数字技术与环境规制耦合协调度的空间差异分析

空间差异分析总结2007~2021年中国区域城市数字技术与环境规制耦合协调度的空间差异演变趋势。为了对我国不同城市的总体及不同区域的差异进行有效分析，本书采用 Dagum 基尼系数及其分解方法考察城市数字技术与环境规制耦合协调度差异的空间来源，具体结果如表4-10所示，时变趋势如图4-9所示。

表4-10　区域城市数字技术与环境规制耦合协调度的空间差异分解

年份	基尼系数				贡献率（%）		
	总体	组内	组间	超变密度	组内	组间	超变密度
2007	0.123	0.032	0.030	0.061	25.806	24.701	49.493
2008	0.080	0.021	0.047	0.012	25.984	58.844	15.172
2009	0.080	0.012	0.064	0.003	15.509	80.539	3.952
2010	0.083	0.010	0.073	0	11.897	87.748	0.356
2011	0.086	0.020	0.059	0.008	23.170	68.064	8.767
2012	0.137	0.033	0.080	0.024	24.014	58.296	17.691
2013	0.087	0.017	0.067	0.004	19.381	76.548	4.071
2014	0.056	0.016	0.021	0.018	28.860	38.123	33.018
2015	0.111	0.017	0.082	0.013	14.915	73.175	11.910
2016	0.098	0.020	0.058	0.020	20.104	59.436	20.460
2017	0.042	0.007	0.032	0.004	15.866	74.683	9.451
2018	0.107	0.018	0.078	0.011	16.854	73.184	9.963
2019	0.081	0.005	0.069	0.007	6.162	85.683	8.155

年份	基尼系数				贡献率（%）		
	总体	组内	组间	超变密度	组内	组间	超变密度
2020	0.096	0.029	0.046	0.021	30.480	47.446	22.074
2021	0.082	0.023	0.040	0.019	28.220	48.904	22.875
均值	0.090	0.019	0.056	0.015	20.481	63.692	15.827

资料来源：作者自行整理。

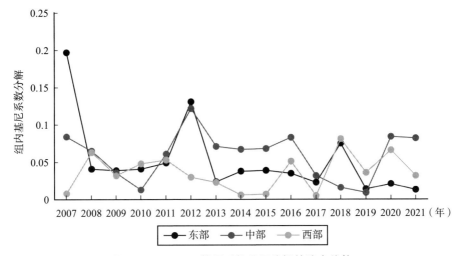

图 4 - 9　Dagum 基尼系数差异分解的演变趋势

资料来源：作者自行整理。

结合表 4 - 9 和图 4 - 8 能够发现，在 2007～2021 年，我国城市数字技术与环境规制耦合协调度的总体基尼系数介于 0.056～0.137，平均值为 0.090，2007～2021 年的平均增长率为 8.81%。表明各城市数字技术与环境规制耦合协调度水平的总体差异较大，但 2019～2021 年呈现较为稳定的小波动趋势。城市间数字技术与环境规制协同推进城市绿色发展的能力不断增强，在创新资源、数字技术发展占据和环境规制不断完善与发展状态上的差距将逐渐缩小。区域城市数字技术与环境规制耦合协调度较高的城市应发挥对相对较低城市的带动作用，形成数字技术与环境规制可持续耦合发展的提升城市绿色发展的动力。

从贡献率来看，区域内差异、区域间差异及超变密度贡献率均值分别为20.481%、63.692%和15.827%，区域间差异是我国城市数字技术与环境规制协调空间差异及区域间发展不平衡的主要来源。空间差异分析总结2007~2021年中国区域城市数字技术与环境规制耦合协调度的空间差异演变趋势。为了对我国不同区域城市的数字技术与环境规制耦合协调差异进行有效分析，采用Dagum基尼系数分解方法考察城市数字技术与环境规制耦合协调度差异的空间来源，分解结果如表4-11所示，时变趋势如图4-9所示。

表4-11 城市数字技术与环境规制耦合协调度的

Dagum基尼系数差异分解结果

年份	基尼系数			贡献率（%）		
	东部	中部	西部	东部与中部	东部与西部	中部与西部
2007	0.197	0.084	0.008	0.184	0.191	0.067
2008	0.041	0.065	0.063	0.086	0.116	0.079
2009	0.039	0.036	0.032	0.119	0.162	0.056
2010	0.041	0.013	0.048	0.160	0.086	0.077
2011	0.049	0.061	0.053	0.132	0.083	0.087
2012	0.131	0.122	0.030	0.140	0.184	0.156
2013	0.024	0.071	0.023	0.084	0.162	0.093
2014	0.038	0.067	0.006	0.075	0.041	0.061
2015	0.039	0.068	0.007	0.205	0.216	0.060
2016	0.035	0.083	0.051	0.151	0.144	0.083
2017	0.023	0.032	0.005	0.072	0.057	0.033
2018	0.075	0.016	0.081	0.073	0.155	0.183
2019	0.014	0.009	0.036	0.146	0.149	0.036

年份	基尼系数			贡献率（%）		
	东部	中部	西部	东部与中部	东部与西部	中部与西部
2020	0.021	0.084	0.066	0.133	0.159	0.087
2021	0.013	0.082	0.032	0.113	0.127	0.073
均值	0.052	0.060	0.036	0.125	0.135	0.082

结合表4-11和图4-9能够发现，东部地区各城市数字技术与环境规制耦合协调度差异的下降幅度较大，呈现明显的下降趋势。东部地区城市间的数字技术与创新联系日益密切。对比东部、中部、西部地区的内部差异能够发现，从平均值来看，中部地区各城市的数字技术与环境规制耦合协调度水平间的差异最大，东部地区紧随其后，西部地区各城市间的耦合协调度差异最小。因此，应注重平衡我国中部地区各城市发展数字技术的能力，加大数字技术投入与产出，进一步利用多种环境规制倒逼数字技术发展，运用数字技术推动环境规制的进一步完善。同时，考虑西部地区内部差异扩大的可能，同时提升西部地区城市的数字技术发展水平和环境规制发展水平，促进西部地区城市的数字创新合作与环境规制的组合，从而进一步提高数字技术与环境规制的协调度。

对于区域内差异而言，2007~2021年，我国东部地区城市内部的数字技术与环境规制的耦合协调度基尼系数介于0.013~0.197，平均值为0.052，平均增长率为33.288%。表明15年间东部地区城市内部的数字技术与环境规制的耦合协调度水平呈现明显的下降或上升趋势，城市间数字技术与环境规制的耦合协调情况的差异不断扩大。西部地区内部的基尼系数介于0.005~0.081，平均值为0.036。中部地区内部的基尼系数介于0.009~0.122，平均值为0.060，平均增长率为64.172%。城市间数字技术与环境规制的耦合协调差异较大。

对于区域间差异而言，在区域差异方面，东部和西部的基尼系数处于0.041~0.191，平均值为0.135，其平均增长率达到9.33%。表明东部与西部地区数字技术与环境规制的耦合协调水平间的差异在波动中略有缓解。可以观察到，东部和西部地区的基尼系数范围在 0.057 ~ 0.191，其平均值为0.135，而且其平均增长率达到了 31.96%。表明东部与西部地区数字技术与环境规制的耦合协调水平间的差异在波动中略有扩大。基尼系数在中部和西部地区的范围是 0.033 ~ 0.183，其平均值为 0.082，而其平均增长率则达到了 35.49%。表明中部与西部地区数字技术与环境规制的耦合协调水平间的差异在波动中逐渐扩大。观察各地区间的比较后可知，就平均数而言，数字技术的环境保护政策配合程度在全国范围内存在显著差距。而对于高新技术企业创新体系的整体位置而言，其地域性的差别主要受到内部差异、跨地区的差异及超出常规的变化频率的影响。全国范围内的数字技术与环境保护法规的配合度及其差别的内部差异和跨地区差异仍然相当大，这是总差异的主要因素。此外，跨地区差异也成为总差异的主导原因，因此应该成为当前环境保护政策组合优化并持续改进以及数字化技术迅速发展的重点关注点。区域间差异、西部和中部地区的内部差异仍然不能忽视，说明区域数字技术与环境规制的空间序位调整还不够突出，空间错位发展仍需加强。

三、核密度估计及动态演进分析

核密度函数对城市数字技术与环境规制的耦合协调度进行估计，反映不同城市的耦合协调水平的高低、极化趋势和分布动态等特点。高的城市为武汉，其他省会城市紧随其后。耦合协调度最低的五个城市为淮南、邵阳、衡阳、怀化和娄底，主要分布在湖南省。有 10 个城市属于高级协调，主要分布在安徽和河南两省，占样本考察总数的 12.8%。其他 68 个城市属于基本协调类型，占比为 87.2%。目前中部地区经济高质量发展与生态可持续已基本实现协调发展，中部地区应不断优化资源配置效率，促进经济高质量发展，稳步推进经济高质量发展与生态可持续之间的协调发展。

在考察城市数字技术与环境规制耦合协调空间差异及其来源的基础上，借助核密度估计方法进一步识别绝对差异。从主峰分布位置、分布形态、分布延展性、极化趋势四个方面刻画耦合协调度绝对差异的整体形态及演进规律。城市数字技术与环境规制耦合协调度的核密度分布动态如图 4－10 所示。

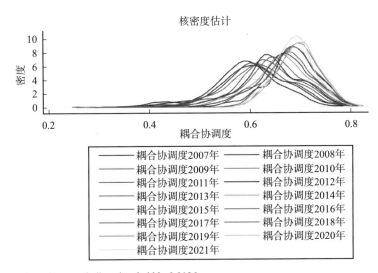

kernel=epanechnikov, bandwidth=0.0106

图 4－10 城市数字技术与环境规制耦合协调度的分布动态

资料来源：作者自绘。

观察图 4－10 可以发现中国的城市数字技术与环境规制之间的总耦合协调度的变化特征。在整个研究期间，城市的数字化技术与环境保护法规的耦合协调度主要集中于向右移动的主峰上，这显示出两者间的协同作用能力持续增强，这也符合之前的研究结论。就其形状而言，该曲线的峰值逐渐升高，而宽度则有所减小，暗示着高低耦合协调之间存在的差异正在减少，也就是说各城市之间的协同效果正趋近平衡。此外，该曲线呈现出的延伸特性是向左侧偏斜并最终收缩，表示那些耦合协调度相对较差的城市已经越来越靠近均值。另外，可以看到，尽管总体来看存在两极化的现象，但是这种分化程度却在逐年降低。

观察中国不同地区数字技术与环境规制的耦合协调度分布曲线的位置

和形状，发现它们的位置呈现峰值逐渐增高且逐步变窄的现象。这也表明了各个地方之间的协同配合程度正在减少，并且这种现象在全国范围内都存在。特别地，东部的城市群中，其高峰区域的宽度经历了一个由收缩到扩张的过程。因此，东部地区在实现数字技术发展与环境规制不断完善的可持续协调过程中，应进一步加强城市间数字技术与环境规制等的合作。西部地区城市的主峰宽度变窄幅度较大，耦合协调的绝对差异得到了明显改善。

从分布延展性来看，观察我国的数字技术与环境规制的耦合协调度分布曲线，无论是在整体上还是在东部、中部和西部地区，都表现出左拖尾的特征。这种情况的产生主要归因于不同地域内某些城市的耦合协调度较低。从整体来看，我国不同地区城市的耦合协调度的延展性较好，在样本考察期内呈延展收敛趋势。

从极化趋势来看，不同地区的耦合协调度分布曲线主要呈现单峰，极化现象逐渐减弱，这意味着城市间的数字化技术和环境保护法规之间的协作关系正在不断增强，基本上实现了同步发展的状态。而对于东部的城市而言，它们的 2015 年核密度曲线的特点是有多个中心点，显示出数字化技术的进步与环境保护法规的持续融合存在一定层次的影响。但随着时间的推移，不同地区的耦合协调度分布曲线趋向一致。

第五节 本章小结

本节以"数字技术与环境规制的互动关系"为切入点，从系统论的视角出发，揭示数字技术与环境规制的耦合协调机理，解构二者之间的内在逻辑联系。在明确数字技术阶段与环境规制分类的维度基础上，基于我国 285 个城市的 2007~2021 年面板数据，建立数字技术和环境规制的 PVAR 模型，通过 Granger 因果关系检验和脉冲响应分析等方法从时间尺度分析两系统的交互响应关系。研究发现，一是数字技术与环境规制具有互动协调效应与双向因果关系。从地区来看，中部地区数字技术对环境规制的推动作用尚未表现出来。二是数字技术与环境规制均呈现出相对的经济惯性。三是城市数字技术与环境规制的耦合协调度均值介于 0.50 ~ 0.90，个别地区处于濒临失调和磨合协调阶段，多数地区处于初级耦合和中级耦合阶段。据此，本章进一步提出了针对性的数字技术与环境规制耦合协调共生调控策略。

第五章

数字技术与环境规制双重政策对
城市绿色发展影响的效应检验

本章选取 2007～2021 年中国 285 个城市的面板数据进行研究，以我国推行"低碳城市"和"智慧城市"的试点政策进行准自然实验，建立多期双重差分模型探索试点政策的协同减排路径。实证结果表明，在双试点政策下，城市绿色发展效率显著提高，且该效率高于单试点政策下城市的城市绿色发展效率。低碳智慧城市建设不会抑制经济发展。双试点政策能够产生协同减排效应，其影响机制通过提高城市的数字化创新水平、要素市场化创新水平和产业创新水平而发挥作用。双试点政策的碳减排效应存在区域异质性，在东部城市的子样本中碳减排效应更显著。本书的研究对试点城市的启动与规划提供了理论支持，有利于我国低碳经济的可持续发展。

第一节　双重政策对城市绿色发展的影响机理分析

大力推进环境政策以实现我国城市绿色发展是目前国内外学者研究的热点问题。分析数字技术与环境规制双重政策的效果并探索政策间协同推进城市绿色发展的路径，对进一步提升政策的效果具有重要意义。低碳城市试点是为实现碳减排目标而开发的政策工具，智慧城市试点是我国实现城市智慧化管理的重要探索，二者对于我国优化资源配置、促进产业结构升级、构建低碳治理体系与促进公众参与产生了积极的影响。近年来，低碳城市试点和智慧城市试点范围不断扩大。低碳城市试点政策是我国为贯彻落实全球气候总体目标而从城市建设层次制定的环境政策，呈现出制约性较弱，产业针对性和政策配合性较强的特征（彭璟等，2020）。综上所述，低碳城市试点和智慧城市试点建设可能对城市绿色发展目标提供有效支持。已有研究对环境规制驱动城市绿色发展的影响机理进行大量研究与探索，但目前研究多聚焦于研究单一政策对城市绿色发展的作用，忽视了政策间协调效果。探寻低碳城市和智慧城市试点的协同效果是关乎我国环境政策与数字技术能否发挥减排效应的重要课题。

一、智慧城市试点政策赋能城市绿色发展

（一）我国智慧城市试点政策实施过程

中央标志性政策文件的出台对各地级市政策内容具有明显的导向作用，本书以中央层面关键文件的出台为依据进行阶段划分。第一阶段是 2013 年以前，虽然住建部于 2012 年 11 月发布了第一批政策试点等相关文件，但已接近年末，对于随后发布政策的嘉兴市和常州市而言，在政策内容上的影响较小，政策内容主要由地级市政府自行探索，更多以政府发文内容作为参照。第二阶段以中央层面各部委密集发文时间为依据，2012～2015 年，中央层面共出台 10 项政策推动智慧城市建设，为同时期地级市政策文本的规划设计指明了方向。2015 年 4 月 7 日，住建部和科技部公布了第三批国家智慧城市试点名单，确定北京市门头沟区等 84 个城市（区、县、镇）为国家智慧城市 2014 年度新增试点地区，河北省石家庄市正定县等 13 个城市（区、县）为扩大范围试点，加上 2013 年 8 月 5 日对外公布的 2013 年度国家智慧城市试点名单所确定的 103 个城市（区、县、镇）为 2013 年度国家智慧城市试点地区，以及住建部此前公布的首批 90 个国家智慧城市试点地区，国家智慧城市试点地区已达 290 个，构筑创新 2.0 时代的城市新形态。第三阶段为 2016 年以来，《新型智慧城市建设部际协调工作组 2016—2018

年任务分工》《关于组织开展新型智慧城市评价工作务实推动新型智慧城市健康快速发展的通知》等政策的出台，标志我国智慧城市发展正式迈入新型智慧城市建设阶段，此后地级市政策内容多围绕中央层面对新型内涵的解读进行规划、设计。但可以预见的是，由于各地政治、经济、文化背景等存在一定差异，且各地政策创新具有"时间差"，应用精细化不同，政策保障资源也呈现多元化。因此，不同时间、不同地区的政策目标、政策应用、政策保障等内容具有明显的差异化。

1. 2013 年以前：地方政府自行探索阶段

在这个阶段，地级市政府是智慧城市建设规划的主要设计者和主导者，作为采纳智慧城市政策的先行城市，政策指导思想具有高度一致性，明确以科学发展观为指导，把信息化与工业化、城镇化、国际化的融合作为整体，把培育和发展物联网产业等战略性新兴产业作为建设智慧城市的立足点。

对政策应用的研究极其广泛，包括行政、经济和社会民生等多个领域。这些领域主要涵盖智能化环卫、城市交通、智能化教学、智能化城管、智能化旅行、智能化农村、人工智能电网、智能化政务、智能化社区以及智慧产业等关键应用领域。但由于不同地区资源因素、战略目标等不同，同一应用内容在不同地区的侧重点有所差异（曹海军和侯甜甜，2021）。对于智慧产业发展，智慧城市主要关注光电、新材料和现代服务行业的发展，如宁波市则致力于建设智慧产业基地并培育出一批智慧产业集群。又如汕尾市专注于建设智慧工业园区。此外，地方政府根据本地资源和发展需求，对智慧城市应用场景进行了拓宽，如舟山市的智慧船舶、智慧港航，云浮市的智慧新城等。但建设的广度和深度都存在不足，也缺乏国家层面上的顶层规划加以系统引导，基本停留在各城市自行摸索建设阶段。

为了更有效地推动智慧城市的建设进程，地方政府首先强化目标考核管理，规划纲要实施结果作为重要内容，被纳入政绩考核中。其次优化决策过程中的社会监管体系，激励广大公众积极参与政策方案的执行和监督。嘉兴、湘潭等地已经建立了专门负责智慧城市建设的专家咨询委员会，其主要职责是研究并建立一套完整的智慧城市建设评估考核机制。最后强调加大政府投入，发挥市场导向作用，引入社会资本，拓宽融资渠道。其中，舟山、湘潭市设立了专项资金，用于支持智慧城市的重点项目建设。

2. 2013～2015年：国家层面宏观指导阶段

自2012年底和2013年初开始，我国陆续发布了许多与信息化相关的政策文件，推动了诸如物联网、云计算、新型移动宽带网络技术的快速进步，使智慧城市概念在各地区级城市的认识程度上得到了显著提升。在这种背景下，我国地级市智慧城市政策规划也进入了一个新阶段。

在政策应用方面，一是继续强调信息化发展的重要性。增加对智慧城市基础设施建设的投入，包括人力和物力等资源。同时，强调新兴信息如物联网、新一代人工智能和云计算在产业转型、管理以及政务服务中的融合与运用。如朝阳市、大连市、德阳市等地在建设方案中肯定了信息化在政务服务、城市管理等多方面起到的积极作用，提出要围绕信息化程度高的重点领域优先实施。二是从鼓励社会资本参与转向发挥市场的决定性作用。如呼和浩特市明确提出除基础性或不宜公开的内容外，智慧建设以市场化运作的方式向政府购买服务。贵阳市将"坚持以市场为导向，以企业为主体"作为"智慧贵阳"建设的基本原则。三是在构建一致且开放的公共服务平台及信息资料分享系统方面达成了普遍认同。如晋州市提倡创建涵盖城市运营监管、政府公共服务等多种智能系统的平台；安庆市则倡导通过建设"公共平台"与"协作共享"来解决当前存在的"零碎分散、层级过低"的问题；德阳市也明确了需要搭建多个等级、跨越不同部门的信息资料共享平台，以便向政府机构、商业实体和个人用户提供各类咨询服务。

在政策保障方面，加强数据隐私保护、建设专业的标准体系以及探索多重建设路径是这一时期政策高度关注的热点问题。一是利用新兴技术手段积极应对数据安全的威胁。随着网络与信息系统的安全隐患的出现，各地市政策注意力逐渐转向完善信息安全保障体系，提高风险防护和应急处置能力。泸州市已将信息安全建设推进工程纳入智慧城市的重要规划，由市公安局、网络信息办等部门主导实施信息安全级别保护制度，并加大对网络和信息安全的监督力度，以提高网络信息安全和个人信息保护等方面的机制建设速度。二是加快智慧城市标准体系建设的研究。在这个阶段，为了满足合并公共平台的需求，对业务流程进行标准化处理，并深入探讨了基础数据代码及属性等问题，以此来保证信息的统一性和分享性。例如，南阳和青岛都提出了构建与优化智能城市的标准化架构的目标；同时，把数据标准的难题纳入政府决策，发布了关于一致的信息资料数据技术的规则和管理方法。三是政府独资模式转向多种经营模式并存。积极探索建设—移交（build transfer，BT）、建造—运营—移交方式（bulid-operate-transfer，BOT）、转让—经营—转让模式（transfer-operate-transfer，TOT）、公私合作供给（public-private-partnerships，PPP）等集约化投资模式，以缓解一次性大额投资的压力，探索合同能源管理、引进域外资金等方式。

3. 2016～2021 年：新型智慧城市发展阶段

自 2016 年起，国家发改委启动了对新一代智能城市的评估活动，工业和信息化部、中央网络安全和信息化委员会办公室于 2021 年 5 月联合发布了《关于加快推动区块链技术应用和产业发展的指导意见》。明确到 2025 年，区块链产业综合实力达到世界先进水平，产业初具规模。区块链应用渗透经济社会多个领域，在产品溯源、数据流通、供应链管理等领域培育一批知名产品，形成场景化示范应用。培育 3～5 家具有国际竞争力的骨干企业和一批创新引领型企业，打造 3～5 个区块链产业发展集聚区。区块链标准体系初步建立。旨在促进新型智慧城市的发展并提升其整体规划水平，同时还为各地政府提供了如何利用政务数据的大规模运用以实现智能化转型的建议，并且也鼓励各个行业积极探索新的智能化解决方案。建设"智慧城市"成为贯彻落实"十三五"规划纲要和"数字中国"战略的重要组成部分。深化信息技术的应用，扩大网络经济领域，培养新的经济社会新动力，以服务于新型城市化进度，推动高质量全方位建设智慧社区，成为智慧城市政策关注的重点（曹阳和甄峰，2015）。

随着对信息的收集整理并实现其有效利用逐渐成为一种趋势，相关政府部门发布的法规也越来越注重技术的集成运用以消除数字鸿沟问题。在这个阶段，作为一个新的平台，结合最新的信息技术，如网络化智能系统（internet of things）、分布式账务处理（blockchain）、大规模机器学习算法等，提升城市的运营效率和服务质量。根据自身的经济发展水平和社会需求，制定具有地方特点的发展策略，成为城市绿色发展的重要推动力，并对全国范围的城市智能化进程起到了积极作用（方卫华和绪宗刚，2022）。

为满足智慧城市的财政需要，城市设立了专门的基础设施建设项目融资机构与平台，以此实现多元的资金募集途径。资金获取的主要方式包括：公共部门投入、国内间接贷款、国内证券市场的直接借款、海外投资及公司投资或捐款等。如驻马店市人民政府关于印发《驻马店市新型智慧城市建设总体规划》（以下简称《规划》）的通知，建议根据每个具体项目的特性来决定使用哪种建设管理策略，如由政府主导的项目、私人企业的经营活动、政府性服务的采购、政府与社会资本的合作等方式。并且，《规划》还强调要制定一套标准化的操作流程，用于监测智慧城市关键领域的建设状况、重要任务的执行进度以及数据资源的使用效益。此外，一些城市还在政策里提倡创建独立的业绩评价系统，用以定期地检查智慧城市核心领域的发展进程、重要的工程进展以及信息技术工具的效果。这些评测的结果会被列入每年的绩效考评体系中，并被视为未来信息化项目立项的一个重要参考因素。总体而言，智慧城市政策在创立之初就涵盖了丰富的政策主题，但广而不精，中央指导文件和考核标准的出台为各地智慧城市建设提供了明确的价值导向，引导各地系统化、科学化推进智慧城市政策规划工作，智慧城市政策应用逐渐朝向精细化发展，目前关注点仍集中于城市数据库、智慧基建。同时，人工智能、大数据技术等新一代信息技术被视为城市建设者的工具创新，被决策者纳入政策保障体系中。

（二）政策执行及反馈效果

智慧城市试点的覆盖范围广泛，由信息技术革命产生城市管理模式的转变。我国城市的智慧建设与低碳发展为城市绿色发展提供了重要契机。智慧城市运用智能信息技术实现资源配置、新兴产业发展、数字技术与产业的革新目标，实现数字经济的创新效应、规模效应、挤压效应、倍增效应和融合效应，从而提升城市低碳与绿色发展水平。

（1）创新效应。新颖的数据元素已融入生产的资源结构中，这特殊的资源条件为探索环境保护的道路提供了一条崭新的可能途径。数字化产业的发展能够赋予全方位的环境保护力量。智慧城市政策有助于增强城市的创造力和提高其经济效益，同时也能减少对环境的污染。智慧城市的基本特征是信息化和智能化，智慧城市的发展将会对城市创新能力产生影响，显著推动城市创新能力的提升（何凌云和马青山，2021）。创新是经济增长的动力和源泉，城市创新能力的提升将通过配置效应、结构效应和集聚效应三种中介机制实现地区经济增长。数字经济为绿色发展打下了坚实的基础，扩大了绿色发展的可能性，并提供了保护手段。从驱动力来看，数字技术以技术创新为核心，为绿色发展注入持久的活力。此外，智慧城市还可以通过基础设施升级、劳动力集聚、资本密集度提高和产业结构转型为企业创新发展注入活力（石大千等，2018）。从发展模式来看，数字经济对环境保护发展的推动作用主要表现在资源整合精确匹配和产业升级所带来的企业增长上。从参与者的视角来看，数字技术运用于城市绿色发展进程中，能够推动环境保护发展，形成以政府、公司和大众为核心的多元化治理。

（2）规模效应与范围效应。智慧城市试点政策从需求侧和供给侧两端推动城市的绿色治理。首先，数据是获取城市绿色发展信息的关键资源。现在，数据已经转变为经济进步的根本和战略性资源。数据的收集、传递、运算、分析、共享、开放、交易和应用等环节都包含了绿色发展的信息特征。智慧城市政策有利于提升城市发展质量（Gao & Yuan，2022）。此外，还有学者研究智慧城市建设的驱动因素。如蒋明华和吴运建（2015）从定量角度研究各个创新因素对智慧城市发展的影响，认为技术、制度和知识创新与智慧城市存在双向互动关系，并且各个创新要素的影响效果存在差异。吕寒等（2018）选取北京、上海和广州2000～2017年的数据，发现科研发展可以有效推动智慧城市建设水平的提升，形成城市发展的长效机制。借助数据元素产生的信息，能更精确地掌握绿色发展过程中的难题，进而采取更有效的策略积极应对。从需求侧来看，数字经济的规模效应将通过资源共享而发挥数据信息的范围效应，实现经济发展与市场需求相匹配的任务（王伟玲和王晶，2019)；从供给侧来看，数字技术应用产生的规模经济效应有利于助推资源要素禀赋与产业链相匹配，引领城市的绿色转型（荆文君和孙宝文，2019)。

(3) 挤压效应。一方面，以污染严重、排放量大且效率低下为主要特征的传统制造业正在遭受来自外部的压力，产业转向技术密集型行业，这也给绿色转型提供了新的可能性（蔡跃洲和马文君，2021)。在"双碳"目标与数字时代的推动下，智慧城市作为城市发展新模式，显著降低了城市碳排放，进而提升整个城市的绿色全要素生产率（葛立宇和于井远，2022；冯子洋等，2023)。智慧城市的发展还可以通过技术、产品、市场等的创新减少污染物排放，降低环境污染（石大千等，2018)。另一方面，数字产业化是典型的技术密集型产业，具有高成长、高效率、低能耗、低污染的绿色发展特性，吸引大量要素、企业、机构持续进入，带动经济重心向集约化、绿色化发展，实现高效绿色的高质量发展模式，为城市绿色转型提供新机遇（许宪春等，2020)。王敏等（2020）通过应用面板数据、多期双重差分法分析智慧城市建设对于产业结构的潜在影响。他们采用了倾向得分匹配的双重差分技术及反事实检验以确认其模型的稳定性，接着又用中介效果检验方式探索政策运作原理。结果显示，智慧城市的进步可以引导高品质人才自主聚集，提高城市文化的水平，促进资源在地域之间的无障碍流通，激活市场的潜力，并且推动新技术产业发展，从而为都市经济的高效持续增长提供了活力（湛泳和李珊，2022；郭昊等，2022)。

(4) 倍增效应。数据被纳入生产要素体系中发挥价值。数字经济的进步与发展使数据生产要素与传统生产要素紧密相连，突破传统生产要素的总量限制，充分利用数据元素的倍增效益（陈德球和胡晴，2022)。这为城市绿色转型治理打下了坚实的基础，并提高了城市的经济活力（韩晶和陈曦，2022)。数据要素可以打破传统要素的供给限制。相较于传统生产因素，数据元素的复制过程并不能创造新知或资讯，然而其复制依然保有初始数据元素的价值，这意味着数据元素不仅对持有它们的个人具备价值，同样地，它们对其他的研发人员也有同样的价值，这对推动形成规模收益递增起到了关键作用（张阿城等，2022）。数字基础设施的技术与数据中心成为数字技术发展与运行的底座，发挥数字要素的乘数效应，推动产业发展模式由依赖资本、土地与劳动力要素的传统生产方式实现数字化与智能化改进，从而大幅降低对自然资源与人力资本的依赖，深度挖掘数字化的创新应用，推动城市绿色转型（杨艳等，2021；王谦和付晓东，2021；唐要家和唐春晖，2020）。

（5）融合效应。数据要素可以显著提高其他生产要素的利用效率。同时，数字经济时代，"互联网＋""人工智能＋"等新的数字服务模式不断涌现，传统产业的发展模式从单一的线下产品和服务模式转向线上线下或单一线上模式（周念利和包雅楠，2022）。新型在线服务可能部分或全面取代传统服务，这将有助于减少能源消耗和污染排放（陈少威和贾开，2020）。一方面，通过数据分析，可以获得其他传统生产要素所包含的信息，在生产过程中部分替代其他传统生产要素，显著节省生产成本（高锡荣和蒋婉莹，2016）。产业从初级一体化向高级一体化转变的过程，也是各种生产要素的融合创新和新模式诞生的过程（崔立志和陈秋尧，2019）。另一方面，信息元素能够深度结合到传统的生产因素，如人力、资金、地域及自然资源中（Wang et al.，2022；Song et al.，2022）。这种方式能有效提升传统生产要素的投资回报率，产生倍增效果，从而推动总体生产能力的迅速提升。利用数字化手段全面升级传统行业，也能充分发挥数字技术对于环境保护进步的协同与整合影响（Yang & Lee，2023）。据此，本节提出 H1。

H1：智慧城市试点政策能够推动城市绿色发展。

二、低碳城市试点政策推动城市绿色发展

根据现有研究成果，在环境规制的节能减排影响效应分析中，出现了"绿色悖论"和"倒逼减排"两类观点。持有"倒逼减排"观点的学者认为环境规制强度的提高能够推动科研技术力量的增强，进而倒逼企业实现低碳技术的应用与创新，实现企业与城市的绿色发展（李欣等，2022）。持有"绿色悖论"观点的学者指出，环境政策的约束性较弱。低碳城市试点政策

并未明确规定具体的低排放目标，对城市碳排放量的达峰时限、产业的节能减排标准等并未设定严格规范，而是由各政府部门根据实际发展状况而确定更具体的低碳目标（王旭等，2022）。因此，具有弱约束性的低碳城市试点政策能否激励低碳目标有待检验。

（一）我国低碳城市试点政策实施过程

低碳城市试点政策是国家实施的碳减排试点政策，属于综合型环境规制范畴。面对全球变暖，中国作为负责任的大国，为减少碳排放做出了务实的承诺，采取了相应的措施。2007 年，我国的温室气体排放量较大，为此政府采取了一系列积极措施控制碳排放，建立了国家级气候管理体系和工作机制。尽管如此，鉴于中国幅员辽阔、各区资源分布不均匀，不同地区在基础设施和低碳发展程度上存在显著的差异，人均 GDP 等重要指标差距不断扩大。我国中央政府允许地方政府探索差异化的减排措施，鼓励地方政府因地制宜地进行低碳城市建设。

2010 年以来，发改委分三批在全国范围内实施低碳城市试点政策，控制二氧化碳排放，促进城市绿化和低碳发展。包括 2010 年的 8 个城市、2012 年的 28 个城市和 2017 年的 45 个城市，共 81 个城市入选了我国的低碳试点项目。2010 年 7 月，根据当地基础工作情况和试点城市安排的代表性，通过中央确定的办法，在广东、天津等 5 省 8 市先行试点。发改委于 2010 年 7 月 19 日发布《国家发展改革委关于开展低碳省区和低碳城市试点工作的通知》（以下简称《通知》）。《通知》指出，确定先在广东、辽宁、湖北、陕西、云南五省和天津、重庆、深圳、厦门、杭州、南昌、贵阳、保定八市开展试点工作。低碳试点城市的碳排放大幅下降（陈楠和庄贵阳，2018），如低碳试点城市杭州、厦门、深圳实施低碳交通和建设项目，每年减少碳排放超过 20 万吨；并提出了工作方案，加快引进低碳产业体系，转变消费方式，推广低碳生活方式。2010 ~ 2011 年，我国低碳试点城市的单位国内生产总值二氧化碳排放量较非试点城市大幅下降。可见，低碳试点项目的实施对我国整体的碳减排工作作出了一定的贡献。第二组试点于 2012 年启动，2012 年 4 月，发改委气候司为了贯彻落实《国务院关于印发"十二五"控制温室气体排放工作方案的通知》的精神，决定在第一批试点的基础上，进一步稳步推进低碳试点示范，并于 4 月 27 日下发了《关于组织推荐申报第二批低碳试点省区和城市的通知》。从第一组试点省份的经验来看，试点面积较大，试点实施难度大。此次试点主要以城市为主，评选方式由单一的中央指定改为"各机构自愿申报"推荐专家评审的评选模式。综合考虑各城市申报情况，选择北京等 28 个城市作为试点，在第一套要求的基础上，重点建立目标责任碳控制体系。第二批国家低碳省份和低碳城市及地区试点范围为：北京、上海、海南以及石家庄、秦皇岛、晋城、呼伦贝尔、吉林、大兴安岭地区、苏州、淮安、镇江、宁波、温州、池州、南平、景德镇、赣州、青岛、济源、武汉、广州、桂林、广元、遵义、昆明、延安、金昌、乌鲁木齐。至此，我国已确定了 6 个省份低碳试点，36 个低碳试点城市，至今，我国境内 31 个省（区、市）中，除湖南、宁夏、西藏和青海以外，每个地区至少有一个低碳试点城市。2017 年 1 月，为扩大试点范围，采用"申报 + 遴选"的方式探索总结试点经验，决定在 45 个城市开展第三批低碳城市试点，提出碳达峰目标，鼓励更多城市探索创新经验和做法。

第三套低碳试点城市政策具有以下特点：一是选择方式更加科学合理。第一批试点城市采取自上而下的遴选方式，由中央直接确定；第二批和第三批试点城市采取自上而下的"申报 + 遴选"方式，充分考虑各试点方案和工作基础。采取地区补助、资源补助等措施，使试点决策更加科学合理。二是低碳试点城市的选择具有代表性和示范性。全国 285 个城市中，低碳试点城市 81 个，非试点城市 189 个，覆盖全国 1/3 的城市。从地域上看，东部、中部、西部城市低碳试点城市比例分别为 54%、19% 和 27%，充分考虑到各地区经济基础、能源结构和发展阶段的差异。总体而言，试点城市不同程度覆盖了我国经济发达、环境友好、老工业基地等地区，探索各地区的低碳发展道路。从城市规模来看，试点目标逐渐从省份转向二三线城市和县，试点地点更具代表性。三是低碳试点政策要求更加明确。首次低碳试点政策的相关文件并未对地方政府提出明确要求，仅提供了原则性指导，例如，尽快制订低碳发展规划、完善低碳产业体系、结合低碳实践的进展和经验制订规划，对第二批、第三批试点城市提出了更加明确的要求：建立目标评价体系、探索制度创新、明确碳排放上限。作为负责任的大国，中国为减少碳排放做出了务实的承诺，采取了相应的举措。控制二氧化碳排放、促进城市绿化和低碳发展三大系列试点均已实施，涉及 6 个省份、81 个城市。低碳城市的最终目标是通过优化城市产业结构、控制碳排放，尽快实现碳中和、碳达峰。试点城市作为低碳转型的"试验田"，将创新生态发展理念融入低碳城市建设，实现绿色低碳与创新推广的共赢。低碳城市试点政策设立地区及批次如表 5 -1 所示。

表 5 -1　　　　　　　　　低碳城市试点政策设立地区及批次

项目	第一批	第二批	第三批
政策时间	2010 年 7 月	2012 年 11 月	2017 年 1 月
试点范围	广东、天津等 5 省 8 市	海南、北京等 28 省市	乌海等 45 市（区、县）
选拔方式	中央指定	地方申报 + 中央遴选	地方申报 + 中央遴选
政策目标	积累低碳工作经验，推动落实控制碳排放行动	探索寻找减排路径，推动实现绿色低碳发展	探索创新经验和做法，实现碳排放峰值目标
政策要求	编制低碳发展规划，制定相关政策，建立低碳产业体系，建立温室气体治理系统，倡导低碳生活、消费模式	强调建立目标责任制，控制温室气体排放	制定温室气体建立目标考核制度并及时进行评价评估，探索各种创新实践和经验，提升我国低碳发展管理水平

资料来源：作者自行整理。

中国的低碳城市试点政策具有"上松下紧"的规制特点。中央对低碳试点城市的限制较弱，具体表现为：在目标设定上，政策文件没有明确制定低碳城市的标准要求，没有提供具体的政策措施。因此，我国在执行低碳城市试点政策的过程中，中央向地方放权，减少对试点地区的干扰，鼓励各地结合省域和市场实际，总结创新经验，探索绿色低碳发展模式。具体在政策落实方面，各低碳试点城市结合自身发展基础和特点，制定和细化了低碳发展规划，成立了领导小组，建立了制度保障；一些省份立足本地特点，探索低碳发展规划和创新转型之路。例如，杭州市率先推广公共自行车从而推动低碳交通，部分城市积极开发智能管理平台，将城市碳排放纳入云端管理。部分省份模仿其他城市的低碳发展模式、学习绿色创新经验推动低碳政策的实施。对各个低碳试验城市的相关政策执行情况进行总结分析，从政策的应用方式上看，可以把正式的环境规制划分为命令控制型与市场激励型两种类型。其中，命令控制型的主要策略有：设计并推行低碳建设项目计划，以取代或者抑制落后的生产能力的发展；通过设立明确的目标责任体系来确定具体化的碳排量指标；建立产业排放的标准；发布产品的禁止使用规定等强制性的法律行动。"市场激励型"环境规制是指利用金融支持、财政政策和行业引导等方式引导绿色创新活动。例如，政府增加财政技术支持，引导社会资金和外资投资绿色产业；建立碳交易机制，运用市场手段控制碳排放总量。公共政策工具包括建立低碳交通系统和推进绿色出行；参加环境听证会并表达公众诉求（Ksy & Ho，2021）。低碳城市试点政策的目的是希望试点城市探索低碳城市建设道路，总结创新经验，做出示范效应。

（二）政策执行及反馈效果

1. "命令控制型"环境规制的政策效果

"命令控制型"环境规制可以在短时间内通过设置规定等方式推动企业的技术革新，从而成为技术创新的关键策略。正式环境监管可以全面管控生产的各个环节并实施强有力的限制措施，利用创新奖励、领先优势等方式刺激城市的环境保护变革，迫使其走向绿色创新之路。研究表明，结合各种类型的环境保护监管方式后，命令控制型和市场激励型环境规制能同时激发技术的创新发展，促成地区间的技术分享和转移等的一系列传递机制（秦艳和蒋海勇，2022）。同时，根据要素禀赋假说，马丽等（2020）证实了在高度严格的环境管控条件下，合理有序开发资源，统筹协调资源开发与生态环境保护之间的关系能够集中资源优势，增强资源的密度。高雪莲等（2019）、钱争鸣和刘晓晨（2014）认为，较强的环境监管对于产业结构调整有着关键影响。

2. "市场激励型"环境规制的政策效果

环境规制能够创造环境效益而部分或全部弥补城市的绿色转型成本（徐佳和崔静波，2020；张修凡和范德成，2021，2023）。然而，部分学者认为命令控制型环境政策具有滞后效应，在实践中也可能由于政企合谋、寻租、信息不对称等原因导致正式环境规制失灵（张国兴等，2021）。由此可见，"市场激励型"与"命令控制型"的正式环境规制手段可能通过技术创新与产业升级产生积极作用，从而显著正向影响城市的绿色转型。在"市场激励型"与"命令控制型"两种正式性环境规制的作用下，高污染与高能耗企业的排污行为受到限制。"命令控制型"环境规制可能加强"市场激励型"环境规制的作用。

3. "公众参与型"环境规制的政策效果

"公众参与型"环境规制属于非正式环境规制，反映了社会公众等非政府组织对高质量环境及城市绿色治理的追求及自然生态无形价值的深刻感知，具体可表现为采取制约、事后监督、信访建议、联合抵制和惩治环境破坏行为等。相比正式环境规制，非正式环境规制涉及公众环境保护意识，体现利益相关者中的非政府主体等的环境保护诉求，其影响具有无形性及广泛性（张华和冯烽，2020）。"公众参与型"环境规制可能在一定程度上对正式环境规制影响城市绿色转型的路径产生调节作用，实现更高的城市绿色效率。当城市的环境保护管理不断深化时，公共和非官方机构的影响力也在逐步增强，这使"公众参与型"环境规制成为一种重要的环境监督方式，并对其正规化的环境管理产生了积极的效果。据此，本节提出 H2。

H2：低碳城市试点政策能够推动城市绿色发展。

三、数字技术与环境规制双重政策的协同作用

智能城市的构建基于对整个城市的数字化理解，以智能化方式来处理城

市管理的系统（宋蕾，2020）。利用信息和数据分析来创建城市的信息管理及综合决策支持等平台（季珏等，2021；刘淑妍和吕俊延，2023）。低碳城市试点政策是落实中国实现其全球温室气体减排承诺过程中提出的一种城市层面的环境保护法规制度和保证措施，该计划把碳排放效率作为发展的关键指标，并将其融入发展战略和指导方针中。在智慧城市试点和低碳城市试点战略要求下，城市针对地区的经济发展状况，技术创新水平以及产业结构等特征提出了具体的低碳发展方案，并综合使用各类的政策工具，政策组合进一步放大了环境规制对城市绿色发展目标的协同作用（苏涛永等，2022；张荣博和钟昌标，2022）。

我国发改委针对我国低碳城市建设试点工作提出了总体设计目标和发展计划，积极探索低碳经济发展的新方法，以进一步提升低碳经济发展水平（徐盈之等，2015）。从治理方式来看，低碳化和智能化是城市未来发展的必经之路。利用网络技术与大数据等数字化手段，政府能够全方位地了解企业的生态需要及大众的需求，从而有效地平衡出在以数字经济作为基石的绿色经济发展中各个参与者的权益，并实施适当的环境管理策略与政策（江小涓和靳景，2022）。元素整合与精确配对所带来的经济增长和行业升级是推进环境保护发展的关键驱动因素，它能从法规角度确保可持续的发展之路稳定前行（Fankhauser，2013）。鼓励政府建立数字化管理的体系，以此来奠定环境保护发展的基本框架。这种数字化管理可助力并强化生态环境的管理系统。此外，数字技术还可以通过引入有效的社会制度，逐步丰富绿色发展的参与主体，有益于城市生态环境治理以实现绿色发展目标，提高城市整体的治理水平（Song et al.，2022；Wang et al.，2021）。

从资源配置角度来看，智慧城市试点战略的提出旨在优化城市的产业结构与实现多元化创新的突破，从而实现低碳经济的高质量发展（姚圣文等，2022）。建立绿色低碳发展的策略，由低碳城市的政策推动数字管理，有效地解决因信息失衡导致的资源分配不均衡的问题，从而提高环境保护管理的精确度（王帆等，2022）。数字经济被视作中国达成碳排放与碳中和平衡的目标并创建全球应对气候变迁的新协作方式的关键工具（Li & Wang，

2022）。此外，利用信息技术与数字化技术实现城市的治理模式变革，提高城市资源的配置和利用效率，增强产业集聚效应，提高资源配置效率，降低环境遵循成本，破解城市高碳排放的发展格局可以促进城市绿色发展（焦勇，2020；郭美晨和杜传忠，2019）。

从能源角度来看，与传统的粗放式发展模式只考虑劳动力、资本等物质要素投入和经济产出不同，绿色发展模式下必须将环境要素投入和环境污染等不良产出纳入发展框架。在我国低碳城市建设过程中，依然面临着城市建筑能耗严重的问题与挑战。我国的节能建筑占比较少，其也是碳排放的主体。智慧城市建设着眼于低碳建筑的开发与应用。随着智慧城市的进程不断加快，中国建筑、中国铁建、中国电建等建筑央企先后开发供应链平台，旨在实现节能降耗的低碳发展目标（黄和平等，2022）。因此，在低碳城市基础上进一步成为智慧城市既可以提升城市技术水平，也给城市的绿色发展带来了推动力。对智慧城市试点而言，将由政府引导推动制定绿色低碳城市的发展方针，从而进行产业转型与升级（蒋选和王林杉，2021）。在双重政策下，借助先进的信息通信手段和数字化信息技术，实现政府对高能耗和高污染物的监督，以促进清洁制造和生产，进而实现节能减排和低碳环境保护（华淑名和李京泽，2023）。

从创新角度来看，当利用数字技术维持创新活动的持续更新，使其产生的效率超过折旧速率时，有可能迈入新的发展阶段（Obashi & Kimura，2021）。这有助于推动经济均衡点的扩张，从而增加更多的经济收益，并最终实现社会和经济的可持续进步，这是以数字化和低碳化为基础的城市绿色发展的核心驱动因素。双重政策下的城市发展可能呈现更强的绿色发展效果（袁航和朱承亮，2020）。对于低碳城市试点而言，若同时成为智慧城市试点，则该城市的创新水平与能力可能进一步产生"溢出效应"。由此，低碳化与智能化的城市运作模式形成了配套支撑体系，从法律制度、产业发展、资源配置与技术创新等领域形成支持。因此，低碳城市试点与智慧城市试点政策对城市的碳减排目标产生了巨大的正向影响，且二者有可能对城市的碳减排目标产生协同影响，因此，相对于单一城市试点政策，双试点政策的碳减排作用更强。为此，本节提出 H3。

H3：双试点政策能够推动城市绿色发展，且加强单一试点政策的影响。

第二节　双重差分模型构建

本节中主要研究数字技术与环境规制双重政策的实施对城市绿色发展效率的影响，而低碳城市试点政策与智慧城市试点政策作为政策，类似于准自然实验。因此，本书主要使用政策评价模型对数字技术与环境规制双重政策的城市绿色发展效应进行分析。现有政策评价模型主要包括以下五种：双重差分模型、三重差分模型、合成控制模型、倾向得分匹配—双重差分模型（propensity score matching，PSM–DID）以及断点回归模型等。其中，双重差分模型主要应用于单一政策干预时点的情形，且需满足平行趋势假设，即政策实施之前处理组与控制组的被解释变量发展路径是相同的。双重差分模型作为一种典型的政策评价工具已被广泛应用于环境规制等政策对技术创新、绿色发展等情境的影响研究中。相较标准双重差分模型应用于同一政策干预时点的情况，多期双重差分模型可以评估不同政策干预时点下政策的作用效果，从而更具有一般性。三重差分模型则适用于平行趋势不满足情境下的政策评估。合成控制模型通过数据驱动选择合成控制组的方法不仅有效解决了平行趋势难以满足的情境，而且通过对比分析可以了解各研究对象的发展趋势。倾向得分匹配—双重差分模型可以控制不随时间变化的不可观测变量，有效弥补了倾向得分匹配模型的不足。断点回归模型分为精确断点和模糊断点两种，该模型通过使用约束条件可以有效分析变量之间的因果关系。

基于我国现行智慧城市试点政策和低碳城市试点政策进行准自然实验，采用多期双重差分模型捕捉数字技术、环境规制以及二者耦合产生的城市绿色发展净效应。以双试点政策当年为基准年份，应用事件分析法对不同组别的平行趋势假设定量分析，并对政策的动态效应进行检验。

一、变量选取与数据来源

（一）核心解释变量

核心解释变量：是否同时为低碳城市与智慧城市的双试点政策城市（*pilotpolicy*）。成为低碳城市试点和智慧城市试点的城市在当年及以后年份的 *pilotpolicy* 变量赋值为 1，否则为 0。同理，对低碳城市单试验和智慧城市单试验中的所有 *DID* 变量进行赋值，城市被设立为试点城市的当年和以后年份赋值为 1，其余为 0。据此，形成国家智慧城市试点城市即 *smartcity* 变量如表 5－2 所示，国家低碳城市试点城市即 *lowcarboncity* 变量如表 5－3 所示。整理双试点城市及试点年份如表 5－4 所示。

表 5－2　　　　　　国家智慧城市试点城市及 *smartcity* 变量

年份	地区	所属省份	所属地域	试点城市	最早试点年份	*smartcity*
2007	北京	北京市	东部	1	2012	0
2007	天津	天津市	东部	1	2012	0
2007	石家庄	河北省	东部	1	2012	0
2007	唐山	河北省	东部	1	2014	0
2007	秦皇岛	河北省	东部	1	2012	0
2007	邯郸	河北省	东部	1	2012	0
…	…	…	…	…	…	…
2018	北京	北京市	东部	1	2012	1
2018	天津	天津市	东部	1	2012	1
2018	石家庄	河北省	东部	1	2012	1
2018	唐山	河北省	东部	1	2014	1
2018	秦皇岛	河北省	东部	1	2012	1
2018	邯郸	河北省	东部	1	2012	1
…	…	…	…	…	…	…

续表

年份	地区	所属省份	所属地域	试点城市	最早试点年份	*smartcity*
2020	北京	北京市	东部	1	2012	1
2020	天津	天津市	东部	1	2012	1
2020	石家庄	河北省	东部	1	2012	1
2020	唐山	河北省	东部	1	2014	1
2020	秦皇岛	河北省	东部	1	2012	1
2020	邯郸	河北省	东部	1	2012	1
…	…	…	…	…	…	…
2022	北京	北京市	东部	1	2012	1
2022	天津	天津市	东部	1	2012	1
2022	石家庄	河北省	东部	1	2012	1
2022	唐山	河北省	东部	1	2014	1
2022	秦皇岛	河北省	东部	1	2012	1
2022	邯郸	河北省	东部	1	2012	1
…	…	…	…	…	…	…
2022	哈密	新疆维吾尔自治区	西部	0		0

资料来源：作者自行整理。

表 5－3 **国家低碳城市试点城市及 *lowcarboncity* 变量**

年份	地区	所属省份	所属地域	试点城市	最早试点年份	*lowcarboncity*
2007	北京	北京市	东部	1	2012	0
2007	天津	天津市	东部	1	2010	0
2007	石家庄	河北省	东部	1	2012	0
2007	唐山	河北省	东部	0		0
2007	秦皇岛	河北省	东部	1	2012	0
2007	邯郸	河北省	东部	0		0
…	…	…	…	…	…	…
2018	北京	北京市	东部	1	2012	1

年份	地区	所属省份	所属地域	试点城市	最早试点年份	*lowcarboncity*
2018	天津	天津市	东部	1	2010	1
2018	石家庄	河北省	东部	1	2012	1
2018	唐山	河北省	东部	0		0
2018	秦皇岛	河北省	东部	1	2012	1
2018	邯郸	河北省	东部	0		0
…	…	…	…	…	…	…
2020	北京	北京市	东部	1	2012	1
2020	天津	天津市	东部	1	2010	1
2020	石家庄	河北省	东部	1	2012	1
2020	唐山	河北省	东部	0		0
2020	秦皇岛	河北省	东部	1	2012	1
2020	邯郸	河北省	东部	0		0
…	…	…	…	…	…	…
2022	北京	北京市	东部	1	2012	1
2022	天津	天津市	东部	1	2010	1
2022	石家庄	河北省	东部	1	2012	1
2022	唐山	河北省	东部	0		0
2022	秦皇岛	河北省	东部	1	2012	1
2022	邯郸	河北省	东部	0		0
…	…	…	…	…	…	…
2022	哈密	新疆维吾尔自治区	西部	0		0

资料来源：作者自行整理。

表 5 - 4　　　　　　　　　双试点城市及试点年份

地区	所属省份	所属地域	智慧城市试点年份	低碳城市试点年份	双试点年份
宝鸡	陕西省	西部	2013	2010	2013
北京	北京市	东部	2012	2012	2012

续表

地区	所属省份	所属地域	智慧城市试点年份	低碳城市试点年份	双试点年份
常州	江苏省	东部	2012	2017	2017
贵阳	贵州省	西部	2013	2010	2013
桂林	广西壮族自治区	西部	2013	2012	2013
汉中	陕西省	西部	2014	2010	2014
呼伦贝尔	内蒙古自治区	西部	2013	2012	2013
淮北	安徽省	中部	2013	2017	2017
黄冈	湖北省	中部	2013	2010	2013
黄山	安徽省	中部	2013	2017	2017
吉安	江西省	中部	2014	2017	2017
金昌	甘肃省	西部	2013	2012	2013
金华	浙江省	东部	2012	2017	2017
晋城	山西省	中部	2013	2012	2013
荆州	湖北省	中部	2014	2010	2014
拉萨	西藏自治区	西部	2012	2017	2017
兰州	甘肃省	西部	2013	2017	2017
柳州	广西壮族自治区	西部	2013	2017	2017
南平	福建省	东部	2012	2012	2012
宁波	浙江省	东部	2013	2012	2013
秦皇岛	河北省	东部	2012	2012	2012
上海	上海市	东部	2012	2012	2012
石家庄	河北省	东部	2012	2012	2012
天津	天津市	东部	2012	2010	2012
渭南	陕西省	西部	2013	2010	2013
温州	浙江省	东部	2012	2012	2012
乌海	内蒙古自治区	西部	2012	2017	2017
乌鲁木齐	新疆维吾尔自治区	西部	2013	2012	2013
吴忠	宁夏回族自治区	西部	2012	2017	2017

地区	所属省份	所属地域	智慧城市试点年份	低碳城市试点年份	双试点年份
武汉	湖北省	中部	2012	2010	2012
咸宁	湖北省	中部	2013	2010	2013
咸阳	陕西省	西部	2012	2010	2012
襄阳	湖北省	中部	2013	2010	2013
烟台	山东省	东部	2013	2017	2017
延安	陕西省	西部	2013	2010	2013
宜昌	湖北省	中部	2013	2010	2013
银川	宁夏回族自治区	西部	2013	2017	2017
营口	辽宁省	东部	2013	2010	2013
玉溪	云南省	西部	2014	2010	2014
镇江	江苏省	东部	2012	2012	2012
重庆	重庆市	西部	2012	2010	2012

资料来源：作者自行整理。

（二）控制变量

选取经济发展水平（$\ln GRP$）、城镇化水平（$Urban$）、外商直接投资（FDI）、产业结构升级（IU）作为控制变量。

经济发展水平（$\ln GRP$）以人均地区生产总值取对数表示；城镇化水平（$Urban$）以城镇人口与总人口的比重表示。外商直接投资（FDI）以 FDI 占 GDP 比重表示。产业结构高级化（II）以第三产业增加值/第二产业增加值表示；互联网普及率（IP）以每百人互联网宽带用户取对数表示；市场化指数（FMI）根据樊纲市场化各指标，并结合各地级市的相关数据计算后取对数表示。

剔除数据缺失较多的试点城市，最终选取 80 个低碳城市试点样本，143 个智慧城市试点城市样本。样本中共有 53 个双试点城市，东部、中部和西部地区占比分别为 66.04%、18.87% 和 15.09%。基于以上样本构建准自然实验模型。对不同样本组中年龄相关变量进行描述性统计，结果如表5-5所示。

表5-5　　　　　　　　　　　变量描述性统计

变量符号	低碳城市试点地区			智慧城市试点地区			双试点地区			非试点地区		
	观测数	平均值	标准差	观测数	平均值	标准差	观测数	平均值	标准差	观测数	平均值	标准差
GT^*	80	0.563	0.113	143	0.609	0.029	53	0.627	0.049	115	0.526	0.120
$\ln GRP$	80	1.148	0.188	143	1.640	0.048	53	1.563	0.060	115	1.327	0.146
$Urban$	80	0.725	0.121	143	0.714	0.118	53	0.719	0.119	115	0.673	0.105
FDI	80	0.076	0.029	143	0.112	0.047	53	0.093	0.028	115	0.016	0.006
II	80	1.180	0.347	143	0.906	0.451	53	1.035	0.387	115	0.859	0.332
IP	80	2.675	2.564	143	2.945	2.730	53	2.859	2.620	115	2.482	2.409
FMI	80	2.407	0.616	143	2.452	0.619	53	2.427	0.617	115	2.359	0.610

资料来源：作者自行整理。

根据表5-5中的结果，将样本分为低碳城市试点地区、智慧城市试点地区、双试点地区和非试点地区四个样本组。低碳城市试点城市的城镇化率高、外商直接投资水平较高，第三产业发展较快。随着产业结构的优化，第三产业的发展得以加速，这进一步推动了城市的经济转型和升级。随着城镇化进程的推进，城市的人口和产业不断聚集，有助于引进先进的生产技术和管理经验，推动产业的升级和转型。同时，外商直接投资还能促进城市经济的开放和多元化，为第三产业的发展提供新的机遇和动力。这些因素之间相互作用，形成了一个良性的循环。

智慧城市试点地区在绿色发展效率方面表现突出，这主要得益于智慧城市建设在推动绿色创新、优化资源配置和提高运行效率方面的积极作用。智慧城市通过技术创新和智能化管理，有效促进了绿色产业的发展和传统产业的绿色转型，从而提高了整个地区的绿色发展效率。同时，智慧城市试点地区的人均经济发展水平也较高。这可能是因为智慧城市的建设有助于提升城市的综合竞争力和吸引力，吸引了更多的投资和人才，推动了经济的快速发展。智慧城市试点地区的互联网普及率较高，而互联网作为信息技术的重要组成部分，在智慧城市建设中发挥着至关重要的作用。智慧城市建设需要充分发挥市场在资源配置中的决定性作用，通过市场机制来推动技术创新和产业升级。同时，市场化程度的提高也有助于增强城市的活力和竞争力，推动城市的可持续发展。

智慧城市试点与低碳城市试点双试点地区重视信息通信技术的创新应用，推动城市智能化发展，还注重低碳理念的融入，推动城市绿色低碳转型。两者相辅相成，共同推动城市的可持续发展。智慧城市试点与低碳城市试点在政策层面具有较高的协同性，形成政策合力，推动城市绿色智慧发展。低碳城市试点政策有助于减少温室气体排放，改善城市生态环境。同时，智慧城市建设中的绿色技术应用也有助于提升城市绿化水平，改善城市人居环境。双试点地区在技术创新、资源利用、生态环境和社会治理等方面具有显著的优势和特点，是推动城市可持续发展的重要力量。

二、模型建立

采用双重差分模型，将低碳城市试点政策和智慧城市试点政策视为准自然实验，将实施改革政策的城市视为处理组，将未实施改革政策的城市视为控制组，构建处理组的反事实参照，首先对处理组政策发生后均值减去政策发生前均值，得到变化情况（政策效应＋时间效应）；其次对对照组政策发生后均值减去政策发生前均值，得到变化情况（时间效应）；最后把前后两次变化情况相减，得到政策效应（不含时间效应）。两次相减的过程体现了双重差分思想，即将处理组试点前后城市绿色发展效率的差分与控制组试点前后城市绿色发展效率的差分之差。

低碳试点已经基本在全国全面铺开。因此多期双重差分模型更适用于本书的研究。鉴于智慧城市试点和低碳城市试点的参与主体为各城市，且各城市开展试点的时点不同，本书选用多期双重差分模型对碳排放权交易机制的城市绿色转型效应的异质性进行分析。本书选取 2007～2021 年我国 285 个城市为研究对象，分析数字技术与环境规制双重政策对城市绿色发展效率的影响因城市经济发展规模大小和城市的地区分布不同而产生的异质性影响。

构建多期双差分模型如下：

$$GT_{it} = \alpha_0 + \alpha_1 smartcity_{it} + \sum \beta_1 CONT_{it} + \eta_i + \gamma_t + \varepsilon_{it}$$

$$GT_{it} = \alpha_2 + \alpha_3 lowcarboncity_{it} + \sum \beta_2 CONT_{it} + \eta_i + \gamma_t + \varepsilon_{it}$$

$$GT_{it} = \alpha_4 + \alpha_5 dualregulation_{it} + \sum \beta_3 CONT_{it} + \eta_i + \gamma_t + \varepsilon_{it}$$

$$(5-1)$$

其中，i 和 t 分别表示城市和年份；GT_{it}^* 为城市绿色发展效率；$smartcity$ 为智慧城市变量；$lowcarboncity$ 为低碳城市变量；$dualregulation_{it}$ 为多期双重差分变量；$CONT_{it}$ 为控制变量；η_i 表示个体固定效应；γ_t 表示时间效应；ε_{it} 为误差项。城市实施智慧城市试点政策的当前年度及以后年度时 $smartcity$ 变量取值为 1，否则为 0；实施低碳城市试点政策的当前年度及以后年度时 low-$carboncity$ 变量取值为 1，否则为 0；同时满足智慧城市试点政策与低碳城市试点政策的当前年度及以后年度，则 $dualregulation_{it}$ 变量取值为 1，其余为 0。β_1 为核心系数，捕捉双试点政策的城市绿色发展净效应。其中，i 和 t 分别表示城市和年份；r_{it}^* 为城市碳减排水平；$pilotpolicy_{it}$ 为多期双重差分变量；$CONT_{it}$ 表示控制变量；η_i 表示城市个体固定效应；γ_t 表示时间效应；ε_{it} 为误差项。同时满足低碳城市试点和智慧型城市试点城市的当前年度及以后年度，则 $pilotpolicy_{it}$ 变量取值为 1，其余为 0。β_1 为核心系数，捕捉政策产生的碳减排净效应。

数字技术与环境规制双重政策对试点城市造成的外生冲击影响将表现在两个方面，即"个体效应"和"时间效应"。前者是指随着城市获批为试点而与未成为试点的城市之间所产生的个体差异；后者是指随着政策效应时间的延长，而对试点城市绿色发展所产生的自然影响。整理低碳城市试点城市、智慧城市试点城市及双试点城市，将城市获批为双重试点城市作为一次准自然实验，其他未被列为试点的城市作为控制组，试点城市作为实验组，研究低碳城市试点和智慧城市试点政策对城市绿色发展带来的影响。

三、研究样本和数据来源

一、研究样本

揭示政策转变的动态过程及对政策顺序的影响。通过对比双试点与单试点的基准回归结果，检验双试点政策是否得到强化，即数字技术与环境规制耦合是否强化城市绿色发展效率。在样本中，剔除既非低碳城市试点也非智慧城市试点（即"双非"城市）的样本，研究由单一试点城市转变为双试点城市的城市绿色发展效应。分析试点政策顺序对城市绿色发展的影响。研究先成为低碳城市试点（44 个城市）和先成为智慧城市试点（24 个城市）的不同情境下城市绿色发展效果。通过改变样本区间、倾向得分匹配—双重差分法（PSM – DID）、控制区域与年份的交互效应和替换城市绿色发展的测度方法进行稳健性检验。

通过多期双差分检验数字技术、环境规制及数字技术与环境规制协同能否对城市绿色发展产生影响。多批智慧城市和低碳城市建设试点为深入探究数字技术与环境规制对城市绿色发展的影响提供了有效的"准自然实验"。捕捉数字技术与环境规制的双重政策产生的城市绿色发展效应，分析双试点政策的设立能否发挥预期的城市绿色发展作用。检验在双重试点政策成立前后，试验区域与非试点区域的碳减排效果是否具有明显差异。

（二）数据来源与样本处理

数据来源于中国研究数据服务平台（CNRDS）和历年《中国城市统计年鉴》《中国区域统计年鉴》《中国能源统计年鉴》等。使用 2007 ~ 2021 年中国 285 个城市的面板数据，测度双试点政策下，城市产生的碳减排效应。

非试点地区赋值为 0。需要说明的是，由于智慧城市试点存在地级市、区县和乡镇三种类型，区县属于下列情形时视为试点地区：

（1）其隶属地级市是试点。

（2）区县自身是独立试点。

（3）区县下辖乡镇存在试点。时间变量 *post* 为政策冲击的年份虚拟变量，对试点地区政策实施后的年份，取值为 1，反之为 0。本书所用的智慧城市试点政策文本全部来源于住建部。

第三节　实证结果分析

一、基准回归结果

表 5－6 列示了低碳城市和智慧城市双试点对城市碳减排的基准回归结果。回归结果显示，在 5% 的显著性水平上，*dualpolicy* 变量的估计系数显著为正，结果表明低碳城市试点政策产生了对企业低碳技术创新的激励效果。在控制了个体固定效应和时间固定效应后，双试点政策的设立在总体上有助于降低城市的碳排放水平，即双试点政策能够发挥预期的碳减排作用。

表 5－6　　　　　　　　　　　　基准回归结果

项目	(1) 不滞后 GT^*	(2) 不滞后 GT^*	(3) 滞后 1 期 GT^*	(4) 滞后 2 期 GT^*	(5) 滞后 3 期 GT^*
dualpolicy	0.033 ** (0.016)	0.037 *** (0.016)	0.033 ** (0.015)	0.036 ** (0.014)	0.042 ** (0.013)
控制变量	否	是	是	是	是
城市固定效应	是	是	是	是	是
年份固定效应	是	是	是	是	是
R^2	0.846	0.883	0.902	0.915	0.915
观测值	4275	4275	3990	3705	3420

注：括号中的值为标准误，***、** 和 * 分别表示在 1%、5% 和 10% 水平上显著。

回归结果表明，双试点政策下，低碳试点城市建设和智能城市建设可以明显提升低碳减排效果。

二、平行趋势检验及政策动态效应分析

利用平行趋势检验在双试点政策实施之前，实验组和对照组的城市绿色发展效率是否具有相同的变化趋势。同时，参考已有研究，试点政策在发挥作用的过程中可能存在一定的缓冲期，即存在相应的时间滞后性。因此，采用事件分析法检验不同组别的平行趋势假设，建立以下模型检验政策的动态效应：

$$GT_{it}^* = \alpha + \sum^{5} \beta_k pilotpolicy_{it}^k + \sum \beta_2 CONT_{it} + \eta_i + \gamma_t + \varepsilon_{it}$$

$$(5-2)$$

$pilotpolicy_{it}^k$ 变量的赋值规则如下：s_i 为双试点政策建立的具体年份，若 $k \leqslant -6$，则定义为 $pilotpolicy_{it}^{-6} = 1$，否则 $pilotpolicy_{it}^{-6} = 0$。为了避免多重共线性，若 $k = k$，则定义 $pilotpolicy_{it}^k = 1$，否则 $pilotpolicy_{it}^k = 0$。在模型中，将双试点政策的设立当年作为基准年份。采用回归法对政策的平行趋势和动态效应进行检验，检验结果如表 5-7 所示。

表 5-7　　　　　　　　　平行趋势检验：回归法

	系数		系数
Before6	(0.003)	Current	(0.023)
	0.016		0.097
Before5	(0.002)	Afterl	(0.053)
	0.015		0.123
Before4	(0.003)	After2	(0.041)
	0.018		0.125**
Before3	(0.002)	After3	(0.053)
	0.021		0.130**

续表

系数		系数	
Before2	(0.004)	After4	(0.050)
	0.022		0.131 ***
Before 1	(0.002)	After5	(0.051)
	0.025		0.135 ***
常数项		0.078 *** (72.686)	
观测值		4257	
R^2		0.621	

注：括号中的值为标准误，*** 和 ** 分别表示在1%和5%水平上显著。

从平行政策的检验结果能够发现，在双试点政策实施前5年到实施后1年的区间内，城市绿色发展效率系数均未通过显著性检验。处理组与对照组的城市绿色发展效率的变化趋势满足平行趋势。从城市绿色发展效率的动态效应来看，在双试点政策实施的当年及实施的第二年，城市绿色发展效率系数虽未通过显著性检验，但系数值增加幅度较大，表明双试点政策的实施已经在一定程度上呈现出碳减排趋势。在双试点政策实施后的第2～第5年，城市绿色发展效率系数均为正，且至少在5%的显著性水平上通过检验。因此，双试点政策实施后，城市绿色转型效果从第2年开始逐步显现。城市绿色转型效果呈现逐渐上升的态势。从双试点政策的总体效应来看，其对城市绿色转型效果的改善具有时滞性。双试点政策秉承低碳与绿色转型的可持续发展和城市智慧化发展的理念，充分把握低碳城市试点和智慧城市试点带来的契机，有助于完善区域内部环境管理体系。随着时间的推移和双试点政策的不断完善，城市绿色发展效率可能继续增加。

三、稳健性检验

首先，改变样本的时间区间。本书选取的样本区间为2007～2021年，而智慧城市的第三批试点城市在 2015 年设立。在 2016 年，工信部和发改委提出建立宽带中国示范城市（城市群），该政策可能导致试点政策对城市绿色转型效果的检验方法存在偏差。因此，将样本区间进行调整，去除"宽带中国"政策成立后的年份，即将样本区间设置为 2007～2015 年，进行检验。其次，使用倾向得分匹配双重差分法（PSM – DID）进行检验。再次，控制区域时变因素。最后，替换城市绿色发展效率的测度方法，以单位地区生产总值的碳排放总量（即碳排放强度）作为碳排放指标，进行检验。通过以上四种方法进行稳健性检验，得到的结果汇总如表 5 - 8 所示。

表 5 - 8　　　　　　　　　　稳健性检验汇总

变量	（6）改变样本区间	（7）PSM – DID	（8）控制区域与年份的交互效应	（9）替换绿色发展变量
	GT^*	GT^*	GT^*	$GT1$
dualpolicy	0. 117 ** (0. 015)	0. 121 ** (0. 016)	0. 131 *** (0. 021)	- 0. 092 ** (0. 003)
控制变量	是	是	是	是
城市固定效应	是	是	是	是
年份固定效应	是	是	是	是
R^2	0. 813	0. 815	0. 829	0. 827
观测值	2565	2565	4275	4275

注：括号中的值为标准误，*** 、** 和 * 分别表示在 1%、5% 和 10% 水平上显著。

表 5 - 8 列示了稳健性检验的结果。第（6）列结果表明，改变样本的时间区间后，双试点政策对城市绿色发展效率的正向作用依然显著；第（7）列结果表明，多期双重差分变量 dualpolicy 的系数在 5% 的显著性水平上为正；第（8）列结果表明，控制区域时变因素后，双试点城市的设立对城市的城市绿色发展效率具有促进作用；第（9）列结果表明，替换城市绿色发展效率的衡量指标后，以碳排放强度取对数测度城市绿色转型效应，双

试点城市的设立对城市碳排放强度具有抑制作用。综合以上检验结果，基准回归结果具有稳健性。

四、低碳城市和智慧城市双试点的协同作用

平行趋势检验及政策动态效应的研究结果表明，低碳城市试点和智慧城市试点能够产生碳减排效应。那么，二者能否实现协同减排，需要进一步补充检验进行研究。

首先，对低碳城市试点和智慧城市试点两个试点政策进行单独检验，分析单一政策下的碳减排效应。保留的仅为低碳城市试点的样本以及既不是低碳城市也不是智慧城市的样本。此时，多期双重差分变量 *carboncity* 的系数反映了低碳城市试点政策的净减排效应。其次，剔除低碳城市的样本后，多期双重差分变量 *smartcity* 的系数反映了智慧城市试点政策的净减排效应。基准回归结果如表 5 - 9 所示。

表 5 - 9 　　　　　　　　　　**低碳城市和智慧城市基准回归结果**

变量	(10)	(11)	(12)	(13)	(14)	(15)
	不滞后	滞后 1 期	滞后 2 期	不滞后	滞后 1 期	滞后 2 期
	GT^*	GT^*	GT^*	GT^*	GT^*	GT^*
carboncity	0.153 ** (0.015)	0.157 ** (0.014)	0.158 ** (0.014)	—	—	—
smartcity	—	—	—	0.031 *** (0.011)	0.022 * (0.013)	0.014 (0.013)
控制变量	否	是	是	是	是	是
城市固定效应	是	是	是	是	是	是
年份固定效应	是	是	是	是	是	是
R^2	0.672	0.673	0.675	0.637	0.641	0.644
观测值	2925	2730	2535	3870	3612	3354

注：括号中的值为标准误，*** 、** 和 * 分别表示在 1%、5% 和 10% 水平上显著。

在以上回归结果中，第（10）列的结果表明，低碳城市试点政策实施当期能够促进城市的碳减排效应，变量通过了 5% 的显著性检验。在第（11）列和第（12）列中，将解释变量进行滞后 1 期和滞后 2 期处理，检验结果表明，低碳城市试点政策依然能够促进碳减排效应。由此可见，低碳城市试点政策能够在当期产生城市绿色转型效应，同时，该减排效应具有持续性和时滞性。第（13）列的结果表明，智慧城市试点政策促进了城市的绿色转型效应，但该政策对解释变量的当期、滞后 1 期和滞后 2 期的正向作用呈现逐渐减弱的趋势，同时，滞后 2 期的解释变量未通过显著性检验。智慧城市试点政策的城市绿色转型效应未展现其持久性。

进一步检验双试点政策是否比单试点政策更能促进城市绿色转型效应。在样本中，剔除既非低碳城市试点也非智慧城市试点（即"双非"城市）的样本，分析由单试点城市成为双试点城市的城市绿色转型效应。双试点与单试点城市的基准回归结果对比情况如表 5 – 10 所示。

表 5 – 10　　　　　　双试点与单试点城市的基准回归结果对比

变量	(16)	(17)
	GT^*	GT^*
pilotpolicy	0.093 ** (0.014)	0.107 ** (0.018)
控制变量	否	是
城市固定效应	是	是
年份固定效应	是	是
R^2	0.632	0.633
观测值	405	405

注：括号中的值为标准误，** 和 * 分别表示在 5% 和 10% 水平上显著。

回归结果表明，双试点政策与单一试点政策相比，城市绿色转型效应更高。那么，在双试点政策下，城市可能先成为低碳城市试点再成为智慧城市试点，也可能先成为智慧城市试点再成为低碳城市试点。这两种方式下，哪种方式的城市绿色转型效应更强？为此，保留已经成为低碳城市试点且还未成为双试点城市的样本，探索城市试点对城市绿色发展效率的净影响。城市试点顺序及比较结果如表 5－11 所示。

表 5－11　　　　　城市试点顺序及城市绿色发展效率比较结果

变量	(18)	(19)	(20)	(21)
	先开展低碳城市后开展智慧城市	先开展低碳城市后开展智慧城市	先开展智慧城市后开展低碳城市	先开展智慧城市后开展低碳城市
	GT^*	GT^*	GT^*	GT^*
dualpolicy	0.163 ** (0.032)	0.167 *** (0.034)	0.124 * (0.027)	0.131 ** (0.031)
控制变量	否	是	否	是
城市固定效应	是	是	是	是
年份固定效应	是	是	是	是
R^2	0.652	0.663	0.685	0.687
观测值	345	345	450	450

注：括号中的值为标准误，***、** 和 * 分别表示在 1%、5% 和 10% 水平上显著。

由表 5－11 中结果可知，第（18）列中，在成为低碳城市试点后，若城市再成为智慧城市试点，则城市的绿色转型效应显著。若先成为智慧城市试点，再进一步成为低碳城市试点，城市绿色转型效应也显著。但与前者相比，正向作用稍小，且显著性相对较低。究其原因，在低碳城市试点政策下，先为城市的低碳发展制定相关政策，指引城市发展过程的低碳化，而进一步成为智慧城市则从基础设施、技术与要素等方面提供了低碳发展的手段，因此可能使城市绿色转型效应得到进一步强化。

第四节　本　章　小　结

鉴于中国低碳城市试点建设和智慧城市试点建设的长期性，本书具有以下边际贡献：首先，研究双试点政策对城市绿色转型的影响路径，对已有研究结果进行了补充。其次，采用多期双重差分法，对比试点时间的先后顺序以及与非试点城市之间的城市绿色转型成效的差异性，得出试点政策对城市绿色转型产生的"净效果"。相对于建立代理变量的研究工作，可防止因计算差错而引起的内生性问题。

第六章

数字技术与环境规制耦合推动
城市绿色发展的作用机制研究

第四章与第五章中验证了数字技术与环境规制的互动机理、渗透关系以及双重政策对城市绿色发展的影响效应。本章将数字技术与环境规制纳入整合分析框架中，探索数字技术与环境规制的相互作用。基于 2007～2021 年我国 285 个城市面板数据，构建面板固定效应模型验证了数字技术与环境规制耦合推动产业升级、要素优化配置，并激励公众参与环境保护而促进城市绿色发展的作用机制。

第一节 研究假设

数字技术和环境规制耦合推动城市绿色发展的作用机制体现为新发展理念引领与政策干预下的多重作用路径，主要表现为"激励效应"和"目标约束效应"的直接作用路径，以及公众参与、产业升级及要素配置三条间接作用路径。数字技术的应用可以提高资源利用效率、降低能源消耗量并减少碳排放量；而环境规制则能够在促进可持续发展、保护生态环境、改善居民生活质量等方面发挥积极的作用。因此，在数字技术和环境规制的双重驱动下，城市绿色发展得以实现。

一、数字技术与环境规制耦合推动城市绿色发展

（一）数字技术赋能城市绿色发展

纵观数字技术的相关研究，学者认为大数据、人工智能、信息通信等数字技术引发信息机制变革，赋能区域绿色发展。数据生产要素与传统生产要素高度融合，发挥数字要素的乘数效应，从而推动产业降低能耗与污染（蔡跃洲和马文君，2021）。数字技术在促进城市绿色发展的过程中发挥了以下作用：一是通过大数据分析和智能化管理手段实现资源高效利用，提高资源利用效率、降低能源消耗量并减少碳排放量；二是通过虚拟现实技术模拟城市规划设计过程，提高市民对城市空间可持续性建设的理解。通过对环境数据的采集、分析和共享，实现环境保护管理的精细化和精准化，从而促进城市绿色发展。

首先，由于其广泛的影响力，大数据的信息特性导致了技术的普及及其相关基础设施成为推动社会发展及运作的关键因素之一（许宪春等，2019）。这突破并超越了一般物质资产数量上的局限，使以数值形式存在的元素能够带来成倍增长的效果，从而奠定了环境可持续发展的基本条件并且增强了一个地区的商业活动能力（韩晶和陈曦，2022）。随着信息化的发展趋势，其持续深入影响着各个领域，尤其是工业领域的智能化变革也在逐步深化中。这种转变不仅扩展到更多的业务场景中，而且也提高了各种可利用资源之间的配置效果，进而产生了大规模效益，降低对于自然能源的过度消耗需求，还压缩了有害于环境的高耗能企业或部门的存在空间（荆文君和孙宝文，2019；Laudien & Pesch，2019）。另外，数字要素具有渗透性和智能性，数据被纳入生产要素体系过程中发挥额外价值，发挥乘数效应（Purnomo et al.，2022）。构建并运行的数字环境保护技术平台，确保了公众、法人单位和各级非政府组织获取环境信息的方便性，提高了环境保护系统的信息化水平和执行环境保护法律的能力，克服了传统媒体存在的问题（Feng et al.，2022）。从环境技术层面来看，数字环境保护技术平台是在运

用地理信息系统、全球定位系统、数字地球、环境决策与管理系统技术的基础上，建构的大型环境信息地理定位获取系统。构建成为一个大型综合性的自然资源监测及分析工具（杨俊等，2022）。这个信息化系统的核心理念在于强调资源维护的重要性，并整合多个级别的污染防治监管模块于一体，借助互联网作为传输渠道，结合自动化监控方式，如通信连接等方式，把各类自然环境数据传递至各个地方或不同级别的地方政府部门，以此达到汇总资料、整理资讯、分享知识和服务的一体化目标（Liu et al.，2020a）。而这些提供的信息不仅方便大众更加便捷获得关于环境状况的相关消息，同时也能根据需要，对其中的各种类型的消息进行分级划分；此外，通过设置访问限制的方式，确保相关的网络安全的保障工作得到有效的执行（Cheng et al.，2023）。通过数字环境保护技术平台，社会公众可真正拥有对环境的知情权与参与权，实现对合法环境信息的有效获取。通过对全量信息的数据化分析，实现对象的"数字化还原"，掌握信息之间的关联性规律，促进资源共享，由依赖资本、土地与劳动力要素的传统生产方式实现数字化与智能化改进，趋向高效率的技术密集型发展模式（Wang et al.，2022；田秀娟和李睿，2022）。

（二）环境规制倒逼城市绿色发展

根据特定时期的政策目标，政府所实施的有效执行手段和方法是整合体制内的规则和行动等而采取的一种活动模式，并且为一连串的行动组合设计相应的制度规定（余伟和陈强，2015）。环境规制是绿色发展的主要推动力。近年来，环境信息不对称加剧、市场中介组织发育不完善使城市绿色发展对环境规制的组合性、灵活性与适应性提出更高要求，使环境规制工具和主体趋向多元化（张建鹏和陈诗一，2021；傅沂和李静苇，2019）。根据制度创新理论，我国逐渐形成以需求、信息、技术、要素驱动为特征的可持续发展模式（孙燕铭和谌思邈，2021）。帕加尔和惠勒（Pargal & Wheeler，1996）提出的非正式环境监管的概念首次被定义为：如果政府没有或者对正式环境保护法规采取被动态度，那么社会组织会与周围的污染企业就减少排放的问题展开对话或商议以确保自身的优质环境条件。

遵循成本说与创新补偿说的观点，学者研究环境规制的有效性，这些观点涉及规制者、规制目标、规制费用及效能等多个方面，探讨了环境规制的有效性。"波特假说"和"绿色悖论"两种观点兴起并不断发展。根据"波特假说"，环境规制形成对重点排放单位的减排约束，倒逼技术创新而推动城市绿色发展（Shi & Qiu，2017；Cao et al.，2019）。环境规制是中国绿色发展的重要推动力（李毅等，2020；Wu et al.，2020）。此外，指令式管理的环境监管可能会产生延迟的影响，这可能导致政治和商业的勾结、滥用权力、信息的不足或偏差、环境的公共性质及外溢影响等问题引发的市场无效现象（张国兴等，2021）。非正式环境规制则通过环境保护非政府组织的角色作为连接政府、公司和社会大众的中介机构来增强生态环境抵抗风险的力量（王红梅，2016）。随着社会公众对环境问题关注度的不断提升，非正式环境规制的不断完善，专业化收集和分析环境信息的情境逐渐形成，强化正式环境规制的监督和处罚力度，促进企业绿色生产，提升城市的可持续发展能力（卞晨等，2022）。以公众行为为主导的非正式环境规制有助于建立信息传播机制，政府及时感知公众诉求，制定有效的环境规制，将数据流量价值转化为生态价值。

（三）数字技术与环境规制耦合推动城市绿色发展

数字技术赋能不同类型环境规制提质增效，形成环境规制的技术支撑，环境规制通过政策推动和市场拉动效应助力数字技术在不同阶段实现快速发展。数字技术与环境规制能够实现充分融合（Liu et al.，2018）。在系统中，各个构成部分之间存在着紧密的联系。通过政府、企业和社会各方面的合作与补充，共同推动数字技术和环境规制内部的优化配置，使其整合为一个开放且动态的综合体系（Yang et al.，2020）。总体而言，数字技术与环境规制耦合能够通过强化治理执行力、缓解信息不对称和加强社会责任意识来推动城市绿色发展效率。

1. 强化治理执行力

环境规制的执行力度对于其影响效果至关重要，这也是保障环境规制的关键因素（Fan et al.，2021）。我国部分地区依然存在环境规制执行不完全的问题。通过数字化监管，政府可以实时监测污染源头和企业环境规制状况，实现全程智能化管理，提高监管质量与环境管理效率（Liu et al.，2020）。数字技术产生创新驱动效应与配置效应，进而实现绿色创新目标（孔繁彬，2022）。葛立宇等（2022）将数字经济发展作为技术进步引入索洛增长模型，实证发现二氧化碳排放量与数字经济呈非线性的倒"U"型关系，支持了环境库兹涅茨曲线（EKC）假说。结合制度理论和资源基础观理论等，张昕蔚和蒋长流（2021）验证了数字技术对资源配置与能源利用的促进作用。

2. 缓解信息不对称

由于环境信息不对称，环保部门难以准确了解企业的环境绩效情况，从而无法进行科学的环境规制决策。数字技术可以通过大数据采集和处理技术，帮助环保部门更好地理解企业的环境绩效情况，并提供更加精准的信息反馈。通过网络平台提供各种形式的信息服务，从而消除信息不对称，使公众更加了解环保知识并积极参与环保活动。同时，数字技术也可以帮助政府更好地收集和处理各类环境信息，避免因信息不对称造成的决策失误。数字技术可以通过大数据采集和处理技术，使环境信息得以快速准确传递到相关利益方手中，从而消除信息不对称。同时，数字技术也能够帮助政府更好地了解企业的环保情况，并提供更加精准的监管措施。

数字化环境保护系统可以采集大量的结构化或者无结构的环境资讯数据（Yao et al.，2020）。此外，它还建立了全面的信息架构与数据库核心。这个全面的信息架构由三个关键组成部分构成：标准化的构建规则、网站设计及业务流程的管理。这种方法采用的是低级别的软件平台支持、模块式的业务应用程序开发以及组装型的集成的技术手段，从而为各类环境保护业务提供了一个基本的支持体系（杨艳等，2021；余维臻和刘娜，2021）。而作为整个项目的基石，数据库则负责储存、检索并反馈所有环境保护相关的数据，对整个系统的资源起到了重要的支撑作用。跨层次的数字化平台有利于加强政府的数字化建设，政府可以更加有效地实现跨部门的数据交流，提高环境规制的透明性、响应性与有效性，有效减少由信息不对称而导致的环境规制失衡，削弱环境规制的不公平性（Wu et al.，2021；Wang et al.，2020）。数字技术实现政府、个人和企业之间信息的透明化，从多种渠道快速、有效地传播环境信息，提升环境管控的信息化水准（尹翀和贾永飞，2019）。通过各类智慧城市项目开发的平台获取信息和服务、获取公开资料与服务等行为，为公众提供了与政府直接交流的机会，削弱了表达政治诉求的时间与空间界限，促进智慧城市建设更加人性化。通过线上、线下各种公开渠道，以获取信息和服务、表达意见和观点、反馈问题和不足等形式，对政府决策产生影响，从而提高智慧城市建设水平（李霞和戴胜利，2018）。智慧城市建设带来的网络化、信息化增加了政府城市治理的透明度，在智慧城市建设的过程中，公众通过行使监督权，促进了城市治理水平的提高（崔璐和杨凯瑞，2018）。

3. 加强社会责任意识

数字技术的发展使人们更容易获得有关环境问题的信息，并且更易于参与到保护环境行动中。例如，通过社交媒体分享环保知识和呼吁大家采取环保行动，鼓励他人加入环保行列，同时也提高了人们对环境问题的认识。因此，数字技术的普及和发展不仅会促使人们更加重视保护环境，而且也鼓励他们积极参与到环保行动中。数字技术融入环境规制，推动环境管控的现代化、精细化与智能性，加强企业、政府与公众的社会责任意识，促进主体自律，推动环境规制向多元协同治理模式转变（张昆贤等，2022）。二者增强区域间关联，提升区域资源与环境的承载力和市场化程度，为公众提供更多的途径和场景以实现低能耗、低污染、高附加值的城市绿色发展效率目标。为了让公众能够积极地参与到环境问题中并提出意见，需要拥有环境表达权和环境决策参与权。而要确保这些权益得以行使，就需要保证环境保护决策过程中具备透明度，这样才能允许公众通过合规途径对环境议题发表意见。中国的数字化环境保护项目的构建基于系统总体支持平台、数据中心的异构融合技术，实现了各种环境任务的一体化管理，从而提升了环境保护信息的分享、公开和综合决策的能力（杨学军和徐振强，2014）。

179

据此，本节提出 H4。

H4：数字技术与环境规制耦合推动城市绿色发展。

二、数字技术与环境规制耦合影响城市绿色发展的间接路径

（一）公众参与路径

数字技术提高公众参与主动性，对环境规制手段形成重要补充（张志彬，2021）。公众参与应当是政府部门和公众或者受决策影响的利益相关者之间的双向信息沟通和协商对话。引进社会公众参与城市绿色发展效率的战略决策，通过第三方公众的软约束和隐形压力影响环境行为与生态治理，加强生态环境规制的目标约束（尹红和林燕梅，2016）。2014 年修订的《环境保护法》等强调了公众参与环境保护的知情权、表达权、参与权、监督权和获得救济权等权利。公众有获得政府所开展的环境保护行动相关信息的权利，参与到环境事务的管理及环境事务的决策中的权利。保障公众环境知情权是实现环境公众参与权利的基础。公民只有获取充分、客观真实的环境信息，才能有效参与环境事务决策，提出自身利益诉求，实现环境司法救济。然而，传统的环境信息收集和提供实质上由政府控制，公众的环境知情权无法得到充分保障。与政府和企业相比，公众是环境问题最直接的承受者。公众参与可以极大地弥补绿色发展过程中的政府失灵和市场失灵，是绿色发展不可或缺的组成部分（赵黎明和陈妍庆，2018）。然而，在传统的绿色发展特别是绿色治理过程中，公众参与的力量往往被忽视，这使公众在绿色发展过程中的作用受到了影响。公众绿色治理意识的提高能够从能源节约的整体视角促进数字经济与环境规制协同实现我国的城市绿色转型目标。数字经济具有广泛性、应用深度和数字化程度三种属性，公众助力城市绿色转型目标的途径与场景进一步拓宽，有利于数字经济通过多种手段将数据流量价值转化为生态价值（张丽梅和王亚平，2019）。公众参与能够在一定程度上扩大环境规制的主体范围，环境信息的披露与治理能够严格整合环境信息资源，降低地区污染密集度。随着数字经济迅速发展，人们可以通过网络渠道获得

关于绿色发展的相关资讯，这有助于提升大众对生态环境保护的重视程度并鼓励他们积极投入绿色发展中。主要表现如下：首先，借助数字化传媒平台扩大了公众对于自然资源及环境保护知识的了解，从而增强了公众的环境保护意识，进一步促使公众主动参与到绿色发展进程中（戴翔和杨双至，2022）；其次，利用互联网线上的水质、大气等环境监测数据可确保民众享有充分的环境信息知悉权利，为其参与绿色发展提供了必要的信息支持（Bourbia et al.，2020；Estrada-Solano et al.，2020）；再次，数字技术可以完善和优化公众投诉和公共控制机制，积极回应公众的环境诉求；最后，数字技术手段可通过改进和优化公众举报和公权力监控体系，及时响应公众的环境需求。此外，环境保护非政府组织（NGO）也起到了作为政府、企业和社会公众间的沟通媒介作用，它负责监察政府、企业的环境信息披露情况，敦促政府承担其环境保护职责，同时监视企业的污染物排放和处理状态，以增强生态系统的抗风险能力（张华和冯烽，2020；刘满凤和陈梁，2020）。随着公共舆论对于生态环境问题的日益重视和互联网技术的飞速发展，投诉途径也随之扩展至各种线上方式，如电子邮件或社交媒体公众号等形式。社会大众可以通过这些新的手段积极地加入并影响当地的环境保护工作。这种现象无疑为各级行政部门及受污单位带来了巨大的实际操作上的挑战。数字技术能有效推动基层管理机构执行更严格且有效的环境保护措施以应对来自社会的监督力量，从而促使工业界采取更加绿色的经营策略（孟庆时等，2021）。同时，社会公众还能够通过向上级政府举报的方式促使地方政府加大地区生态建设力度，注重提升地区可持续发展能力，保障地区生态安全。结合数字技术，拓宽信息治理速度，促进企业主体自律，加强城市的绿色转型治理，通过市场化机制与环境规制的政策指引提高数字技术与环境规制的协同性与耦合度，提高城市绿色创新绩效（江小涓和靳景，2022）。据此，本节提出 H5。

H5：数字技术与环境规制耦合推进公众参与促进城市绿色发展。

（二）产业升级路径

传统产业借助数字平台实现跨行业、跨层次和跨区域发展，带动行业内的流程重构与附加值创新，推动产业智能化改造与能级跃迁。一是推动产业结构高级化（葛立宇等，2022）。数字产业化促进知识密集型、能力密集型和技术密集型行业的蓬勃发展，数字技术推动行业形成以生产流程智能化、自动化和系统化的深度数字化转型模式，与环境规制耦合驱动精细生产，引领行业降低能源消耗，培育高技术产业（孙勇等，2022；Ulas，2019）。二是推动产业集聚。数据基地和应用场景促进产业链条延伸并实现产业重构，经由数据共享、信息扩散的传播优势而内嵌于传统产业链发展中，产生融合效应（李永红和黄瑞，2019；陈堂和陈光，2021）。数字技术推动传统的线性价值链向循环价值链的转变，提升整个产业链的联动度、智能化和低碳化，产生长远的生态效益（余妙志和方艺筱，2022）。三是推动产业结构合理化。利用数字技术与环境规制的正外部性，降低资源投入，建立智慧化与低碳化的产业结构体系（殷群和田玉秀，2021）。另外，在数字技术影响绿色发展效率的具体过程中，产业转型升级能够起到调节作用。首先，数字技术的使用能够加快产业融合发展进程，促进产业转型升级，从而提高产业发展效率与产业附加值（王嘉丽等，2021）。同时，数字技术推动了传统和实体行业的数字化和智能化转型，增强了行业创新的生存力和竞争优势，提升了行业发展的品质和效益（邬彩霞和高媛，2020）。其次，产业转型升级也能对数字技术水平产生影响。二者也能对绿色经济效率水平的提高发挥协同效应。因此同样将产业转型升级作为数字技术影响绿色经济效率的机制之一进行具体理论分析。国内外学者对数字技术与产业转型升级二者之间的关系进行了相应研究分析。窦和高（Dou & Gao，2022）通过实证分析发现数字技术对工业发展具有积极作用。海尼（Haini，2021）通过实证研究发现了信息通信技术（information communications technology，ICT）能促进机电一体化。金鹏和周娟（2016）以 2001~2013 年中国各省（区、市）为研究对象，发现使用数字技术所带来的信息化对旅游业具有显著的积极影响，能够促进旅游业发展。惠宁和周晓唯（2016）发现互联网促进了产业结构的升级与发展。郭美晨（2019）建立灰色关联熵模型，通过实证对 ICT 如何影响中国产业转型升级进行分析。她认为 ICT 能对产业结构进行整合与突破，从而能够促进产业转型升级。区域互联网发展水平的提高对制造业升级作出了重大贡献。孟庆时和余江（2021）则具体研究数字技术对新一代信息技术产业转型升级的作用。余东华和李云汉（2021）认为，数字技术的应用与发展，能够推动产业与产业组织数字化转型。

因此，数字技术能够对产业转型升级产生影响，且区域经济发展水平能作为调节变量影响数字技术赋能产业结构升级的过程。数字技术可以通过知识流动的中介效应促进产业结构升级。钞小静和元茹静（2023）认为，数字技术能够显著促进制造业和服务业的融合发展水平提升。郑迪文等（2023）则指出，数字技术能够影响产业变革，并将数字技术影响产业变革的具体机制划分为七个维度。孙勇等（2022）则具体以长江经济带为例，实证考察了数字技术对产业结构升级的影响。还有部分学者指出数字技术与产业转型升级能够相互影响，比如赵昕和茶洪旺（2015）研究分析中国2002～2013年的省级样本数据，发现信息化与产业转型升级之间存在正相关关系，且两者能够相互促进。在产业结构对绿色经济效率影响的实证研究中，研究者认为产业转型升级能够促进经济增长，实现节能减排，进而能够影响绿色经济效率水平。据此，本节提出H6。

H6：数字技术与环境规制耦合推进产业升级而促进城市绿色发展。

（三）要素配置路径

在数字技术的快速发展下，各种信息与资源流动性增强，信息网络效应显现。个体与企业的积极参与不仅可以获得更多的利益，也有助于推动企业的生产运营和社会经济进步，同时对环境保护也具有积极影响（张永恒和王家庭，2020）。企业可以使用数字技术手段对生产过程进行模拟，根据模拟结果减少不必要的资源能源消耗与污染排放。从社会发展角度出发，数字技术的使用为各行各业的发展带来了机遇，如催生了远程办公、在线医疗以及网络在线教育等新行业、新业态。数字技术也能方便人们的日常生活，有利于减少工作通勤时间与冗余工作设施，进一步减少汽车尾气排放与资源能源消耗。我国部分地区出现因要素错配而产生的产能过剩、效率与产出损失等问题。因此，要素配置效率改善和要素禀赋积累是城市绿色发展的重要动力（谢贤君，2019）。数字技术蕴含的算力资源能够诱发生产要素累积，形成集约高效的发展格局,具体有:一是促进要素禀赋的积累。数字平台精准研判和分析能源消耗,在生产全流程中数字技术与环境规制耦合发挥要素集约效应,提升城市低碳辐射功能(邱子迅和周亚虹,2021)。二是增强要素流动性。数字要素拉动资本、信息、技术等形成资源流,通过匹配效应引导生产要素流动并实现循环经济(杨艳等,2021)。在供应端,利用数据流的渗透性和流动性而降低要素搜寻成本和交易成本,提高绿色治理领域的监测效率(张永恒和王家庭,2020)。三是提高要素配置效率。环境规制促进要素再分配和资源整合。数字技术依托物联网、大数据等开拓新兴市场,吸引优质资源集聚,二者耦合开发并重构生产运营流程,促进资源最优配置(黄永春等,2022)。

数字技术的使用可以对传统要素进行替代。数字技术在社会经济发展与生产过程中所起到的作用越发重要。通过物联网、大数据、AI 等数字技术的使用,企业能够实现数字化、智能化的高效生产与绿色创新,其管理流程也会更加完善(Zhao & Li,2022)。劳动、资本等传统要素会被数字技术逐渐替代。在其他投入要素相同的情形下,使用数字技术可使要素配置更加合理,各种投入要素的内在价值能够最大限度被挖掘,生产要素与各生产流程的结合会更加紧密,进而能够减少资源能源的不合理消耗。实现节能减排,推动经济增长,促进绿色经济效率水平的提升(Zhou et al.,2021)。因此,数字技术与环境规制耦合加强城市之间的信息共享、监测管理,整合要素资源并降低要素错配,从而更精准地分析市场需求。据此,本节提出 H7。

H7:数字技术与环境规制耦合推进要素优化配置而促进城市绿色发展。

据此,本书形成数字技术与环境规制耦合推动城市绿色发展的理论框架,如图 6-1 所示。

总结已有研究,数字技术和环境规制耦合对城市绿色发展效率的作用体现为新发展理念引领与政策干预下的多重作用路径,主要表现为"激励效应"和"目标约束效应"的直接路径,以及公众参与、产业升级及要素配置三条间接路径。

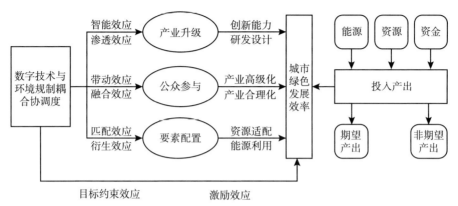

图 6 – 1　数字技术与环境规制耦合推动城市绿色发展的理论框架

资料来源：作者自绘。

第二节　中介模型构建

在本节中，我们将探讨数字技术和环境规制的耦合对城市绿色发展的影响。通过建立一个中介模型，我们可以更加深入地了解这些因素之间的相互作用关系，从而更好地指导城市绿色的发展方向。首先，明确数字技术和环境规制之间的关系；其次，采用实证研究法研究数字技术与环境规制耦合协调度对城市绿色发展的影响机制；最后，建立多重中介模型剖析公众参与、产业升级和要素配置的作用路径。

一、变量测量

1. 自变量

数字技术与环境规制耦合协调度（CCD）。

2. 因变量

城市绿色发展效率（GT）。

3. 中介变量

（1）产业升级。测度产业结构协调度表征产业升级（*II*）变量。关注城市发展过程中不同产业之间的协调性以反映城市产业结构的升级进程。参照佘硕等（2020）对产业结构的协调度（*II*）的研究方法进行测度，方程为：

$$II_{i,t} = \sum_{i=1}^{n} \frac{Y_i}{Y} \ln\left(\frac{Y_i}{L_i} \bigg/ \frac{Y}{L} \right)$$

其中，Y_i/Y 和 L_i/L 分别代表第一、第二、第三产业的产值占区域总产值的比重，以及第一、第二、第三产业的劳动力从业人数占区域劳动力人数的比重。

（2）公众参与度。以城市废气、废水和固体废弃物问题的信访数量（万件）表征公众参与（*PC*）变量。

（3）要素配置。根据樊刚等（2011）的省级市场化指数的指标测算方法整理地级市数据，构造地级市的市场化指数。以分指标市场化得分和要素市场发育得分作为城市要素市场化程度指数，衡量地区要素市场的发育程度。

4. 控制变量

为防止因遗漏变量而产生内生性问题，控制了一系列影响城市绿色发展效率的因素。本书选取区域经济发展水平（ln*GDP*）、外商直接投资（*FDI*）、金融结构（*FS*）、政府财政干预（*Gov*）和城镇化水平（*Urban*）为控制变量。区域经济发展水平选用人均 GDP 表示经济发展水平，以 2007 年为基期，对人均 GDP 进行平减。外资水平反映了区域获得先进技术而开展城市绿色发展效率的能力。外商直接投资水平以实际使用外资金额与 GDP 的比值表示。外资投入东道国的技术具有时滞性，前沿技术很难迅速扩散到东道国，并产生技术外溢的效果。而且 FDI 挤占了东道国的人力资源和创新资本投入，在与东道国企业的竞争中占有绝对优势，使东道国失去创新的动力，从而降低其创新能力和创新效率（范德成和谷晓梅，2022）。金融发展水平能够推动企业扩大经营规模、开展技术创新等活动，促进区域的绿色可持续发展。金融结构用金融机构存贷款余额与 GDP 的比值表示。政府公共财政用公共财政支出与 GDP 的比值表示。政府公共财政干预能够影响市场行为，并引导区域的绿色治理进程，指引区域淘汰落后产能，推动城市绿色发展效率。城镇化水平以城镇人口与地区常住人口的比值表示。

本章变量数据来源于《中国统计年鉴》《中国技术统计年鉴》《中国城市统计年鉴》《中国能源统计年鉴》《中国环境统计年鉴》。有关价格的各项绝对数指标通过相应价格指数平减至 2007 年不变价格。地区环境行政案件处罚数据由全国生态环境投诉举报平台获得，以投诉涉及企业位置赋予环境投诉案件空间属性，地均化了公众参与型环境规制强度。变量的描述性统计如表 6－1 所示。

表 6－1　　　　　　　　　　　变量的描述性统计

变量	观测数	均值	标准差	最小值	最大值
CCD	4275	0.6333	0.1126	0.1202	0.9456
GT	4275	0.7314	0.1664	0.1160	1
II	4275	0.4049	0.1018	0.0858	0.8387
PC	4275	3.6453	1.3939	－2.4259	9.3123
RA	4275	5.7012	0.9024	1.6094	8.4913
$\ln GDP$	4275	11.5688	1.3915	8.3919	14.8412
FDI	4275	7.2392	2.4389	0	13.5292
FS	4275	0.3311	0.1447	0.0762	0.8460
Gov	4275	0.2291	0.1231	0.0340	0.6926
$Urban$	4275	0.6931	0.1357	0.0560	0.9779

资料来源：作者自行整理。

由表 6－1 可知，被解释变量城市绿色发展效率 GT 的均值为 0.7314，即通过超效率 DEA 模型测度的城市绿色发展效率的均值为 0.7314。城市绿色发展效率 GT 的极差相对较大，最小值仅为 0.1160，最大值为 1，表明不同城市在不同年间的城市绿色发展效率存在十分明显的个体差异，部分城市的绿色发展水平有待进一步提高。解释变量数字技术与环境规制的耦合协调度 CCD 的平均值为 0.6333，处于初级协调区间，这表明整体而言我国城市数字技术与环境规制的耦合协调度有待进一步提高，总体而言，城市数字技术与环境规制的耦合协调有待提升。产业结构协调度 II 的平均值为 0.4049，标准差为 0.1018，相对较小。这表明不同城市的产业结构协调度与均值相比差异不大。公众参与度 PC 的平均值为 3.6453，标准差为 1.3939，相对较大。这表明不同城市的城市废气、废水和固体废弃物问题的信访数量（万件）差异较大，即不同城市的公众参与情况具有较大差异。要素配置得分 RA 的平均值为 5.7012，标准差为 0.9024。综合政府与市场得分、非国有经济发展得分和要素市场发育得分，不同城市的市场化指数具有一定差异，要素市场扭曲程度有所不同。

二、模型构建

借鉴温忠麟和叶宝娟（2014）所采用的中介效应模型进行检验。以城市绿色发展效率（GT）为被解释变量，以数字技术创新与环境规制的耦合协调度（CCD）为解释变量，分别以公众参与（PC）、产业升级（II）和要素配置（RA）为中介变量，以区域经济发展水平（$\ln GDP$）、金融结构（FS）、政府干预（Gov）、城镇化水平（$Urban$）和外商直接投资（FDI）为控制变量，u_{it} 为地区固定效应，v_{it} 为年份固定效应。构建多重中介模型揭示数字技术与环境规制耦合推动城市绿色发展效率的影响机制及作用路径，计算公式为：

$$GT_{it} = \alpha_0 + \beta_1 CCD + \varphi_1 \sum CONT_{it} + u_{it} + v_{it} + \varepsilon_{it} \quad (6-1)$$

$$PC_{it} = \alpha_1 + \beta_2 CCD + \varphi_2 \sum CONT_{it} + u_{it} + v_{it} + \varepsilon_{it} \quad (6-2)$$

$$II_{it} = \alpha_2 + \beta_3 CCD + \varphi_3 \sum CONT_{it} + u_{it} + v_{it} + \varepsilon_{it} \quad (6-3)$$

$$RA_{it} = \alpha_3 + \beta_4 CCD + \varphi_4 \sum CONT_{it} + u_{it} + v_{it} + \varepsilon_{it} \quad (6-4)$$

$$GI_{it} = \alpha_4 + \beta_5 CCD + \delta_1 TI_{it} + \delta_2 II_{it} + \delta_3 RA_{it} + \varphi_5 \sum CONT_{it} + u_{it} + v_{it} + \varepsilon_{it}$$

$$(6-5)$$

第三节　实　证　分　析

一、基准回归结果分析

利用逐层回归进行中介效应检验。首先，根据评价指标体系的评价结果探究数字技术、环境规制及二者耦合协调度对城市绿色发展效率的直接效应。模型 1 中仅加入 5 个控制变量，模型 2 ~ 模型 4 在控制变量的基础上分别加入数字技术与环境规制耦合协调度变量；由此获得数字技术与环境规制耦合推动城市绿色发展的基准回归检验结果，如表 6 - 2 所示。

表 6 - 2　　　　　　　　　　　　　　基准回归结果

变量	城市绿色发展效率 GT	
	模型 1	模型 2
FDI	- 0. 0029 *** (- 2. 62)	- 0. 0041 *** (- 3. 72)
FS	0. 0761 *** (3. 37)	0. 0326 (1. 44)
Gov	0. 0084 *** (3. 16)	0. 0070 *** (2. 68)
lnGDP	0. 0252 *** (6. 63)	0. 0299 *** (7. 92)
Urban	0. 4703 *** (12. 57)	0. 0748 *** (3. 75)
D	—	0. 3637 *** (10. 96)
时间固定效应	是	是

续表

变量	城市绿色发展效率 GT	
	模型 1	模型 2
区域固定效应	是	是
F	14.82	32.74
R^2	0.0183	0.0470
N	4275	4275

注：括号中的值为 t 值，*** 表示在 1% 水平上显著。

　　根据城市面板数据的回归结果，在模型 1 中，控制变量中，经济增长变量与政府财政干预变量与城市绿色发展效率显著正相关，而金融结构、城镇化水平和外商直接投资水平与城市绿色发展效率显著负相关。城镇化水平的提高往往随着城市人口密度的增加和交通基础设施的加快，对能源的需求量可能也更大，这对环境质量改善造成一定的压力，故对绿色创新产生负向作用。随着经济水平的日益提升、财政干预水平的提高，地区绿色创新不断改善。绿色信贷等一系列金融工具的不断完善，对污染行业融资约束功能进一步加强，市场机制更加完善，对绿色创新的促进作用将更为明显；地区开放程度不断提高，有助于引进国外先进环境保护技术并加强经验交流，产生污染光环效应，提升资源使用效率，减少污染排放，促进环境质量改善。但与此同时外资投入东道国的技术具有时滞性，前沿技术很难迅速扩散到东道国，并产生技术外溢的效果。外商直接投资（FDI）挤占了东道国的人力资源和创新资本投入，在与东道国企业的竞争中占有绝对优势，使东道国失去创新的动力，从而降低其创新能力和创新效率。在加入数字技术与环境规制耦合协调度变量后，与城市绿色发展效率显著正相关。数字技术与环境规制能够耦合推动区域绿色技术更新。据此，本书进一步探讨数字技术与环境规制耦合协调推动城市绿色发展的影响机制，以产业升级、要素配置和公众参与度为中介变量，参考温忠麟和叶宝娟（2014）的研究方法进行逐步回归。

二、中介效应结果分析

以数字技术与环境规制耦合协调度为自变量，探讨数字技术与环境规制耦合推动城市绿色发展效率的影响机制，测度二者通过公众参与、产业升级和要素配置而产生的城市绿色转型效应，中介效应测度结果如表 6 - 3 所示。

表 6 - 3　　　　　　　　　　　　　　中介效应结果

变量	II		PC		RA		GT
	模型 3	模型 4	模型 5	模型 6	模型 7	模型 8	模型 9
FDI	0. 0141*** (23. 20)	0. 0133*** (22. 29)	0. 1818*** (21. 48)	0. 1797*** (21. 14)	0. 0958*** (16. 82)	0. 1493*** (28. 81)	- 0. 0076*** (- 6. 11)
FS	- 0. 0217* (- 1. 76)	- 0. 0496*** (- 4. 05)	- 1. 3780*** (- 8. 04)	- 1. 4571*** (- 0. 93)	0. 3482*** (3. 02)	0. 0715 (0. 67)	- 0. 3124 (1. 51)
Gov	- 0. 0017*** (- 11. 46)	- 0. 0017*** (- 12. 30)	0. 0271*** (13. 42)	0. 0268*** (13. 29)	- 0. 0029** (2. 14)	- 0. 0089*** (- 7. 24)	0. 0247* (1. 94)
lnGDP	- 0. 0089*** (- 4. 28)	- 0. 0059*** (- 2. 88)	0. 0197 (0. 68)	0. 0282 (0. 97)	0. 0463** (2. 39)	0. 0628*** (3. 55)	0. 1366*** (7. 39)
Urban	- 0. 1147*** (- 10. 59)	- 0. 0904*** (- 8. 39)	1. 1545*** (7. 64)	1. 2234*** (2. 59)	1. 4070*** (13. 84)	2. 1679*** (23. 20)	- 0. 0226 (0. 74)
CCD	—	0. 2331*** (13. 83)	—	0. 6611** (2. 59)	—	0. 9557*** (6. 14)	0. 3373*** (10. 03)
II	—	—	—	—	—	—	0. 3481* (1. 66)
PC	—	—	—	—	—	—	0. 0073*** (3. 58)
RA	—	—	—	—	—	—	0. 0305*** (10. 03)

续表

变量	II		PC		RA		GT
	模型3	模型4	模型5	模型6	模型7	模型8	模型9
时间固定效应	是	是	是	是	是	是	是
区域固定效应	是	是	是	是	是	是	是
F	232.79	230.28	176.97	148.80	102.96	263.75	34.82
R^2	0.2261	0.2575	0.1817	0.1831	0.1144	0.2843	0.0730
N	4275	4275	4275	4275	4275	4275	4275

注：括号中的值为 t 值，*** 、** 和 * 分别表示在1%、5%和10%水平上显著。

模型3~模型4、模型5~模型6、模型7~模型8分别验证了数字技术与环境规制耦合协调度对公众参与、产业升级和要素配置的影响。首先，进行数字技术与环境规制耦合协调度对三条中介作用路径的回归分析。实证结果显示，由模型4、模型6和模型8可知，数字技术与环境规制耦合协调度与产业结构协调度显著正相关（$\beta = 0.2331$，$p < 0.01$），与公众参与度显著正相关（$\beta = 0.6611$，$p < 0.05$），与要素配置显著正相关（$\beta = 0.9557$，$p < 0.01$），由此可见，数字技术与环境规制耦合协调度能够显著促进公众参与、产业升级与要素配置。模型9中验证了全模型的检验结果，根据模型9的结果可知，在加入自变量与三个中介变量后，自变量与中介变量的系数均显著降低，且相较模型2，数字技术与环境规制耦合协调度的系数有所降低，因此各中介变量的中介效应存在，说明产业结构协调度、公众参与度和要素配置部分中介了数字技术与环境规制耦合协调度与城市绿色发展效率的关系，H5~H7成立。

三、稳健性检验

通过增加变量、剔除样本和替换变量进行稳健性检验。首先，剔除东部沿海地区 9 省（区、市）样本，对其进行重新估计并进行稳健性检验，缓解"自选择"的偏差问题。其次，改变样本区间。选取 2012～2021 年的样本区间对其进行重新估计并进行稳健性检验。再次，构建相对发展度模型测度数字技术创新与环境规制两系统之间的相对发展程度 η_i，$\eta_i = H_i^1 / H_i^2$ 替换耦合协调度进行分析。最后，在回归中增加控制变量，控制影响城市绿色发展效率的宏观系统性环境，包括地区科研支出 [R&D 内部经费支出（万元）取对数] 和人力资本 [年末单位从业人员数（万人）取对数] 等因素，将以上控制变量放入回归中，以缓解可能存在的"遗漏偏误"问题。

将以上稳健性检验汇总，如表 6-4 所示。

表 6-4　　　　　　　　　　稳健性检验汇总

变量	改变样本对象	改变样本区间	改变样本测度方式	增加控制变量
CCD	0.2251 *** (0.0418)	0.5030 *** (0.0428)	0.2082 *** (0.0389)	0.2120 *** (0.0341)
II	0.3291 *** (0.0262)	0.5317 *** (0.0325)	0.3587 *** (0.0262)	0.3028 *** (0.0273)
PC	0.0077 *** (0.0027)	0.0017 (0.0025)	0.0059 *** (0.0020)	0.0056 *** (0.0020)
RA	0.0309 *** (0.0039)	0.0241 *** (0.0037)	0.0296 *** (0.0030)	0.0288 *** (0.0030)
控制变量	是	是	是	是
城市固定效应	是	是	是	是
年份固定效应	是	是	是	是
R^2	0.1491	0.2542	0.0932	0.1069
F	43.99	96.80	45.46	43.31
观测值	2430	2850	4275	4275

注：括号中的值为标准误，*** 表示在 1% 水平上显著。

改变样本对象的检验结果表明，数字技术与环境规制耦合协调度 CCD、

产业结构协调度 *II*、公众参与度 *PC* 和要素市场得分 *RA* 的估计系数显著。因此，随机剔除部分城市后，数字技术环境规制耦合协调度对我国城市绿色发展依然能产生显著影响，且作用机制保持一致。

改变样本的时间区间后，数字技术与环境规制耦合协调度 *CCD* 的估计系数显著，说明数字技术与环境规制耦合协调度对我国城市绿色发展有利，但公众参与变量未通过显著性检验。究其原因，在我国推进城市绿色发展的过程中，在通过数字技术引导公众参与城市绿色发展和公众参与环境监管的过程中，公众参与的无限扩大可能增加行政管理的难度。同时，信息不对称导致公众在政府绩效管理过程中处于被动，可能未完全发挥其推动城市绿色发展的作用。但随着数字技术的不断发展以及非正式环境规制的不断完善，公众参与将进一步发挥正向作用。总体而言，本书的主要结论保持不变，模型具有一定的稳健性。

增加控制变量后，数字技术与环境规制耦合协调度对城市绿色发展效率的正向作用依然显著，通过了1%的显著性水平检验，重要结论基本保持一致。

综上所述，稳健性检验结果表明基准回归结果具有稳健性，数字技术与环境规制耦合协调对我国城市绿色发展有正向影响的结论相符合。通过增加变量、剔除样本和替换变量进行稳健性检验，主要结论不变。因此，模型具有稳健性。

四、异质性分析

城市绿色转型效果可能因区域经济发展和地理位置因素而产生异质性影响。处于经济发展基础较好、沿海的中心区域的城市绿色发展效率效应可能更加突出。立足于经济发展基础和区域禀赋的差异，按照东部、中部、西部地区及经济发展程度对样本进行划分甄别。检验数字技术与环境规制的耦合对城市绿色发展效率的异质性影响。根据国家统计局公布的"中国人均地区生产总值"，比较样本区域前一年的人均 GDP 是否超过我国整体的人均 GDP 水平。首先，将样本区域区分为经济欠发达区域（包含湖南、宁夏、

青海、江西、四川、西藏、广西、安徽、云南、甘肃、贵州 11 个省份的
105 个城市）和经济较发达区域（包含 19 个省份的 180 个城市）。其次，按
照行政区域划分，将样本分成东部地区（114 个城市）、中部地区（105 个
城市）和西部地区（66 个城市）的三个子样本。异质性检验结果如表 6 - 5
所示。

表 6 - 5　　　　　　　　　　　　　　异质性分析

变量	按经济发达程度		按区域规划		
	经济较发达地区	经济欠发达地区	东部地区	中部地区	西部地区
CCD	0. 3467 *** (7. 07)	0. 2746 ** (2. 19)	0. 3122 *** (6. 13)	0. 2893 *** (5. 78)	0. 2850 *** (4. 04)
II	0. 0532 * (1. 66)	0. 1000 * (1. 67)	0. 0541 ** (2. 11)	0. 0314 ** (2. 23)	0. 0529 * (1. 67)
PC	0. 0487 *** (7. 45)	0. 0199 *** (4. 05)	00548 *** (11. 27)	0. 0401 (1. 07)	0. 0868 *** (4. 12)
RA	0. 0978 *** (6. 40)	0. 0552 *** (8. 50)	0. 0248 *** (4. 79)	0. 0409 *** (6. 72)	0. 0876 ** (2. 28)
控制变量	Yes	Yes	Yes	Yes	Yes
固定效应	Yes	Yes	Yes	Yes	Yes
N	2700	1575	1710	1575	990
F	15. 80	13. 95	16. 23	14. 64	7. 34
R^2	0. 2151	0. 1800	0. 1427	0. 1329	0. 1588

注：括号中的值为 t 值，*** 、** 和 * 分别表示在 1%、5% 和 10% 水平上显著。

由表 6 - 5 的异质性分析结果可知，数字技术与环境规制耦合推动经济
较发达区域城市的绿色发展效果促进作用显著，且作用效果相对更明显。鉴
于城市绿色发展过程中需要不断调整产业结构，提升要素配置效率，所以具
有长期性和高成本性。经济欠发达的城市发展进程相对较慢。因此，在经济
发达地区的城市，数字技术与环境规制的耦合效果更显著。同时，数字技术

与环境规制在东部地区耦合推动城市绿色发展效率的效果更佳。不同地区的城市在绿色发展进程中具有一定差异，东部地区城市的绿色发展效率更显著。因此，应加大对中西部地区城市绿色发展过程中有关的政府支持政策、数字技术与环境政策等的支持。利用外部制度资本、信息和资源获取优势与积累利用，城市合理配置内部资源实现专款专用，从而做出关于生态创新投资的有效决策，提高城市绿色发展效率。因此，在经济发达地区，在着手推进数字经济发展与环境规制的政策指引作用的同时，加强对数字技术与环境规制耦合效应的重视。进一步推动区域的绿色低碳化发展，利用数字技术与环境规制的耦合效应大力推动城市绿色发展效率。对于二者耦合协调度较低的区域，可先推动数字技术与环境规制的耦合效应。为维持市场地位而具有强烈的创新动机。在政策制定、公布与执行过程中加强与数字技术的进一步对接，实现创新资源公平分配。对于中西部地区城市，可注重开发自身数字技术创新潜力，利用数字技术改善原始的绿色发展绩效。在东部地区，数字技术与环境规制耦合推动公众参与、产业升级和要素配置的路径均显著，而中部地区的产业升级路径不显著，西部地区的要素配置路径不显著。发挥政府与市场的双重指引作用。统筹政府和市场在支撑城市绿色发展方面的协同作用，应充分利用市场活力开展城市数字技术与环境规制指引生态创新活动，给予充分市场和政策保障。据此，根据不同地区的要素禀赋与发展基础，交替发挥不同间接路径，从而实现城市绿色发展效率效应的最大化。

第四节　主要研究结论与启示

本章从理论层面分析数字技术与环境规制的耦合协调机制，构建二者的评价指标体系，测度其耦合协调度。数字技术与环境规制的耦合效应本质在于二者的相互渗透，数字技术手段嵌入环境规制工具中，同时环境规制倒逼数字技术升级，从而形成产业升级、要素配置与公众参与的重要路径。在整合耦合理论、数字创新等视角下，存在产业结构升级、公众参与及产业结构升级并列作为中介变量的多重中介效应。从数字技术与环境规制评价指标体系获得的综合得分能够看出，我国数字技术水平虽然较低但呈现快速提升的发展趋势，环境规制的政策效果较好。数字技术与环境规制耦合协调度具有较大的提升空间。基于中国 2007~2021 年 285 个城市的面板数据，通过采用多重中介模型验证了数字技术与环境规制能够对城市绿色发展效率产生影响，并进一步识别了该过程中产业结构升级、公众参与及要素配置的三条作用路径。

研究结果表明：

（1）数字技术与环境规制耦合强化政策治理执行力、降低信息不对称和加强社会责任意识而推动城市绿色发展效率。城市绿色发展进程中，数字技术的不断发展和多种环境规制工具等政策能够推动其积极实行绿色转型活动。

（2）数字技术与环境规制的耦合协调对产业升级、公众参与和要素配置均有促进作用。通过推动公众参与环境保护，提高产业间协调度并提升要素配置效率，进而有效促进绿色创新。通过倒逼部分资源型城市改善产业结构、提高公众参与度和要素配置效率的路径，对城市绿色发展效率产生影响。数字技术能够在城市进行绿色技术创新过程中，为其提供信息与资源支持，从而正向影响城市的绿色发展效率，环境规制对城市政策指引能够增强城市环境保护意识，加强环境保护约束，从而促进城市完成绿色转型目标。在市场与政策的双重机制下，数字技术与环境规制能够耦合推动城市绿色转型，从而实现城市绿色发展目标。随着我国数字技术的不断完善与创新，其与环境规制的耦合协调度将继续提高，可综合发挥二者对绿色创新的积极影响。政府财政补贴通过推进绿色金融市场，提供资金支持而产生市场效果、绿色效果和技术效果，进而对高排放企业的碳减排效果产生正向影响。

（3）数字技术与环境规制耦合协调度对城市绿色发展具有异质性作用，在经济发达地区和东部地区，其绿色转型效果更好。根据理论体系与经验证据，本书研究深化城市绿色发展效率的内在机理，为推动城市绿色发展效率的耦合治理奠定重要基础。

与现有文献相比，本节结论主要贡献体现有：第一，在理论深化上，与已有研究关注数字技术或环境规制的单一影响不同，本书将二者深度融合与耦合纳入研究，深化对城市绿色发展动力的认识，并分析作用路径和机理。第二，在理论整合上，探索数字技术与环境规制的相互渗透关系，建立整合分析框架。并进行了实证分析和稳健性试验，增强了结论的可靠性。本书的研究结论丰富了有关数字技术与环境规制这一领域的实证研究，为政策与市场规划提供了经验支持。

本书进一步提出以下政策建议：一是运用数字技术推动城市的绿色发展。加速推进环境保护技术的研发及创新工作，重视对新型数据基础设施的技术投资。支持传统产业数字化转型。充分运用数字化的手段来保证环境保护发展的实施，这需要政府通过应用数字技术持续增强处理公众事务、应对公众难题、维护公众权益的能力，从而全方位地优化管理的效能。依靠数字平台赋能。提倡领先的技术和强大的财务实力的主要公司构建数字化的网络系统，以大数据作为提升管理能力的重要抓手。拓展智慧城市建设方向。利用智能信息技术来推动城市低碳化进程。推进数字领域治理体系和能力现代化。二是完善市场机制，放大市场的拉动作用。形成多元共建的市场氛围，推动数据要素配置市场化，通过供求机制、竞争机制和价格机制，实现数据要素的市场化配置，创建开放、透明、活跃、完整的数据要素市场。打造数字基础设施，持续提升宽带网络覆盖水平，深度下沉互联网基础资源。在数据资源丰富的基础上提升数据质量，完善数据流转交易机制。三是优化环境规制工具。为了优化命令控制型的环境保护监管体系，政府需要建立有效的调控手段来为企业提供适当的财务援助与政治支援，以有效地减轻他们在绿色创新过程中所承受的各类压力及挑战。为城市绿色发展提供有力保障的同时，政府还需深化实施市场驱动式的环境保护政策，大力推动形成公平、公正、开放且透明的制度环境。推进环境规制的市场化和公众参与机制。扶持制造业数字化转型项目。政府积极引导制造业细分环节的数字化与绿色化协同转型。实施支持制造业数字化转型的税费优惠政策。通过政府补贴与财税优惠政策，推动制造业的数字化和智能化升级改造，促进创新资源的合理配置和高效循环，促进整体产业技术升级。四是深化技术与政策的多元主体协同。建立政策协同、区域协同、主体协同的智慧城市绿色转型保障机制。形成目标协同、资源协调、部门协作的政策统筹体系，推进城市双碳目标的实现进程。借助区域性多边协作机制，加速信息基础设施建设和通用基础设施智能化改造。形成政府—企业—公众良性互动的治理模式，通过技术创新赋能减排；公众应积极参与城市智慧低碳生活建设，从自身出发落实低碳生活。五是提升城市的数字化技术创新发展水平、生产要素市场化程度和创新水平，以及城市产业结构的更新程度可以实现城市绿色转型的目的。大力开展数字技术创新。通过利用双试点政策优化提升了城市的产业结构，放大要素市场化的创新作用，因地制宜地发挥其优势发展数字化产业，实现产业结构的转型升级。

第五节　本章小结

数字技术与环境规制能够耦合推动我国城市绿色发展。双政策通过数字化创新、要素市场化创新和产业创新三个中介变量来提升城市绿色发展效率的减排激励。从经验层面上，为中国进一步拓展双试点的区域范围提供实证依据和实践指导，为我国进一步实现"碳达峰"与"碳中和"的"双碳"目标提供重要借鉴，为城市建设与我国长期经济可持续发展目标提供经验支持。

第七章

数字技术与环境规制耦合推动
城市绿色发展的门槛效应检验

在第六章中将数字技术、环境规制及二者的耦合协调度与中国绿色发展效率的关系拟合为线性关系，忽略了对非线性关系（"门槛效应"）的考察。不同城市所处阶段有所差异，对城市绿色发展的作用路径可能产生门槛效应。上述研究未对数字技术与环境规制的耦合协调度进行区间划分，故本章以数字技术与环境规制的耦合协调度为切入点，利用非线性的面板门槛模型，探索数字技术与环境规制的耦合协调度可能会存在的若干门槛以及对城市绿色发展多重作用路径的激励效应，进一步通过构建面板门槛模型进行研究，分析数字技术与环境规制的耦合度的非线性关系及特征。

第一节 研究假设

数字技术创新具有技术属性和双重性。数字技术对城市绿色发展具有显著的促进作用，但同时在一定程度上产生"数字鸿沟"，可能引致碳排放等生态问题，在推动城市绿色发展的过程中需利用环境规制加以限制（刘维林和王艺斌，2022；汪东芳和曹建华，2019）。当城市的数字技术与环境规制耦合协调度较低时，环境保护要求与数字技术可能产生不协调或二者无法相互支持的情况。在这种情景下，数字技术创新与改进的过程可能受阻，生产要素向资源与能源利用率高的行业流动速度可能减慢，高污染行业的转型升级或淘汰落后产能进程降速，引致市场需求结构变动，即数字技术与环境规制耦合提升城市绿色发展的效果受到限制。因此，数字技术与环境规制耦合协调度可能对城市绿色发展的三条作用路径产生门槛效应，即对城市绿色发展的作用路径产生非线性影响。

一、产业结构回弹效应

数字技术的发展可以改变产业结构，提高劳动生产率和效率。然而，如果数字技术与环境规制耦合作用不足，则可能会导致产业结构回弹效应。例如，数字技术可替代传统制造业中的一些低附加值环节，如手工装配线作业人员的工作量减少，从而降低了就业机会。研究表明，宏观和微观层面的产业结构升级和数字技术的发展可以改变传统工业结构，提高劳动生产率和效率，从而带动产业结构的优化调整。然而，如果数字技术的发展导致了传统产业的快速衰败，则会导致就业岗位流失和经济衰退等问题。这将进一步加剧环境问题的恶化，降低城市绿色发展的水平。研究表明，宏观和微观层面的产业结构升级可以提高能源利用效率并产生生态效应。但产业结构升级存在反弹效应（刘等，2021）。反弹效应包括三个方面（吴健，1991；汪晓文和刘娟，2019；王长建等，2014）：一是表现为直接反弹效应，能源效率提高后，行业内能源消耗强度仅出现有限程度的下降。二是表现为间接反弹效应。产出增长拉动工业能源消耗增加的间接反弹（二次效应或投入产出效应）。三是总体反弹，在一系列系统性影响（市场出清价格和数量调整或经济整体反弹效应）下，总体能源消费仅出现有限程度的下降。前两者是地方产业层面的，后者是整体经济层面的。现有研究表明，反弹效应不仅在理论上是可能的，而且在现实中也显著存在。值得注意的是，不同生产行业的反弹效果存在较大差异。从微观经济角度来看，反弹效应的微观机制包括收入效应和替代效应（Chitnis & Sorrell，2015；潘雄锋等，2016）。从心理学角度来看，认为反弹效应的心理机制可以概括为道德许可（Blanken et al.，2015；Santarius & Soland，2018），即最初的环境有益行为是减少了后续有益环境行为的可能性。例如，升级节能设备的企业经营者可能认为他们有增加能源消耗的道德许可。滕颖和郑宇航（2023）再次验证了杰文斯悖论：即提高自然资源利用效率不会显著减少对该自然资源的需求，反而会增加。原因是技术进步促进了经济发展和产业结构升级，进一步增加了能源消耗。同时，产业结构升级提高了能源效率，减少了能源需求，导致价格下降，进而导致能源消耗增加、产量扩大（谢里和陈宇，2021）。可计算一般均衡（CGE）模型模拟了能源效率提高对碳排放的影响。反弹效应的存在，部分或全部抵消了产业结构升级带来的能源效率提高进而碳排放减少，因此碳排放量并没有按比例减少。邵明伟等（2018）采用 DEA－Malmquist 指数法测算城市全要素生产率，在定量测算基于中国 19 个城市群 224 个作为"区域空间"的城市 2000～2014 年的面板数据，在采用不同方法分样本估算城市固定资本存量基础上，使用 DEA－Malmquist 指数法测算城市（群）全要素生产率变化并进行分解。结果表明，中国城市群整体综合效率提升没有弥补技术进步贡献下降，使平均全要素生产率（TFP）下降但存在时空差异。杨慧慧（2019）认为，能源效率的提高并不能实现预期的能源节约，因为能效提高期望节约的能源量有可能被收入效应、替代效应和产出效应等机制产生的更大的能源需求抵消，即能源回弹效应的产生。能源回弹效应使能效政策大打折扣，所以，解决资源约束和环境污染问题，能源回弹现象作为能效提高的伴生物必须予以重视。另外，环境管制作为政府进行环境管理的重要手段，其在关注污染物减少的同时，相关节能减排措施也不可避免地影响能源的使用效率，进而对能源的回弹效应产生影响。信息通信技术的普及促进了非金属制造业的能源效率提高，进一步扩大了能源需求，增加了碳排放（陆旸和郭路，2018）。

虽然数字经济对促进城市产业结构升级发挥着关键作用，但其自身节能减碳问题带来的产业结构反弹效应也受到广泛关注。数字基础设施是数字经济发展的重要基础。近年来，随着数据中心、通信基站、边缘计算服务器等数字基础设施的大规模投入和部署，我国数字基础设施发展水平全面提升，包括智能交通、城市大脑等。中国的能源密集型基础设施体系正面临严峻的碳排放挑战。此外，在提供公共服务的数字基础设施运营阶段，数据访问量和计算量也呈指数级增长，导致电力消耗急剧增加。绿色和平组织与工信部电子第五研究所计量测试中心共同编写的《中国数字基础设施脱碳之路：数据中心和5G减碳潜力与挑战（2020—2035）》数据显示，2020年我国中心和5G基站用电量约占社会总用电量的2.7%。随着5G技术和云计算能力的进步，到2035年这一比例将达到5%~7%。可以预见，随着数字技术带动其他行业能源消耗下降，数字行业本身将逐渐成为能源消耗大户。随着数字技术与环境监管耦合度不断增强，要素将从生产率较低的工业部门向生产率较高的工业部门转移，整体经济的要素生产率将会提高。由于不同产业部门的要素生产率不同，要素生产率高的产业部门要素边际报酬高，吸引要素不断流入。要素生产率低的工业部门，要素不断流出，要素的流动会导致产业结构的变化，要素流动的结果会导致整体经济全要素生产率的提高。数字化技术对高耗能行业的推动作用将与抑制高耗能行业过快增长的结构调整初衷相悖，由此产生的反弹效应可能导致数字化节能绩效不佳。因此，数字基础设施的建设并不是越多越好。电力消耗和碳排放的"锁定效应"会导致数字经济在城市绿色发展过程中产生"负"效应，造成数字经济的"绿色悖论"现象。在数字技术驱动城市绿色发展的过程中，可能会对产业结构产生显著的反弹效应。数字技术进步对产业结构升级的触发作用将减弱，陷入"转型低效陷阱"。

另外，数字技术的转型升级将通过经济系统各方面的相互作用影响整体经济。促进产业升级的效应将通过收入效应、替代效应、结构效应等机制对各部门和整体经济产生新的需求，创造能源反弹效应（刘志华等，2022）。由于各部门生产过程中产业技术进步的能源偏向性以及各部门在整体经济中的比重和影响力不同，一些产业优惠政策也导致各部门难以获得要素。因此，产业结构的反弹效应将呈现出产业异质性。可见，产业结构升级带来的能源效率提高所节省的能源，可能会部分或全部被经济主体更新的能源需求所抵消，从而导致产业结构升级带来的节能效果往往失效。结合现有学者的研究，数字技术与环境规制耦合协调的产业升级正向效应不显著。当数字技术与环境监管的耦合协调程度低于阈值时，对产业转型升级的影响并不明显。只有达到或跨越这个门槛，数字技术和环境规制的倒逼和推动机制才会有效反映。

据此，本节提出 H8。

H8：随着数字技术与环境规制耦合协调度的提升，其对城市产业结构升级的影响存在边际效应递减的非线性特征。

二、公众参与的门槛效应

数字经济让公众获取绿色发展问题的信息，将促进公众参与，成为数字经济赋能绿色发展的重要力量。具体举措有：首先，公众可以通过互联网实时获取空气、水等环境质量信息，为参与绿色发展提供信息保障。其次，微博、环境保护自媒体等数字平台优化了公众投诉和管控机制，可以进一步形成对公众自身环境诉求的舆论压力，从而影响公共政策的制定。在政府法规和公众监督的共同调控下，企业主动减少污染物排放的意愿越来越强烈。

但在我国推进城市绿色发展的过程中，公众参与规划的象征意义仍然大于实质意义。基本处于"后参与""被动参与"和"参与冷漠"的初级状态。公众参与过程中面临一系列现实困境。主要表现在，随着数字技术与环境监管的日益结合，在通过数字技术引导公众参与城市绿色发展和公众参与环境监管的过程中，公众参与的无限加大增加了行政管理的力度。按照传统体制，环境法规多体现政府的标准和指导意图，但公众参与的引入，大大增加了城市绿色发展规划中必须考虑和平衡的因素，协调解决矛盾。面对参与程度的不断扩大，参与主体的增加有利于加强规划决策的公正性。然而，随着数字技术与环境监管之间的耦合和协调不断增强，政府往往缺乏反映公众绩效需求的信息。原因在于，公众缺乏参与意识、能力或渠道，政府官员基于理性计算会刻意忽视公众分散的利益诉求。信息不对称导致公众在政府绩效管理过程中的被动角色以及不切实际的绩效期望的表达。首先，由于缺乏足够的绩效信息，难以形成对政府绩效管理的完整认知，导致公众参与的目的仅限于组织者设定的议程，扩大了政府绩效管理与政府绩效管理专业性之间的紧张关系。其次，强化了"掌握的信息较少""缺乏进行复杂计算的能力或意愿""让情绪影响判断"等限制。现实情况中，参与主体数量的不断增加以及各参与主体权益诉求的不断增长，给公众参与环境规制的运行带来了较大障碍。面对不断增加的参与主体，向公众提供相关信息可能需要必要的通信场所。因此，决策行政主体必须花费更多的人力、财力、物力，进一步利用数字技术来收集和整理公共信息，这进一步增加了决策成本，降低了环境监管和数字技术规划决策的行政效率。由于参与各方的期望与最终规划结果存在较大差距，公众对政府更加失望，对参与失去信心。当数字技术与环境规制的结合协调程度低于阈值时，对公众参与的影响并不明显；当达到或跨越阈值时，数字技术与环境规制的执行和促进机制得以实施。

据此，本节提出 H9。

H9：随着数字技术与环境规制耦合协调度的提升，其对公众参与的影响存在边际效应递减的非线性特征。

三、要素配置的门槛效应

要素无效配置和过度拥挤已成为我国要素配置过程中面临的主要问题。在宏观层面，要素错配更多地表现为要素过度投资和要素拥挤。一个部门生产要素投资过多，意味着另一部门投资不足。由于错配在拥有两个以上部门的经济体中更常见，因此需要基于多部门模型来解释要素错配（陈永伟等，2011）。劳动力错配更多地表现为技能水平与岗位的不匹配，如失业、岗位空缺、用工拥挤、技能与岗位需求不匹配、熟练劳动力稀缺、非熟练劳动力过度拥挤等。前沿的劳动力错配领域的研究更多地侧重于从求职模型、工作匹配模型和排队模型等角度进行分析（王林辉和高庆昆，2013）。受多种体制因素影响，要素价格扭曲现象依然普遍存在，严重影响整个制造业内部资源的合理配置，限制了制造业整体效率的提升。值得注意的是，要素价格扭曲的变化对出口产生的负面影响主要集中在采矿业、初级加工等高度依赖资源的行业。由于我国资源性价格改革尚未实施，资源定价过低，这些行业的利润空间巨大（许光清和陈晓玉，2021）。受利润的吸引，过多的资本和劳动力进入这些行业，进而进一步导致这些行业的资本和劳动力成本扭曲。从这个角度来看，我国制造业结构严重扭曲，存在大量低效率的"产能过剩"。进一步促进要素在产业间合理配置，先要加强要素市场建设，特别是建立健全能够灵活反映市场供求关系和资源稀缺程度的资源性产品价格形成机制。因此，通过调整产业结构，优化各产业之间的要素优化配置，是在不过度增加投资的情况下大幅度提高制造业效率的重要途径。当前，我国逐步重视制造业的战略调整（于世海等，2022）。但这次调整主要针对低效企业的关闭和转移，而要素错配的根本原因——价格形成机制建设力度还不够大。由于资本和劳动力的高投入无法长期持续，一国的经济发展最终将依赖于要素生产率的提高，而技术进步是提高要素生产率、促进产出增长的最重要途径。

我国积极利用数字技术提高企业生产力，同时利用《环境保护法》等法律法规关闭或兼并一些效率较低的"落后产能"企业，整合资源。但从配置效应的内在角度来看，数字技术与环境规制的耦合并没有有效治理行业间存在的要素价格扭曲，因此对纠正要素扭曲程度具有负面作用。数字技术进步与环境规制的耦合效应对要素配置产生双向影响：技术进步不仅能引发产出正增长，还会带来高失业率、收入不平等和资源枯竭问题，影响要素收入份额、资本劳动力比率和资本产出比率的变化。原因在于，这种破坏性或负面影响更多是技术不匹配的结果，即技术进步领域的不匹配。适应性技术进步理论认为，如果一个经济体无差别地使用尖端技术，就不能保证其技术的使用能够达到技术创新国家的效率，甚至可能产生相反的效果。并非所有前沿数字技术都适合不同类型的环境监管工具，因为任何技术创新都是一国资本密集度和熟练劳动力的产物，也是一定质量和数量的资本与熟练劳动力组合的结果。同时，在将数字技术嵌入环境监管提高效率的过程中，在指令式环境监管的要求下，一些生产率低下的企业被淘汰，留下高效率的企业仍然利用低成本资源进行环境监管。由于"落后"竞争对手被淘汰，一些剩余的企业在原材料和劳动力方面拥有更强的议价能力，因此可以用更扭曲的价格进行生产。可见，数字技术与环境监管的耦合不利于资源的有效配置。在现实中，数字技术与环境规制的耦合可以提升市场本身的力量，推动各种要素向回报率更高的行业配置，但这些人为的扭曲却推迟了这一过程。可见，只有数字技术进步、资本技能要素与环境规制协调发展，才能实现经济增长和城市绿色发展效率的提升。结合现有学者的研究，积极引导数字技术与环境规制的要素配置效率。在数字技术与环境规制耦合协调度低于门槛值时，对要素配置优化的影响效应不明显，当达到或者跨过该阈值之后，数字技术与环境规制的倒逼机制与推动机制才有所体现。

据此，本节提出 H10。

H10：随着数字技术与环境规制耦合协调度的提升，其对要素配置的影响存在边际效应递减的非线性特征。

第二节　模型建立

一、门槛模型介绍

门槛效应，即某个经济参数的发展趋势在另一个经济参数达到特定数值以后发生转变的现象。传统的门槛效应分析采用的是外生样本分离方法，但基于这一方法得到的参数估计值对门槛值十分敏感，导致回归结果的误差较大，缺乏可靠性。1999 年，汉森（Hansen）发展了新的门槛回归模型。在此模型中，门槛值及门槛个数完全由样本内生决定，因此可以更好地用来分析门槛变量处于不同阶段时，核心解释变量对被解释变量的非线性影响。在汉森（1999）的面板门槛模型中，当某一变量触达特定临界值后，导致另一个定量性参数态势出现转变的情形称作门槛效应，把引起这一现象发生的临界值称为门槛值。总体门槛模型为非线性函数，但拆分在每个阶段都呈现线性关系。汉森的面板门槛回归模型为：

$$y_{it} = \mu_i + \beta_0 + \beta_1 x_{it} \times I(q_{it} \leqslant \gamma) + \beta_2 x_{it} \times I(q_{it} > \gamma) + \varphi X + \varepsilon_{it} \quad (7-1)$$

其中，i 为地区数；t 为时期；q_{it} 为门槛变量；γ 为待估门槛值；β_i 为待估弹性系数；x_{it} 为解释变量；y_{it} 为被解释变量；X 为无关因子；$I(\cdot)$ 为依据括号内的事件真实性，服从 $0 \sim 1$ 分布的随机函数（事件满足，则函数值为 1，反之为 0）；μ_i 为个体效应。根据示性函数在不同条件下的取值，可以将模型改写成分段函数。若存在多门槛，可在单门槛模型的基础上增加门槛值 γ_i，将模型变为多门槛模型，计算方式不变，此处不再赘述。面板门槛模型以残差平方和最小为本质，通过门槛值将模型划分为不同的区间，每个区间的方差有差异，以此将其他样本进行归类。利用各地级市的面板数据建立面板门槛回归。利用此模型时必须解决的问题，确定门槛变量的阈值及其系数估计以及判断门槛效应的显著性检验。首先，使用穷举搜索（grid search）作为调参手段，估计门槛值，即：

$$\gamma^* = \mathrm{argmin} S(\gamma)$$

其中，$S(\gamma)$ 为残差平方和。各观测值与平均值的差可抵消个体效应，再假定 γ 一个初始值 γ_0，运用 OLS 估计得到相应残差平方和 $S(\gamma_0)$，不同的门槛值对应不同的 $S(\gamma_0)$，选择残差平方和最小情况下对应的 γ 值即为门槛值，假设单门槛已知的情况下逐步探索多门槛。其次，对门槛模型分两步进行检验。一是对门槛模型的显著性检验，以验证此非线性模型存在的必要性。假定模型原假设 H_0：$\beta_1 = \beta_2$，若接受原假设，门槛模型两个分组系数接近一致，则引入门槛模型无效，可直接使用线性回归表示原模型。利用线性模型与门槛模型的残差平方和建立检验拟合性统计量 $F = [S_0 - S(\gamma_0)] / \sigma^2$，$S_0$ 为原假设下线性模型的残差平方和，$S(\gamma_0)$ 为门槛模型的残差平方和，σ^2 为方差的随机项的一致估计。汉森（1999）应用"自助抽样法"（Bootstrap）——利用对大样本极限分布的模拟来取得 F 统计量对应的 P 值以检验显著性。二是验证门槛值的准确性。原假设为：$\gamma_0 = \gamma$，使用最大似然法检验门槛值，其对应的检验统计量为：$LR = [S_0 - S(\gamma_0)] / \sigma^2$，在显著性水平 α 下，当 $LR \leqslant -2\ln(1 - \sqrt{1-\alpha})$ 时，不可以拒绝原假设，表明门槛估计值是一致的。多门槛模型与单门槛模型的检验方法相一致，需要在已经确定的门槛值上另寻他值。

以单一门槛为例，面板门槛模型可表示为：

$$Y_{it} = \mu_i + \beta_1 x_{it} I(q_{it} \leqslant \gamma) + \beta_2 x_{it} I(q_{it} > \gamma) + \varepsilon_{it} \qquad (7-2)$$

其中，$I(\cdot)$ 为示性函数，当条件成立时 $I(\cdot)$ 取 1，条件不成立时 $I(\cdot)$ 取 0；q_{it} 为门槛变量；γ 为门槛值；x_{it} 为核心解释变量；β_1 和 β_2 为待估计系

数；ε_{it} 为随机扰动项。为了使模型更加直观，式（7-2）还可以表示为式（7-3）的分段函数形式：

$$Y_{it} = \begin{cases} \mu + \beta_1 x_{it} + \varepsilon_{it}, & q_{it} \leqslant \gamma \\ \mu + \beta_2 x_{it} + \varepsilon_{it}, & q_{it} > \gamma \end{cases}, \ i = 1, \ 2, \ \cdots, \ n \qquad (7-3)$$

在此基础之上，定义，$\beta = (\beta_1, \ \beta_2)'$，式（7-3）可以进一步简化为式（7-4）：

$$x_{it}(\gamma) = \begin{pmatrix} x_{it} I(q_{it} \leqslant \gamma) \\ x_{it} I(q_{it} > \gamma) \end{pmatrix}$$

$$Y_{it} = \mu_i + \beta_1 x_{it}(\gamma) + \varepsilon_{it} \qquad (7-4)$$

对门槛变量可能出现的门槛值个数开展估计，使用统计软件 Stata 17.0 经过 300 次的重复抽样可得出统计量的 p 值，得到相应门槛效应检验结果，判断门槛效应是否存在。双重门槛检验以单门槛检验为基础，若单门槛检验结果不显著则不需要进行后续多重检验。

二、门槛模型构建

根据汉森（1999）的门槛模型理论，在建立面板门槛模型后，对门槛值进行估计。构建面板门槛模型，检验不同强度的耦合协调度对公众参与、产业升级与要素配置三条路径产生何种影响。分析当城市数字技术与环境规制耦合协调度处于不同区间时，何种路径具有更强的作用效果，从而提出路径组合优化的方案。

依据上述情况，以数字技术与环境规制耦合协调度为说明变量，从横纵双角度探究对被预测变量：产业结构升级、公众参与度及要素配置。将数字技术与环境规制的耦合度 CCD_{it} 设置为门槛变量，γ 为待估计的门槛值，$CONT$ 为系列控制变量，u_{it} 为地区固定效应，v_{it} 为年份固定效应，σ_{it} 为随机扰动项。首先通过 Bootstrap 自抽样的方法重复抽样 300 次；其次将技术创新、产业升级和要素配置分别作为核心变量进行门槛效应的检验。

构建面板门槛模型为：

$$GT_{it} = a'_0 + \varphi'_1 TI_{it}(CCD_{it} \leqslant \gamma_1) + \varphi'_2 TI_{it}(\gamma_1 < CCD_{it} \leqslant \gamma_2)$$
$$+ \varphi'_3 TI_{it}(CCD_{it} > \gamma_1) + \tau'_1 II_{it} + \tau'_2 RA_{it} + \rho'_1 \sum CONT_{it}$$
$$+ \mu_{it} + \nu_{it} + \sigma_{it}$$

$$GT_{it} = a'_1 + \varphi'_4 II_{it}(CCD_{it} \leqslant \gamma_1) + \varphi'_5 II_{it}(\gamma_1 < CCD_{it} \leqslant \gamma_2)$$
$$+ \varphi'_6 II_{it}(CCD_{it} > \gamma_1) + \tau'_3 TI_{it} + \tau'_4 RA_{it} + \rho'_2 \sum CONT_{it}$$
$$+ \mu_{it} + \nu_{it} + \sigma_{it}$$

$$GT_{it} = a'_2 + \varphi'_7 RA_{it}(CCD_{it} \leqslant \gamma_1) + \varphi'_8 RA_{it}(\gamma_1 < CCD_{it} \leqslant \gamma_2)$$
$$+ \varphi'_9 RA_{it}(CCD_{it} > \gamma_1) + \tau'_5 TI_{it} + \tau'_6 II_{it} + \rho'_3 \sum CONT_{it}$$
$$+ \mu_{it} + \nu_{it} + \sigma_{it} \qquad (7-5)$$

门槛估计真实值是当 $LR=0$ 时，门槛变量 CCD 的取值，即似然比统计量的最低点。因此可以通过似然比函数来判断门槛值及其置信区间的真实性。对于面板门槛回归模型主要需要进行两个方面的检验：一方面是对模型门槛效应的显著性检验，原假设为 H_0：$\beta_1 = \beta_2$，即模型不存在门槛效应，可以利用 Bootstrap 方法（自举法）计算得到大样本的渐进 p 值，进而通过比较 p 值是否小于临界值来判断是否存在门槛效应；另一方面是在证明模型存在门槛效应的基础之上，进一步检验所得门槛估计值的真实性，可以通过置信区间来判断。汉森指出，在显著性水平为 α 时，如果 $LR(\gamma) \leqslant -2\ln(1-\sqrt{1-\alpha})$，不能拒绝原假设，$LR(\gamma) > -2\ln(1-\sqrt{1-\alpha})$ 则可以拒绝原假设。借鉴汉森（1999）面板门槛模型，对数据进行自动识别来确定门槛值以内生划分非正式环境规制区间，进而分析耦合协调度与城市绿色发展作用路径之间的非线性关系。

第三节 实 证 分 析

公众参与、产业升级和要素配置是数字技术与环境规制耦合推动城市绿色发展的作用路径。以数字技术与环境规制耦合协调度为门槛变量，构建数字技术与环境规制耦合推动城市绿色发展的面板门槛模型，旨在验证产业结构升级是否存在回弹效应，探索公众支持过程是否产生"公众冷漠"现象，分析要素依赖是否存在扭曲作用。

一、门槛值及 Bootstrap 检验

对于面板门槛模型而言，第一步需要确定门槛的个数。首先，运用 Bootstrap 自助抽样法模拟似然比统计量 300 次进行门槛显著性检验，估计门槛值、置信区间及相关统计量，数字技术与环境规制耦合协调度的门槛模型估计结果如表 7-1 所示。

表 7-1　　　　　　　门槛显著性检验、门槛值及置信区间

核心解释变量	模型	F 值	P 值	5% 临界值	门槛估计值	95% 置信区间
产业升级	双重门槛	56.81	0.000	13.46	0.2282	[0.1249, 0.3179]
					0.6025	[0.4591, 0.7571]
要素配置	双重门槛	23.64	0.027	19.51	0.2374	[0.1451, 0.2567]
					0.6024	[0.4268, 0.7164]
公众参与	无门槛	16.35	0.160	23.39	—	—

资料来源：作者自行整理。

由表 7-1 中结果能够发现，被解释变量为城市绿色发展效率（GT），在选定的观察期内，变量数字技术与环境规制耦合协调度（CCD）作为门槛变量时，选取产业结构升级（II）为核心变量时，其 F 统计量通过双重门槛的显著性检验，在 1% 水平上通过双重门槛检验，即在数字技术与环境规制耦合协调度水平的不同区间内，产业结构升级对城市绿色发展效率产生的固定效应存在显著的门槛效应；选取要素配置（RA）为核心变量时，其 F 统计量通过双重门槛的显著性检验，在 5% 水平上通过双重门槛检验，但是未通过三重门槛检验，这说明在数字技术与环境规制耦合协调度（CCD）水平的不同区间对城市绿色发展效率（GT）的固定效应发生显著变化，且存在显著的双重门槛效应。选取要素配置（RA）为核心变量时，其 F 统计

211

量未通过单一门槛的显著性检验，这说明数字技术与环境规制耦合协调度（*CCD*）水平的不同区间对城市绿色发展效率（*GT*）的固定效应未发生显著变化，不存在显著的门槛效应。

在此基础上，进一步估计以产业结构升级（*II*）与要素配置（*RA*）分别为核心变量的双重门槛模型中核心变量的估计系数，来研究具体固定效应变化的方向和程度。现将核心解释变量分别设置为产业结构升级和要素配置，结果表明，数字技术与环境规制耦合协调度对产业升级和要素配置存在显著的双重门槛效应，数字技术与环境规制耦合协调度门槛模型估计结果如表 7 - 2 所示。

表 7 - 2　　　　数字技术与环境规制耦合协调度门槛模型估计结果

变量	系数	变量	系数
II	—	*II*	0. 6388 *** （13. 57）
RA	0. 1357 *** （3. 74）	*RA*	—
PC	0. 1665 *** （6. 33）	*PC*	0. 3044 *** （5. 36）
FDI	0. 1191 ** （2. 20）	*FDI*	0. 0341 （1. 94）
FS	- 0. 5164 *** （- 3. 93）	*FS*	- 0. 6267 *** （- 4. 72）
Gov	0. 1039 *** （15. 79）	*Gov*	0. 0920 *** （13. 58）
ln*GDP*	0. 2010 *** （7. 03）	ln*GDP*	0. 3020 *** （14. 67）
Urban	2. 4097 *** （13. 11）	*Urban*	2. 2393 *** （12. 08）

续表

变量	系数	变量	系数
$II_{it}(CCD \leqslant 0.2282)$	0.4159 *** (5.61)	$RA_{it}(CCD \leqslant 0.3174)$	0.4616 *** (6.24)
$II_{it}(0.2282 < CCD \leqslant 0.4425)$	0.6831 *** (11.85)	$RA_{it}(0.3174 < CCD \leqslant 0.6024)$	0.5736 *** (13.87)
$II_{it}(CCD > 0.4425)$	0.6042 *** (14.92)	$RA_{it}(CCD > 0.6024)$	0.6700 *** (11.46)
R^2	0.7058	R^2	0.6853

注：*** 和 ** 分别表示在 1% 和 5% 的水平上显著，括号内为 t 值，F 值和 P 值通过 Bootstrap 反复抽样 300 次得到。

根据表 7-2 中的门槛模型的 Bootstrap 检验结果可知，当以数字技术与环境规制耦合协调度作为门槛变量时，产业升级与城市绿色发展效率之间在 1% 的水平上存在明显的双门槛效应，其自抽样的 P 值为 0.000，而三重门槛效应在 10% 的水平上不显著，0.2282 和 0.4425 分别是该模型的两个门槛统计值。因此，对于城市绿色发展效率而言，产业升级存在以数字技术与环境规制耦合协调度为门槛变量的双重门槛效应，对处于不同门槛区间的城市，产业升级能够对城市绿色发展发挥不同程度的作用。产业升级对城市绿色发展效率的影响趋势存在数字技术与环境规制的双重门槛效应，门槛值分别为 0.2282 和 0.4425。随着数字技术与环境规制的耦合协调度不断增强，产业升级对城市绿色发展的影响趋势出现了先大幅升高后微弱降低的影响效果。当数字技术与环境规制的耦合协调度低于第一门槛时，即在区间Ⅰ内，产业升级对于城市绿色发展的影响在 1% 的显著性水平上为 0.4159，产业结构升级与城市绿色发展效率存在正向变动关系；在一门槛值、二门槛值之间，即在区间Ⅱ内，产业升级对城市绿色发展呈现出大幅增强的趋势，在区间Ⅲ内，产业升级对城市绿色发展的效应有所下降。呈现出显著的门槛效应特征。

究其原因，数字技术与环境规制之间的不断渗透能够通过数字产业化与产业数字化而推进产业结构升级。当数字技术与环境规制耦合协调度越过第一个门槛值后，当地政策环境和数字基础设施投资等均得到改善，促进产业向服务高级化的发展。但当跨过第二个门槛值后，政府及企业的环境保护投入处于高成本、低回报的阶段，部分国外的先进数字技术无法引入，当地企业以利益最大化为原则阻碍新兴高技术产业的发展。同时，数字技术存在"数字鸿沟"，随着数字技术的不断精进，区域间数字技术水平存在较大差异。环境规制抑制产业结构高度化的进程，成本效应大于创新补偿；环境规制激发的创新补偿效应逐渐减弱，产业升级呈现回弹效应，不利于城市绿色发展。

关于当以数字技术与环境规制耦合协调度作为门槛变量时，要素配置与城市绿色发展效率之间，与上述判断方法一致，发现在 5% 的水平上存在明显的双门槛效应，其自抽样的 P 值为 0.027，而三重环境规制在 10% 的水平上不显著，0.3174 和 0.6024 分别是该模型的两个门槛统计值。因此，对于城市绿色发展效率而言，要素配置存在以数字技术与环境规制耦合协调度为门槛变量的双重门槛效应，对处于不同门槛区间的城市，产业升级能够对城市绿色发展发挥不同程度的作用。要素配置对城市绿色发展的非线性影响，会随着数字技术与环境规制耦合协调度门槛作用出现逐级升高的效果。当数字技术与环境规制耦合协调度较低时（第一个门槛值 0.2374 之前，数字技术与环境规制处于失调状态），要素配置对城市绿色发展效率的影响在 1% 的显著性水平上为 0.4616，此时，数字技术与环境规制耦合协调度的增长空间较大，二者有待进一步渗透并协同发挥效应。其作用稍高于产业结构调整的宏观影响（系数为 0.4159）。随着数字技术与环境规制耦合协调度的不断提高，对要素配置的优化作用不断增加，数字要素拉动资本、信息、技术等形成资源流，通过匹配效应引导生产要素流动，实现绿色创新。数字技术与环境规制的耦合度不断增加，从而提高要素配置效率。环境规制的要素再分配和资源整合效应将进一步提高。数字技术不断开拓新兴市场，吸引优质资源集聚，促进资源最优配置。在整个区间内，数字技术与环境规制耦合推动产业升级和要素配置而实现城市绿色发展效率。且在不同范围内，产业升级和要素配置对绿色创新的影响具有一定的差异。市场的双门槛作用下，产业结构调整对城市绿色发展效率的作用出现先减弱后增强的转变。

为此，引导不同路径在促进城市绿色发展效率的过程中综合发挥作用。目前我国数字技术处于快速发展过程中，环境规制相对成熟。数字技术与环境规制的耦合协调度可能相对较低，未来具有大幅增长的空间。探寻数字技术与环境规制耦合推动城市绿色发展效率的最优政策体系和多维路径，基于区域要素与发展现状交替发挥不同路径的多重作用，形成推动城市绿色发展效率的优化路径组合。在不同区域的数字技术与环境规制耦合协调度存在差异的背景下，比较公众参与、产业升级和要素配置路径的作用，实现不同路径对城市绿色发展效率的多重交替效能。因此，应根据区域要素禀赋以及耦合效果选择重心不同的绿色创新策略。

二、各门槛值区间内城市数目变化分析

引导不同路径在提高城市绿色发展效率的过程中交替发挥作用。目前我国数字技术处于快速发展过程中，其与环境规制的协调度可能相对较低，未来具有大幅增长的空间。在不同城市的数字技术与环境规制耦合协调度存在差异的背景下，比较公众参与、产业升级和要素配置路径的作用，根据城市要素禀赋以及耦合效果选择重心不同的绿色发展策略。2007 年、2014 年和2021 年中国产业结构升级和要素配置对城市绿色发展效率的空间异质性分布格局如表7-3 所示。

表7-3　产业结构升级和要素配置对城市绿色发展效率的空间异质性统计

门槛区间	年份		
	2007	2014	2021
$CCD \leqslant 0.2282$ 产业结构升级：0.4159 要素配置：0.4616	衢州市、昭通市、内江市、丽江市、玉溪市	无	无

续表

门槛区间	年份		
	2007	2014	2021
0.2282 < CCD ≤ 0.3174 产业结构升级：0.6831 要素配置：0.4616	绍兴市、温州市、东营市、乐山市、资阳市、昆明市、福州市、泸州市、滨州市	合肥市	无
0.3174 < CCD ≤ 0.4425 产业结构升级：0.6831 要素配置：0.5736	保山市、榆林市、普洱市、临沧市、日照市、漯河市、商丘市、巴中市、武威市、泰安市、菏泽市、宁波市等山西、陕西、青岛等省份的 20 个城市	芜湖市、安庆市、马鞍山市、阜阳市、滁州市	无
0.4425 < CCD ≤ 0.6024 产业结构升级：0.6831 要素配置：0.6700	广东、浙江、上海、安徽、江苏、贵州、陕西、江西、河南、云南、湖南、海南、湖北、黑龙江等省份的193 个城市	安徽、福建、陕西、广东、广西、贵州、河北、海南等省份的 77 个城市	安徽、福建、广东等省份的 40 个城市
CCD > 0.6024 产业结构升级：0.6042 要素配置：0.6700	河南、吉林、黑龙江、安徽、浙江、山东、海南、江苏、河北、辽宁等省份的 58 个城市	河北、四川、河南、黑龙江、湖北、湖南、江苏、江西、辽宁、内蒙古、青海、山东、山西、四川、新疆、云南、天津、重庆等省份的 141 个城市	广东、浙江、海南、江苏、河北、上海、黑龙江、湖北、辽宁、内蒙古、河南、湖北、辽宁、山西等省份的 245 个城市

资料来源：作者自行整理。

　　根据数字技术与环境规制耦合协调影响产业结构和要素配置的作用区间，能够将数字技术与环境规制耦合协调度划分为五个区间。通过对不同城市数字技术与环境规制的耦合演变情况的研究，根据门槛区间的结果，为城市提供一个可行的参考框架，以期更好地实现城市绿色发展，提出更有效的对策建议和组合策略，获得重要的政策优化启示。从表 7－3 中可以直观地看出以下内容。

　　随着时间的推移，数字技术与环境规制耦合协调度处于第一区间

（$CCD \leqslant 0.2282$）和第二区间（$0.2282 < CCD \leqslant 0.3174$）的城市数量不断减少，跨过第二区间的城市逐渐增多，2014 年，除了合肥市外，其余城市均分布在更高的三个区间内；前三个区间的城市数量逐渐减少，并在 2014 年缩减到 0，数字技术与环境规制的耦合效果不断增强。

在 2021 年，全部城市进入数字技术与环境规制耦合协调度的第四区间（$0.4425 < CCD \leqslant 0.6024$）和第五区间（$CCD > 0.6024$），进入第五区间的城市逐渐增加到 245 个，广泛分布在我国东部、中部和西部地区。从不同年度的分布表中可以发现，中国整体的数字技术与环境规制的耦合水平得到不断的提高。随着各个地区重视环境规制工具及组合效果的加强，数字技术创新水平不断提高，当数字技术与环境规制耦合协调度处于第四区间（$0.4425 < CCD \leqslant 0.6024$）时，产业结构升级与要素配置均能够对城市绿色发展产生最大的正向效应，驱动城市绿色发展效率进一步提高。数字技术与环境规制耦合协调度较低时，对产业结构升级与要素配置产生的促进程度较低；而随着数字技术与环境规制耦合协调度跨过前两个区间后，对产业结构升级与要素配置产生的促进程度进一步增强。总体来看，中国数字技术与环境规制耦合协调度不断提高；同时伴随各地区政府逐渐重视政策与技术创新双驱动程度的加强，城市绿色发展效率不断提高。

第四节　本章小结

在本章中，基于公众参与、产业升级和要素配置的三条作用路径，利用面板门槛模型探索数字技术与环境规制耦合协调度的门槛效应。根据数字技术与环境规制耦合协调度的有效区间，为不同城市利用数字技术与环境规制耦合推动城市绿色发展提供路径指引，以期提供有效的实践依据和政策支持。

第八章

研究结论与政策建议

　　随着经济持续高速发展，我国的城市环境质量逐渐恶化，不利于城市的可持续绿色发展。我国大力推进城市绿色发展，旨在不破坏经济发展的同时实现生态环境保护目标。城市绿色发展过程中逐渐形成新型经济增长和发展方式。本书整合耦合理论、数字创新、波特假说和信息不对称等理论，深入探讨了我国数字技术与环境规制耦合推动城市绿色发展的作用机制。第一，建立非期望产出 SBM–DEA 模型测度城市绿色发展效率。在此基础上，基于数字技术的发展阶段及环境规制的不同类型工具，构建评价指标体系并运用熵值法计算数字技术与环境规制得分。第二，从理论上分析数字技术与环境规制的耦合协调机制，基于我国 285 个地级及以上城市的 2007～2021 年面板数据，建立数字技术和环境规制的 PVAR 模型，通过 Granger 因果关系检验和脉冲响应分析等方法从时间尺度分析数字技术与环境规制的交互响应关系。第三，运用耦合协调度模型测度城市的数字技术与环境规制耦合协调度，并基于 Dagum 基尼系数分解与核密度估计方法刻画耦合协调度的空间格局及动态演进。第四，建立多期双重差分模型验证我国数字技术与环境规制双重政策的城市绿色发展效应。第五，建立面板固定效应模型与门槛模型讨论数字技术与环境规制耦合协调度等变量的引入对于城市绿色发展效率的影响，从而根据回归结果提出我国城市绿色发展的对策建议。

第一节　研究结论

基于实证分析，本书得出以下主要结论。

结论1：基于超效率SBM模型的城市绿色发展两阶段概念模型结果，可以看出我国城市绿色发展效率水平总体呈现波动中增长趋势，从地区来看，我国东部和中部城市的绿色发展效率较为一致。2007～2014年，我国东部和中部城市的绿色发展效率整体优于西部地区。2014～2021年，我国城市整体的绿色发展效率提升幅度较大，高效率等级城市的分布更加集中，呈现"高高相邻"的分布趋势。城市绿色发展效率时空格局演变规律表明，2021年，效率最优城市集中在中部地区、东北地区、部分东部沿海地区等，而效率无效的城市则较为分散。因此，应根据不同城市所处的发展阶段、经济发展模式及外部环境条件指引城市的绿色发展方向。

结论2：数字技术与环境规制具有互动协调效应与双向因果关系。从地区来看，中部地区数字技术对环境规制的推动作用尚未表现出来。数字技术与环境规制均呈现出相对的经济惯性。城市数字技术与环境规制耦合协调度均值在0.50～0.90，个别地区处于濒临失调和磨合协调阶段，多数地区处于初级耦合和中级耦合阶段。据此，进一步提出针对性的数字技术与环境规制耦合协调共生调控策略。

结论3：低碳城市试点和智慧城市试点的双试点政策可以明显提升中国城市的城市绿色转型效果，提高城市的低碳发展水平，在不抑制经济增长的前提下实现城市绿色转型效应。相较单试点政策，双试点政策的城市绿色转型效果虽然得到了提高，但首先作为低碳城市试点其次作为智慧城市试点，更能够实现城市的低碳城市绿色转型效果。究其原因，低碳城市试点政策为城市的低碳发展提供了政策导向，而智慧城市建设为城市的低碳发展提供了技术手段，从而为我国进一步的低碳经济发展提供了经验支持。中西部地区城市在双试点政策下的城市绿色转型效果更为突出，而智慧城市试点则可以对中西部地区产生强大的先进技术应用推动力，双试点制度可以更有效地推进城市绿色转型工作，展现良好的靶向性特征。双试点政策通过引领城市绿色转型目标，同时推动技术创新、要素市场化和产业结构调整等发挥城市绿色转型效应。

结论4：数字技术与环境规制能够耦合推动我国城市绿色发展。二者通过协同推动产业结构升级、要素优化配置与公众参与而提升城市绿色发展效率。从经验层面上，为中国进一步拓展双试点的区域范围提供实证依据和实践指导，为我国进一步实现"碳达峰"与"碳中和"的双碳目标提供重要借鉴，为城市建设与我国长期经济可持续发展目标提供经验支持。

结论5：数字技术与环境规制耦合协调度的门槛效应结果表明，公众参与未对城市绿色发展产生门槛效应，而产业结构的优化升级与要素优化配置在数字技术与环境规制耦合推动城市绿色发展过程中，均具有双重门槛效应，在不同的门槛效应区间内，对提升城市的绿色发展效率影响不一致，应分情况具体讨论。基于数字技术与环境规制耦合协调度的有效区间，为城市绿色发展效率提供路径指引，以期提供有效的实践依据和政策支持。

第二节　政策建议

为城市绿色发展提供有力保障同时，应大力推动形成公平、公正、开放且透明的制度环境。现代化城市的进步趋势在于实施智慧低碳一体化的策略，利用智能信息技术来推动城市低碳化进程。使城市经济发展和环境保护同步推进，互为补充，最终达成城市持续性发展目标。从供给侧和消费侧同时发力，加大技术创新中能源绿色技术创新的比重，以可再生能源和清洁能源增加带动低碳产品生产，通过网络等现代信息技术宣传低碳消费理念。基于智慧城市大数据平台打造环境保护数据系统，提供技术支撑。政策协同不仅可以应对经济、政治环境等不确定性，也可以降低制度成本、经济损失等，但政策协同的作用会受到多种因素的影响。应建立政策协同、区域协同、主体协同的城市绿色转型保障机制。

一、优化环境规制工具

（一）加大数字化转型等财政支持

政府需要建立有效的调控手段，优化命令控制型的环境保护监管体系，有效地减轻城市在绿色创新与发展过程中所承受的各类压力及挑战。深化实施市场激励性的环境保护政策，强化知识产权的服务供给和市场监督，并致力于提升其创立、应用、维护、管理和服务的质量。更改旧有产业发展策略的目标导向。采用数字化提高环境保护质量作为指导方针，推动传统行业实现数字化转变。政府需增强对数字商品及数字服务消费者群体的支持力度。利用税费减让、价位补贴等方式，刺激数字产品的销售和数字服务的消费，推进环境规制的市场化和公众参与机制。政府积极引导制造业细分环节的数字化与绿色化协同转型。加大数字化转型专项资金扶持力度，避免财政技术投入地区之间差异性大、科研经费结构不合理等问题。鼓励财政投资与制造业发展对接，鼓励财政资本的积极投入。

（二）实施支持制造业数字化转型的税费优惠政策

通过政府补贴与财税优惠政策，推动制造业的数字化和智能化升级改造，促进创新资源的合理配置和高效循环，促进整体产业技术升级。发展高技术的战略规划与实施方案，建立以数字化为核心的先导区，同时鼓励并协助那些满足条件的拥有高新技术的生产商向相关部门提出认证请求和申报材料等事宜。利用数字经济税费优惠政策指引支持制造业数字化转型的政策。积极支持数字经济项目建设与生态环境保护项目建设，给予优先支持，在高新技术产业化等重点领域优先落实。

（三）充分运用数字技术赋能城市绿色发展

1. 深化技术创新制度改革

大力推广新技术产业发展，进而提高资源使用效益。维持良好的生态持续进步趋势，应重点关注创新驱动的增强，调整产业结构，激活市场的动力，提升能耗排放控制标准，加大多样化的环境保护和生态建设的投入，建立起环境保护型的生产系统，打造出一种内外互动、产业相互补充的新型发展模式。从过度依赖自然资源转向节能减排，以实现产业结构的改善，加速对传统主导产业的改革与提升，助力能源转换及可持续发展，依托数字信息技术，在企业层面，广泛应用工业互联网、大数据、云计算、人工智能等数字技术，提高企业柔性生产能力、优化投入产出结构，积极开拓新业态、新模式、新场景，满足多元化、多样化以及个性化定制的需求，释放大数据价值。

2. 推动信息统计与分析

建立企业生产信息库，保证各管理部门、各生产管理主体间信息交流的顺畅性。精准数字化转型发展的主动权。建立自动化、智能化、综合型的资源配置信息网络平台。完善组织数字化制度。利用大数据可以克服企业空间和时间上的组织分割性。逐步建立由组织制度经验决定先行、数据分析决策支撑和检验的模式。以数据信息互动、经验交流为主要内容的管理体系。加强企业之间的数据交流，发挥数据价值，系统推进数据创新的开发、传播和利用，促进智能化发展与价值实现。

3. 加快数字平台的建设与完善

一是加强反垄断监管与责任落实。以区域数字经济服务平台等建设为契机，审慎推进平台开放与数据互联互通。通过数字平台市场的互操作性，缩小平台巨头与其他中小数字平台企业的数据优势差异，赋予现有竞争对手更加公平的竞争机会，提升新进入市场者加入平台和竞争的能力。二是强化信息知识产权保护。坚持以知识产权全链条集成改革为主线，加大知识产权保护力度。消除政府管理部门与企业之间的数据交流壁垒，实现公共和企业间数据资源共享。三是推进智慧智能园区建设。围绕生产消费、技术创新、能源环境保护等领域推进智慧智能园区建设。推动数字服务平台建设，架构助力数字经济集群发展的数字云平台和数字经济大数据资源中心。推进数字经济的生态化、融合化和一体化。通过智慧智能园区的建设，推动数字化与制造业的高度融合与协同共生。打造数字基础设施，持续提升宽带网络覆盖水平，深度下沉互联网基础资源。在数据资源丰富的基础上提升数据质量，完善数据流转交易机制。

二、拓展低碳智慧城市建设方向

（一）形成目标协同、资源协调、部门协作的技术政策统筹体系

智慧城市试点政策可与低碳城市、节能减排、碳市场、韧性城市等政策试点相结合，推进城市"双碳"目标的实现进程。注重低碳城市试点政策和智慧城市试验政策措施相互之间的协调效果。双试点政策相较单试点政策的城市绿色转型目标效果更强。政府部门在开展城市绿色转型目标实施时，在设定城市绿色转型目的的政策措施之外，还应充分考虑到一系列非正式政策措施的协调作用。对于已成为智慧城市试验的城市，可尽快加强低碳城市政策的指引作用，从而从政策措施和技术手段的两个层次实现城市的低碳发展目标。

（二）增强城市间的交流与合作

借助区域性多边协作机制（如长三角生态绿色一体化发展示范区），加大对于重点减排地区的资金、技术和政策支持力度，以及加速信息基础设施建设和通用基础设施智能化改造。同时，由于智慧城市试点政策的城市绿色转型效应主要体现在经济发展水平较高的城市，此类城市应树立模范榜样作用，总结先进经验，带动邻近城市实现城市绿色转型。智慧城市试点政策城市绿色转型作用的发挥需要该城市有一定的经济基础，这要求经济发展水平较低的城市仍然要将经济发展作为其首要目标。对于省会城市和副省级城市而言，必须继续加强相关投资，扩大智慧城市建设范围，发挥示范效应和辐射作用。须加大相关财政投入，针对智慧城市建设的薄弱环节提出改进方案。

（三）形成政府—企业良性互动的治理模式

构建政府引导、企业参与、社会监督的智慧城市治理模式，充分发挥地方政府的作用，明确政府的角色定位，强化政府领导作用，营造良好政企关系，激发企业家活力，培育智慧城市人才队伍，健全智慧城市管理体制，完善智慧城市运行机制，不断探索新型智慧城市管理方式。政府引导企业参与智慧城市建设，提供政策扶持，鼓励企业自主创新，探索新型商业模式，培育新兴产业，构建智慧城市生态系统，实现智慧城市建设的目标。政府应当制定相应的激励政策，吸引更多的企业参与智慧城市建设。政府应着力完善智慧城市的顶层设计、监管与法制建设工作；企业应抓住机遇加快数字化转型和智慧治理创新，通过技术创新赋能减排。提倡领先的技术和强大的财务实力的主要公司构建数字化的网络系统，同时也倡导这些大型公司使用在线的交流工具来促进小规模公司的需求匹配、商品交易、协作援助等多种功能的使用，推动大小型企业供应链各个阶段的企业之间建立良好的合作关系，并迅速构筑完善的行业生态环境。

三、深化技术与政策的多元主体协同

（一）推进产业升级

关注提升城市绿色发展效率及低碳目标，不能忽视回弹效应对于节能减排政策的影响力。为了充分释放能源节约的效果，需要采取一些辅助措施来控制回弹效应，以此保障尽可能大的节能潜力得到充分发挥。在智慧城市建设过程中，应综合运用多种手段抑制回弹效应。建立全面的信息共享网络，提升 IPv6 地址数量和 5G 基站建造强度等方面的投入，以改善资源分配。同时，确保基础设施建设项目能够统一管理，以此来增强共用共享的比例，并在如用地供应、能源保证、供电连接、公共资源开放共享等领域为数据中心的建设所需和使用情况提供必要的建设环境支持。布局基础设施网络化，积极扩大新型基础设施的投入，优化制造业生产流程，同数字化结合共同促进产业升级。

（二）要素配置

利用信息价值优化主要产品制作过程，使其能更顺畅无阻地联通各个环节。完善市场机制，放大市场的拉动作用。从顶层提出统一数据格式标准、质量标准、共享交换技术标准等。推动数据大规模流通、交易和共享服务。在数据要素充分市场条件下，推动数据分类分级，强化各类开放数据管理机制。进一步改善产品的流转效率和服务两个市场相互影响的新局面，使产品在产销过程中更加流畅且环保节能地高效运行。完善数据交易标准，明确信息在采集、传输、存储、使用等方面安全的边界和具体要求，缩减不同地区数字经济发展差异以及城乡间数字鸿沟，形成有效的数字经济聚集效应。推进数字领域治理体系和能力现代化。形成多元共建的市场氛围，引导社会资本参与建设。促进市场主体参与互动，有效提升数字化发展水平。推动数据要素配置市场化，规范平台经济治理。探索重点行业典型应用场景，开发推广平台化、组件化的工业互联网系统。推动数字技术在制造企业的运用，降低产业链首尾交易成本。建设完善的要素市场，平衡进入市场的各类要素份额。根据低技术密集型制造业的行业环境和实际创新需求，在行业内部进行融合和扩散。通过供求机制、竞争机制和价格机制，实现数据要素的市场化配置，创建开放、透明、活跃、完整的数据要素市场。

（三）公众参与

公众应积极参与城市智慧低碳生活建设，从自身出发落实低碳生活。通过加速传统产能向新兴动力转变的方式不断深化自身的高效低碳理念并将这种观念融入日常生活中，以便更好地服务大众的需求，助力信息资源能够深入地融入环境规制。政府通过应用数字技术持续增强处理公众事务、应对公众难题、维护公众权益的能力，从而全方位地优化管理的效能（Elmagrhi et al.，2019）。以大数据作为提升管理能力的重要抓手。行政部门积极运用数据技术应对并处置公众服务难题，全方位地对城市环境实施实时监控。探索构建以数据为基础的决策评估系统，以此显著提升政府决定的理性化、前瞻性和精确度。推动数据要素开放共享。政府各级应在维护数据使用法规的前提下，整合运用技术、法律和行政等方式，明确数据资源共享的边界，加速跨层级、跨地域、跨领域的数据资源开放共享。这样才能构建高质量的数据生态系统和流通体系。

四、因地制宜精准施策

（一）充分发挥政府多元政策创新发展的驱动功能

双试点政策通过提升城市的数字化技术创新发展水平、生产要素市场化程度创新水平，以及城市产业结构的更新程度可以实现城市绿色转型的目的。特别是对于拥有较完善的数字设施基础的智慧城市而言，由于具备向更高层次的数字化技术创新发展的技术基础，应充分发挥其优越性，大力开展数字技术创新。通过利用双试点政策优化提升了城市的产业结构，放大要素市场化的创新作用，因地制宜地发挥其优势发展数字化产业，实现产业结构的转型升级。促进产业结构优化。在政府层面，引导制造业的数字化转型和产业发展。数字技术作为产业链体系中的"连接剂"，其对产业融合与产业链一体化有强劲的促进作用。促进制造业和信息业、服务业等产业的融合。促进生产型制造向信息化、服务型制造转变以推动制造业提质增效和转型升级。

（二）注重区域的异质性

我国各城市发展水平差距较大，数字化应用水平不同，在推广智慧城市建设的过程中也需要考虑各个城市的特点，针对基础设施建设、科学研发投入、产业数字化与数字产业化等进行有所侧重的发展。城市绿色转型效果对中西部城市更为有效。因此，中西部城市需要适时调整有关政策措施，并寻找其他有效的低碳城市绿色转型实践以更好地完成"双碳"目标。而城市低碳发展作为一个复杂的系统工程，为了更好地实现双试点政策对城市绿色转型效果的促进作用，政府应当逐步推动信息基础设施建设，对城市电力、燃气、能源、水资源管理等方面实施现代化技术改造。提高了低碳政府政策实施的灵活程度与包容性。对于经济社会发展水平较高的中心城市和大城市，政府应当进一步优化城市的多元创业环境，并借助双试点政策推动城市的低碳发展。

（三）优化城市智能政务管理模式

营造更加良好的经济政策环境。在试点发展质量有所保障的情况下，将有序拓展试验建设区域，促进城市绿色转型效益的迅速提高；探寻试点政府提升城市创新管理水平的多维途径，以优化试点政府执行成效。并凝聚智慧城市建设和低碳城市政策的战略合力，在执行过程中，各政府部门要明晰各自的角色与位置，工作重心在于营造平等有序的市场环境。针对智能城市中各类智能项目的实施，政府需要充分调动市场力量和企业的主导作用，以最终推动智能城市发展和低碳目标的达成。有序推广智慧城市试点政策需要因地制宜精准施策。智慧城市试点政策的城市绿色转型效应受地理区位、经济发展与财政支持、行政级别、资源禀赋等因素影响较大。具体而言，政策试点对中西部资源型城市的城市绿色转型效应较弱，因此，为促进城市绿色转型的高质量发展，中西部资源型城市的智慧城市建设应先与城市产业转型相结合，一方面加大对传统能源清洁低碳化和可再生能源的扶持力度，提高能源的使用效率；另一方面大力推进产业结构的高级化，重视二三产业发展和第二产业的劳动力聚集。注重区域之间的协同发展，消除区域之间的壁垒，畅通区域产业转移与技术转移通道，实现区域间的比较优势与错位发展。

第三节　研究局限与未来展望

结合已有研究理论基础，本书通过实证检验结果并提出对策建议，后续可以从异质性分析拓展、构建数字技术水平指标体系等方面进一步深入研究。

首先，在后续研究中，可以从异质性分析方面进行拓展，聚焦行业异质性、产业异质性或是城乡差异。随着相关数据的不断更新完善，数字技术水平与绿色发展效率的指标数据在不同产业之间、城乡之间更具有一致性与可比性。后续可以就数字技术水平与绿色发展效率的产业异质性、城乡异质性展开更细化深入的研究，或选取部分典型城市进行个案研究，从而为不同产业、区域数字技术水平与绿色发展效率的提升提供更具专业性与针对性的对策建议。

其次，在数字技术水平指标体系构建方面，可更细致地进行研究，值得进一步探讨。随着云计算、大数据与互联网 5G 等新一代数字技术的迭代更新，所能获取的数字技术细分数据更加科学准确，也更加全面。数字技术需要大量电力供应，而传统的发电方式往往会对环境造成极大的损害。因此，如何实现可持续的能源利用成为数字环保的重要任务之一。

最后，数字化进程中的数据安全问题也是不容忽视的一个方面。后续研究中，可以直接使用相关数据对数字技术水平进行测算，构建数字技术水平指标体系的指标选择也更丰富。这增强了研究的针对性与现实意义，也是后续值得关注的重点。

参 考 文 献

［1］卞晨，初钊鹏，孙正林，等．异质性环境规制政策合力与企业绿色技术创新的演化博弈分析［J］．工业技术经济，2022，41（5）：12 – 21.

［2］蔡宁，丛雅静，吴婧文．中国绿色发展与新型城镇化——基于SBM – DDF 模型的双维度研究［J］．北京师范大学学报（社会科学版），2014（5）：130 – 139.

［3］蔡跃洲，马文君．数据要素对高质量发展影响与数据流动制约［J］．数量经济技术经济研究，2021，38（3）：64 – 83.

［4］曹海军，侯甜甜．新时代背景下智慧社区建设：价值、逻辑与路径［J］．广西社会科学，2021（2）：1 – 7.

［5］曹阳，甄峰．基于智慧城市的可持续城市空间发展模型总体架构［J］．地理科学进展，2015，34（4）：430 – 437.

［6］曹玉娟．数字化驱动下区域科技创新的框架变化与范式重构［J］．学术论坛，2019，42（1）：110 – 116.

［7］钞小静，元茹静．数字技术对制造业与服务业融合发展的影响［J］．统计与信息论坛，2023，38（4）：33 – 47.

［8］陈德球，胡晴．数字经济时代下的公司治理研究：范式创新与实践前沿［J］．管理世界，2022，38（6）：213 – 240.

［9］陈明华，李倩，王哲，等．中部地区城市经济高质量发展与生态可持续耦合研究［J］．城市问题，2022（4）：77 – 86.

［10］陈楠，庄贵阳．中国低碳试点城市成效评估［J］．城市发展研究，2018，25（10）：88 – 95，156.

［11］陈少威，贾开．数字化转型背景下中国环境治理研究：理论基础的反思与创新［J］．电子政务，2020（10）：20 – 28.

[12] 陈堂，陈光．数字化转型对产业结构升级的空间效应研究——基于静态和动态空间面板模型的实证分析 [J]．经济与管理研究，2021，42 (8)：22 – 28.

[13] 陈维宣，吴绪亮．通用数字技术扩散的模式、特征与最优路径研究 [J]．经济研究参考，2020 (18)：5 – 17.

[14] 陈晓红，胡东滨，曹文治，等．数字技术助推我国能源行业碳中和目标实现的路径探析 [J]．中国科学院院刊，2021，36 (9)：1019 – 1029.

[15] 陈永伟，胡伟民．价格扭曲、要素错配和效率损失：理论和应用 [J]．经济学（季刊），2011，10 (4)：1401 – 1422.

[16] 程聪，陈锋，杨泽，等．数字技术的逆向塑造：论数字技术的张力 [J]．科学学研究，2023，41 (2)：202 – 211.

[17] 程序．长三角城市群工业生态绿色发展水平测度研究 [D]．吉林：东北电力大学，2019.

[18] 崔立志，陈秋尧．智慧城市渐进式扩容政策的环境效应研究 [J]．上海经济研究，2019 (4)：62 – 74.

[19] 崔璐，杨凯瑞．智慧城市评价指标体系构建 [J]．统计与决策，2018，34 (6)：33 – 38.

[20] 戴祥玉，卜凡帅．地方政府数字化转型的治理信息与创新路径——基于信息赋能的视角 [J]．电子政务，2020 (5)：101 – 111.

[21] 戴翔，杨双至．数字赋能、数字投入来源与制造业绿色化转型 [J]．中国工业经济，2022 (9)：83 – 101.

[22] 单豪杰．中国资本存量 k 的再估算：1952 ~ 2006 年 [J]．数量经济技术经济研究，2008，25 (10)：15.

[23] 邓荣荣，张翱祥．中国城市数字金融发展对碳排放绩效的影响及机理 [J]．资源科学，2021，43 (11)：2316 – 2330.

[24] 丁仕潮，张飞扬．数字技术创新与实体经济高质量发展的耦合协调评价与动态演进 [J]．统计与决策，2023，39 (14)：109 – 113.

[25] 丁玉龙，秦尊文．信息通信技术对绿色经济效率的影响——基于

面板 Tobit 模型的实证研究［J］. 学习与实践，2021（4）：32－44.

［26］董康，孙可可，李平. 数字技术会缩小居民收入差距吗？——来自政府工作报告文本分析的证据［J］. 技术经济，2023，42（1）：90－103.

［27］窦睿音，焦贝贝，张文洁，等. 西部资源型城市绿色发展效率时空分异与驱动力［J］. 自然资源学报，2023，38（1）：238－254.

［28］杜金柱，扈文秀. 数字经济发展对企业创新持续性的影响［J］. 统计与决策，2023，39（3）：21－26.

［29］杜振华，胡春. 数据标准的建构与数字经济的发展［J］. 宏观经济管理，2022（9）：31－39.

［30］樊纲，王小鲁，马光荣. 中国市场化进程对经济增长的贡献［J］. 经济研究，2011，46（9）：4－16.

［31］樊纲，王小鲁，朱恒鹏. 中国市场化指数. 各省区市场化相对进程2011年度报告［M］. 北京：经济科学出版社，2011.

［32］范德成，谷晓梅. 高技术产业技术创新效率关键影响因素分析——基于 DEA－Malmquist 和 BMA 方法的实证研究［J］. 科研管理，2022，43（1）：70－78.

［33］方岚. 数字技术如何赋能产业结构升级：异质性分析与机制检验［J］. 云南财经大学学报，2022，38（12）：33－47.

［34］方卫华，绪宗刚. 智慧城市：内涵重构、主要困境及优化思路［J］. 东南学术，2022（2）：84－94.

［35］冯子洋，宋冬林，谢文帅. 数字经济助力实现"双碳"目标：基本途径、内在机理与行动策略［J］. 北京师范大学学报（社会科学版），2023（1）：52－61.

［36］傅沂，李静苇. 路径构造框架下资源型城市转型的演化博弈与仿真分析［J］. 工业技术经济，2019，38（12）：11－21.

［37］高锡荣，蒋婉莹. 跨部门信息共享：基于制度激励与技术实现的对比分析［J］. 技术管理研究，2016，36（18）：154－159.

［38］高雪莲，王佳琪，张迁，等. 环境管制是否促进了城市产业结构优化？——基于"两控区"政策的准自然实验［J］. 经济地理，2019，39

（9）：122 – 128，137.

［39］葛立宇，莫龙炯，黄念兵.数字经济发展、产业结构升级与城市碳排放［J］.现代财经（天津财经大学学报），2022，42（10）：20 – 37.

［40］郭冬艳.京津冀土地生态安全与经济高质量发展耦合协调研究［D］.长春：吉林大学，2022.

［41］郭昊，商容轩，米加宁.智慧城市：理论缘起、进展与未来方向——基于文献挖掘的发现［J］.电子政务，2022（11）：63 – 73.

［42］郭进.环境规制对绿色技术创新的影响——"波特效应"的中国证据［J］.财贸经济，2019，40（3）：147 – 160.

［43］郭莉，董庆多.环境规制、组织合法性与企业绿色创新［J］.工业技术经济，2022，41（2）：52 – 61.

［44］郭美晨，杜传忠.ICT 提升中国经济增长质量的机理与效应分析［J］.统计研究，2019（3）：3 – 16.

［45］郭美晨.ICT 产业与产业结构优化升级的关系研究——基于灰关联熵模型的分析［J］.经济问题探索，2019（4）：131 – 140.

［46］郭晓川，张晓英，张磊.数字技术融合、战略变革与资源型企业绩效研究［J］.科学管理研究，2022，40（4）：91 – 98.

［47］韩洁平，程序，闫晶，等.基于网络超效率 EBM 模型的城市工业生态绿色发展测度研究——以三区十群 47 个重点城市为例［J］.科技管理研究，2019，39（5）：228 – 236.

［48］韩晶，陈曦.数字经济赋能绿色发展：内在机制与经验证据［J］.经济社会体制比较，2022（2）：73 – 84.

［49］韩璆，董晓珍.数字经济与公众参与治霾行为：影响机理及实证检验［J］.山东财经大学学报，2021，3（3）：69 – 79.

［50］韩少杰，苏敬勤.数字化转型企业开放式创新生态系统的构建——理论基础与未来展望［J］.科学学研究，2023，41（2）：335 – 347.

［51］韩忠雪，张莹.数字化转型与 ESG 表现——基于信息透明度及全要素生产率的中介机制分析［J］.现代管理科学，2023（3）：141 – 150.

［52］郝向举，何爱平，薛琳.智慧城市建设与资源环境承载能力耦合

协调发展的实证［J］. 统计与决策，2022，38（22）：46 – 50.

［53］何爱平，安梦天. 地方政府竞争、环境规制与绿色发展效率［J］. 中国人口·资源与环境，2019，29（3）：21 – 30.

［54］何大安，许一帆. 数字技术创新运行与供给侧结构重塑［J］. 经济学家，2020（4）：57 – 67.

［55］何凌云，马青山. 智慧城市试点能否提升城市创新水平？——基于多期 DID 的经验证据［J］. 财贸研究，2021，32（3）：28 – 40.

［56］何小钢，冯大威，华梦清. 信息通信技术、决策模式转型与企业生产率——破解索洛悖论之谜［J］. 山西财经大学学报，2020，42（3）：87 – 98.

［57］侯杰，李卫东，张杰斐，等. 城市数字经济发展水平的分布动态、地区差异与收敛性研究［J］. 统计与决策，2023，39（13）：10 – 15.

［58］胡东兰，夏杰长. 数据作为核心要素的理论逻辑和政策框架［J］. 西安交通大学学报（社会科学版），2023，43（2）：107 – 118.

［59］胡美娟，孙萍，李在军，等. 长三角城市经济增长与资源环境压力的脱钩效应［J］. 世界地理研究，2022，31（3）：538 – 548.

［60］胡森林，鲍涵，郝均，等. 环境规制对长三角城市绿色发展的影响——基于技术创新的作用路径分析［J］. 自然资源学报，2022，37（6）：1572 – 1585.

［61］胡淑娟，龙佩林，别凡. 数字经济、健康产业与生态环境质量［J］. 统计与决策，2022，38（21）：15 – 18.

［62］华淑名，李京泽. 数字经济条件下环境规制工具能否实现企业绿色技术创新的提质增量［J］. 科技进步与对策，2023，40（8）：141 – 150.

［63］黄和平，谢云飞，黎宁. 智慧城市建设是否促进了低碳发展？——基于国家智慧城市试点的"准自然实验"［J］. 城市发展研究，2022，29（5）：105 – 112.

［64］黄磊，吴传清. 环境规制对长江经济带城市工业绿色发展效率的影响研究［J］. 长江流域资源与环境，2020，29（5）：1075 – 1085.

［65］黄庆华，潘婷，时培豪. 数字经济对城乡居民收入差距的影响及

其作用机制［J］. 改革，2023（4）：53－69.

［66］黄小勇，查育新，朱清贞. 互联网对中国绿色经济增长的影响——基于中国省域绿色竞争力的实证研究［J］. 当代财经，2020（7）：112－123.

［67］黄小勇，查育新. 绿色发展效率的测度评价与驱动因素研究——以长江经济带为例［J］. 价格理论与实践，2022（6）：7－11，42.

［68］黄永春，宫尚俊，邹晨，等. 数字经济、要素配置效率与城乡融合发展［J］. 中国人口·资源与环境，2022，32（10）：77－87.

［69］惠宁，杨昕. 数字经济驱动与中国制造业高质量发展［J］. 陕西师范大学学报（哲学社会科学版），2022，51（1）：133－147.

［70］惠宁，周晓唯. 互联网驱动产业结构高级化效应分析［J］. 统计与信息论坛，2016，31（10）：54－60.

［71］季珏，汪科，王梓豪，等. 赋能智慧城市建设的城市信息模型（CIM）的内涵及关键技术探究［J］. 城市发展研究，2021，28（3）：65－69.

［72］季永月，张丽君，秦耀辰，等. 中国地级及以上城市"四化"水平对绿色发展的空间计量分析［J］. 经济地理，2020，40（4）：184－194.

［73］江小涓，靳景. 数字技术提升经济效率：服务分工、产业协同和数实孪生［J］. 管理世界，2022，38（12）：9－26.

［74］姜松，孙玉鑫. 数字技术创新对实体经济影响效应的实证研究［J］. 科研管理，2020，41（5）：32－39.

［75］蒋明华，吴运建. 空间集聚、空间相关性和智慧城市成长——基于我国智慧城市试点的空间计量研究［J］. 科技管理研究，2015，35（18）：172－178.

［76］蒋选，王林杉. 智慧城市政策的产业结构升级效应研究——基于多期 DID 的经验考察［J］. 中国科技论坛，2021（12）：31－40.

［77］焦勇. 数字经济赋能制造业转型：从价值重塑到价值创造［J］. 经济学家，2020（6）：87－94.

［78］金鹏，周娟. 信息化对旅游产业增长的贡献——基于面板数据分

位数回归的分析 [J]. 旅游学刊，2016，31（4）：71-80.

[79] 金昕，管浩辛，陈松. 环境规制工具如何影响企业绿色技术创新？——基于双重视角的异质效应研究 [J]. 工程管理技术前沿，2022，41（4）：62-68.

[80] 荆文君，孙宝文. 数字经济促进经济高质量发展：一个理论分析框架 [J]. 经济学家，2019（2）：66-73.

[81] 景维民，张璐. 环境管制、对外开放与中国工业的绿色技术进步 [J]. 经济研究，2014，49（9）：34-47.

[82] 孔繁彬. 数字技术与环境治理现代化——基于环境成本公平性视角 [J]. 财经问题研究，2022（8）：65-72.

[83] 孔芳霞，刘新智，何强. 中国城市治理绩效时空演变特征——基于"三生"空间功能视角 [J]. 经济体制改革，2023（1）：42-51.

[84] 李恩极，张晨，万相昱. 经济政策不确定性下的创新决策：企业韧性视角 [J]. 当代财经，2022（10）：102-114.

[85] 李峰，王丹迪. 积极促进京津冀数字经济高质量发展 [J]. 宏观经济管理，2023（9）：71-77.

[86] 李光红，刘德胜，张鲁秀. 信息技术、资源共享与开放式创新——基于新创技术企业的调查 [J]. 江海学刊，2018（6）：248-253.

[87] 李国柱，张婷玉. 环境规制耦合协调度对企业绿色创新的影响——基于非平衡面板分位数回归的研究 [J]. 生态经济，2022，38（12）：136-144.

[88] 李菁，李小平，郝良峰. 技术创新约束下双重环境规制对碳排放强度的影响 [J]. 中国人口·资源与环境，2021，31（9）：34-44.

[89] 李桥兴，杜可. 国家级大数据综合试验区设立对区域数字经济发展影响效应评估 [J]. 科技管理研究，2021，41（16）：81-89.

[90] 李青原，李昱，章尹赛楠，等. 企业数字化转型的信息溢出效应——基于供应链视角的经验证据 [J]. 中国工业经济，2023（7）：142-159.

[91] 李容达，何婧. 数字技术应用与企业创新：机制识别与约束条件

[J]. 金融理论与实践, 2023 (2): 9 – 23.

[92] 李三希, 王泰茗, 武玙璠. 数字经济的信息摩擦: 信息经济学视角的分析 [J]. 北京交通大学学报 (社会科学版), 2021, 20 (4): 12 – 22.

[93] 李爽, 裴昌帅. 经济政策不确定性与资本结构非线性动态调整 [J]. 财经论丛, 2019 (1): 43 – 51.

[94] 李霞, 戴胜利. 面向建设国家中心城市的智慧武汉发展评价及模式优化: 理论与实证 [J]. 中国软科学, 2018 (1): 77 – 89.

[95] 李晓娣, 饶美仙. 区域数字创新生态系统发展路径研究——基于 fsQCA 的组态分析 [J/OL]. 管理工程学报. https://doi.org/10.13587/j. enki. jicem. 2023.06.003.

[96] 李欣, 顾振华, 徐雨婧. 公众环境诉求对企业污染排放的影响——来自百度环境搜索的微观证据 [J]. 财经研究, 2022, 48 (1): 34 – 48.

[97] 李妍, 朱建民. 生态城市规划下绿色发展竞争力评价指标体系构建与实证研究 [J]. 中央财经大学学报, 2017 (12): 130 – 138.

[98] 李毅, 胡宗义, 何冰洋. 环境规制影响绿色经济发展的机制与效应分析 [J]. 中国软科学, 2020 (9): 26 – 38.

[99] 李永红, 黄瑞. 我国数字产业化与产业数字化模式的研究 [J]. 科技管理研究, 2019, 39 (16): 129 – 134.

[100] 李宗显, 杨千帆. 数字经济如何影响中国经济高质量发展? [J]. 现代经济探讨, 2021 (7): 10 – 19.

[101] 栗晓云, 夏传信, 施建军. 数字技术驱动制造企业高质量发展战略研究——基于三一重工、特斯拉和酷特智能的多案例研究 [J]. 技术经济, 2023, 42 (5): 149 – 161.

[102] 廖茂林, 王国峰. 黄河流域城市群经济增长与绿色发展水平脱钩研究 [J]. 城市发展研究, 2021, 28 (3): 100 – 106.

[103] 刘钒, 余明月. 数字技术驱动长江经济带城市转型升级研究——基于长江经济带 44 个城市面板数据的分析 [J]. 科技进步与对策, 2021, 38 (24): 48 – 57.

[104] 刘浩, 张毅, 郑文升. 城市土地集约利用与区域城市化的时空

耦合协调发展评价——以环渤海地区城市为例［J］. 地理研究，2011，30（10）：1805 – 1817.

［105］刘满凤，陈梁. 环境信息公开评价的污染减排效应［J］. 中国人口·资源与环境，2020，30（10）：53 – 63.

［106］刘深. 数字技术对我国工业绿色转型的赋能效应及其地区异质性分析［J］. 桂海论丛，2022，38（2）：64 – 71.

［107］刘淑妍，吕俊延. 破除技术障目：足够智慧的城市发展之道［J］. 同济大学学报：社会科学版，2023，34（1）：88 – 99.

［108］刘维林，王艺斌. 数字经济赋能城市绿色高质量发展的效应与机制研究［J］. 南方经济，2022（8）：73 – 91.

［109］刘晓. 区域城市发展绿色效率的时空演化及政策建议——以湖南省 13 个地级市为例［J］. 城市学刊，2020，41（3）：39 – 44.

［110］刘耀彬，李仁东，宋学锋. 中国区域城市化与生态环境耦合的关联分析［J］. 地理学报，2005（2）：237 – 247.

［111］刘运材，罗能生. 互联网发展对城市绿色全要素生产率的影响——基于全要素生产率分解视角［J］. 软科学，2022，36（7）：46 – 52，61.

［112］刘志华，徐军委，张彩虹. 科技创新、产业结构升级与碳排放效率——基于省际面板数据的 PVAR 分析［J］. 自然资源学报，2022，37（2）：508 – 520.

［113］卢新海，杨喜，陈泽秀. 中国城市土地绿色利用效率测度及其时空演变特征［J］. 中国人口·资源与环境，2020，30（8）：83 – 91.

［114］陆旸，郭路. 环境库兹涅茨倒 U 型曲线和环境支出的 S 型曲线：一个新古典增长框架下的理论解释［J］. 世界经济，2008（12）：82 – 92.

［115］吕寒，王敏，惠宁，等. 科研发展对于智慧城市的驱动效应研究——基于北京、上海、广州面板数据的实证分析［J］. 科技进步与对策，2018，35（24）：1 – 5.

［116］吕铁，李载驰. 数字技术赋能制造业高质量发展——基于价值创造和价值获取的视角［J］. 学术月刊，2021，53（4）：56 – 65，80.

[117] 罗佳，张蛟蛟，李科．数字技术创新如何驱动制造业企业全要素生产率？——来自上市公司专利数据的证据［J］．财经研究，2023，49（2）：95－109，124．

[118] 罗仲伟，陆可晶．转危为机：运用数字技术加速中小企业群体性转型升级［J］．价格理论与实践，2020（6）：10－16，36．

[119] 马海涛，王柯文．城市技术创新与合作对绿色发展的影响研究——以长江经济带三大城市群为例［J］．地理研究，2022，41（12）：3287－3304．

[120] 马回，尹传斌，李志萌．长江经济带绿色发展水平的多维度动态评价［J］．统计与决策，2023（9）：68－73．

[121] 马莉莉，余紫菱，任孟成．"数字—能源"耦合协调及其对能源效率的影响研究［J］．人文杂志，2022（11）：130－140．

[122] 马丽，田华征，康蕾．黄河流域矿产资源开发的生态环境影响与空间管控路径［J］．资源科学，2020，42（1）：137－149．

[123] 马晓君，李艺婵，傅治，等．空间效应视角下数字经济对产业结构升级的影响［J］．统计与信息论坛，2022，37（11）：14－25．

[124] 孟凡坤，吴湘玲．重新审视"智慧城市"：三个基本研究问题——基于英文文献系统性综述［J］．公共管理与政策评论，2022，11（2）：148－168．

[125] 孟凡生，赵艳．智能化发展与颠覆性创新［J］．科学学研究，2022，40（11）：2077－2092．

[126] 孟庆时，余江，陈凤，等．数字技术创新对新一代信息技术产业升级的作用机制研究［J］．研究与发展管理，2021（1）：90－100．

[127] 孟庆时，余江．新一代信息技术产业的技术升级测度研究［J］．科学学研究，2021，39（8）：1407－1417．

[128] 孟天广，赵娟．大数据驱动的智能化社会治理：理论建构与治理体系［J］．电子政务，2018，188（8）：2－11．

[129] 闵路路，许正中．数字经济、创新绩效与经济高质量发展——基于中国城市的经验证据［J］．统计与决策，2022，38（3）：11－15．

［130］衲钦，张慧春．数智环境下匿名数据治理创新对策研究［J］．科学管理研究，2022，40（2）：124 – 130.

［131］潘雄锋，潘仙友，李昌昱．低碳约束对能源强度的倒逼机制研究［J］．当代经济科学，2016，38（6）：34 – 43，123.

［132］彭聪，袁鹏．环境规制强度与中国省域经济增长——基于环境规制强度的再构造［J］．云南财经大学学报，2018，34（10）：37 – 51.

［133］彭璟，李军，丁洋．低碳城市试点政策对环境污染的影响及机制分析［J］．城市问题，2020（10）：88 – 97.

［134］戚聿东，刘欢欢．数字经济下数据的生产要素属性及其市场化配置机制研究［J］．经济纵横，2020（11）：63 – 76.

［135］钱振华，成刚．数据包络分析 SBM 超效率模型无可行解问题的两阶段求解法［J］．数学的实践与认识，2013，43（5）：171 – 178.

［136］钱争鸣，刘晓晨．环境管制、产业结构调整与地区经济发展［J］．经济学家，2014（7）：73 – 81.

［137］秦艳，蒋海勇．低碳试点城市建设与新兴产业发展——基于政策推力与市场拉力双重视角［J］．技术经济与管理研究，2022（3）：117 – 123.

［138］邱金龙，潘爱玲，张国珍．正式环境规制、非正式环境规制与重污染企业绿色并购［J］．广东社会科学，2018（2）：51 – 59.

［139］邱子迅，周亚虹．数字经济发展与地区全要素生产率——基于国家级大数据综合试验区的分析［J］．财经研究，2021，47（7）：4 – 17.

［140］权小锋，李闯．智能制造与成本黏性——来自中国智能制造示范项目的准自然实验［J］．经济研究，2022，57（4）：68 – 84.

［141］任晓松，孙莎．数字经济对中国城市工业碳生产率的赋能效应［J］．资源科学，2022，44（12）：2399 – 2414.

［142］任转转，邓峰．数字技术、要素结构转型与经济高质量发展［J］．软科学，2023，37（1）：9 – 14，22.

［143］邵明伟，金钟范，张军伟．中国城市群全要素生产率测算与分析——基于 2000 – 2014 年数据的 DEA – Malmquist 指数法［J］．经济问题探

索，2018（5）：110－118.

[144] 沈宏亮，金达．非正式环境规制能否推动工业企业研发——基于门槛模型的分析 [J]．科技进步与对策，2020，37（2）：106－114.

[145] 师帅，臧发霞，池佳．新时期我国低碳经济发展面临的机遇与挑战 [J]．理论探讨，2021（2）：115－119.

[146] 石大千，丁海，卫平，等．智慧城市建设能否降低环境污染 [J]．中国工业经济，2018（6）：117－135.

[147] 史修艺，徐盈之．低碳城市试点政策的公平性碳减排效果评估——基于工业碳排放视角 [J]．公共管理学报，2023，20（1）：84－96，173.

[148] 宋德勇，朱文博，丁海．企业数字化能否促进绿色技术创新？——基于重污染行业上市公司的考察 [J]．财经研究，2022，48（4）：34－48.

[149] 宋冬林，孙尚斌，范欣．数据成为现代生产要素的政治经济学分析 [J]．经济学家，2021（7）：35－44.

[150] 宋刚，邬伦．创新2.0视野下的智慧城市 [J]．北京邮电大学学报（社会科学版），2012（4）：53－60.

[151] 宋蕾．智能与韧性是否兼容？——智慧城市建设的韧性评价和发展路径 [J]．社会科学，2020（3）：21－32.

[152] 宋马林，刘贯春．增长模式变迁与中国绿色经济增长源泉——基于异质性生产函数的多部门核算框架 [J]．经济研究，2021，56（7）：41－58.

[153] 苏墨，邹兵，廖琦，等．全域数字化现状数据建设思考 [J]．城市规划，2018，42（z1）．DOI：10.11819/cpr20181316a.

[154] 苏涛永，郁雨竹，潘俊汐．低碳城市和创新型城市双试点的碳减排效应——基于绿色创新与产业升级的协同视角 [J]．科学与科学技术管理，2022，43（1）：21－37.

[155] 孙红梅，雷喻捷．长三角城市群产业发展与环境规制的耦合关系：微观数据实证 [J]．城市发展研究，2019，26（11）：19－26.

[156] 孙巍. 生产投入可处置性测度理论及其非参数方法的应用研究 [J]. 数量经济技术经济研究, 1999 (2): 40 - 42.

[157] 孙燕铭, 谌思邈. 长三角区域绿色技术创新效率的时空演化格局及驱动因素 [J]. 地理研究, 2021, 40 (10): 2743 - 2759.

[158] 孙勇, 张思慧, 赵腾宇, 等. 数字技术创新对产业结构升级的影响及其空间效应——以长江经济带为例 [J]. 软科学, 2022, 36 (10): 9 - 16.

[159] 唐要家, 唐春晖. 数据要素经济增长倍增机制及治理体系 [J]. 人文杂志, 2020 (11): 83 - 92.

[160] 滕颖, 郑宇航. 制造企业数字化对企业碳排放量的影响研究——基于微观视角的"杰文斯悖论"再检验 [J]. 工业技术经济, 2023, 42 (11): 48 - 56.

[161] 田光辉, 李江苏, 苗长虹, 等. 基于非期望产出的中国城市绿色发展效率及影响因素分析 [J]. 经济地理, 2022, 42 (6): 83 - 91.

[162] 田秀娟, 李睿. 数字技术赋能实体经济转型发展——基于熊彼特内生增长理论的分析框架 [J]. 管理世界, 2022, 38 (5): 56 - 74.

[163] 佟贺丰, 杨阳, 王静宜, 等. 中国绿色经济发展展望——基于系统动力学模型的情景分析 [J]. 中国软科学, 2015 (6): 20 - 34.

[164] 汪东芳, 曹建华. 互联网发展对中国全要素能源效率的影响及网络效应研究 [J]. 中国人口·资源与环境, 2019, 29 (1): 86 - 95.

[165] 汪晓文, 刘娟. 城镇化对西部地区生态效率的影响 [J]. 城市问题, 2019 (10): 27 - 38.

[166] 王长建, 张虹鸥, 汪菲, 等. 新疆 1990—2010 年能源消费碳排放反弹效应研究 [J]. 资源与产业, 2014, 16 (6): 124 - 128.

[167] 王帆, 章琳, 倪娟. 智慧城市能够提高企业创新投入吗? [J]. 科研管理, 2022, 43 (10): 12 - 23.

[168] 王分棉, 贺佳, 孙宛霖. 命令型环境规制、ISO 14001 认证与企业绿色创新——基于《环境空气质量标准 (2012)》的准自然实验 [J]. 中国软科学, 2021 (9): 105 - 118.

[169] 王红梅. 中国环境规制政策工具的比较与选择——基于贝叶斯模型平均（BMA）方法的实证研究 [J]. 中国人口·资源与环境, 2016, 26 (9): 132-138.

[170] 王佳元. 数字经济赋能产业深度融合发展：作用机制、问题挑战及政策建议 [J]. 宏观经济研究, 2022 (5): 74-81.

[171] 王嘉丽, 宋林, 张夏恒. 数字经济、产业集聚与区域电子商务创新效率 [J]. 经济问题探索, 2021 (9): 156-165.

[172] 王金明, 斯建华. 数字技术跨国垄断、"卡脖子"困境与统一大市场构建 [J]. 云南社会科学, 2023 (3): 99-111.

[173] 王黎萤, 楼源, 赵春苗, 等. 标准与知识产权推进数字产业创新理论与展望 [J]. 科学学研究, 2022, 40 (4): 10.

[174] 王林辉, 高庆昆. 要素错配水平及其对全要素生产率作用效应的研究 [J]. 经济学动态, 2013 (6): 61-67.

[175] 王敏, 李亚非, 马树才. 智慧城市建设是否促进了产业结构升级 [J]. 财经科学, 2020 (12): 56-71.

[176] 王谦, 付晓东. 数据要素赋能经济增长机制探究 [J]. 上海经济研究, 2021 (4): 55-66.

[177] 王淑贺, 王利军. 环境规制效率和绿色经济效率耦合的时空格局及影响因素 [J]. 兰州财经大学学报, 2021, 37 (3): 78-89.

[178] 王帅龙, 孙培蕾. 文明城市评选对绿色低碳高质量发展的影响 [J]. 统计与决策, 2023, 39 (19): 82-86.

[179] 王帅龙. 数字经济之于城市碳排放："加速器"抑或"减速带"? [J]. 中国人口·资源与环境, 2023, 33 (6): 11-22.

[180] 王伟玲, 王晶. 我国数字经济发展的趋势与推动政策研究 [J]. 经济纵横, 2019 (1): 69-75.

[181] 王晓红, 张少鹏, 李宣廷. 创新型城市建设对城市绿色发展的影响研究 [J]. 科研管理, 2022, 43 (8): 1-9.

[182] 王星. 低碳城市试点如何影响城市绿色技术创新?——基于政府干预和公众参与的协同作用视角 [J]. 兰州大学学报（社会科学版），

2022, 50 (4): 41 – 53.

[183] 王旭, 杨有德, 王兰. 权变型信息披露: 外部融资对企业绿色创新平滑失效的新解释 [J]. 管理评论, 2022, 34 (8): 123 – 133.

[184] 王颖, 周健军. 智慧城市试点能否促进经济增长?——基于双重差分模型的实证检验 [J]. 华东经济管理, 2021, 35 (12): 80 – 91.

[185] 王振源, 段永嘉. 基于层次分析法的智慧城市建设评价体系研究 [J]. 技术管理研究, 2014 (17): 165 – 170.

[186] 魏冬, 冯采. 空气污染对地区科技创新水平的影响研究——基于专利授权大数据的证据 [J]. 南方经济, 2021 (8): 112 – 134.

[187] 魏丽莉, 侯宇琦. 数字经济对中国城市绿色发展的影响作用研究 [J]. 数量经济技术经济研究, 2022, 39 (8): 60 – 79.

[188] 魏胜强. 论绿色发展理念对生态文明建设的价值引导——以公众参与制度为例的剖析 [J]. 法律科学 (西北政法大学学报), 2019, 37 (2): 25 – 38.

[189] 魏守华, 钱非非. 低碳城市建设能否助力中国环境技术提升? [J]. 现代经济探讨, 2023 (6): 97 – 106.

[190] 温忠麟, 叶宝娟. 中介效应分析: 方法和模型发展 [J]. 心理科学进展, 2014, 22 (5): 731 – 745.

[191] 文传浩, 谭君印, 胡钰苓, 等. 新型基础设施建设对长江上游城市绿色发展的影响研究——基于“三生”空间视角 [J]. 长江流域资源与环境, 2022, 31 (8): 1736 – 1752.

[192] 邬彩霞, 高媛. 数字经济驱动低碳产业发展的机制与效应研究 [J]. 贵州社会科学, 2020 (11): 155 – 161.

[193] 邬晓霞, 张双悦. “绿色发展”理念的形成及未来走势 [J]. 经济问题, 2017 (2): 30 – 34.

[194] 巫瑞, 李飚, 原上伟. 数字经济对区域经济高质量发展的影响研究 [J]. 工业技术经济, 2022, 41 (1): 29 – 36.

[195] 巫细波, 杨再高. 智慧城市理念与未来城市发展 [J]. 城市发展研究, 2010, 17 (11): 56 – 60.

［196］吴健．试论货币政策与产业政策协调配套问题［J］．当代财经，1991（5）：24 - 27．

［197］吴俊杰，郑凌方，杜文宇，等．从风险预测到风险溯源：大数据赋能城市安全管理的行动设计研究［J］．管理世界，2020，36（8）：189 - 202．

［198］吴文恒，牛叔文，郭晓东，等．中国人口与资源环境耦合的演进分析［J］．自然资源学报，2006（6）：853 - 861．

［199］伍格致，游达明．环境规制对技术创新与绿色全要素生产率的影响机制：基于财政分权的调节作用［J］．管理工程学报，2019，33（1）：37 - 50．

［200］武常岐，张昆贤，陈晓蓉．数字化技术，知识转移与组织秩序——一个结构化的理论模型［J］．现代财经：天津财经大学学报，2023（6）：3 - 17．

［201］夏良科．人力资本与 RD 如何影响全要素生产率——基于中国大中型工业企业的经验分析［J］．数量经济技术经济研究，2010，27（4）：78 - 94．

［202］夏明，周文泳，谢智敏．城市数字经济高质量发展协同路径研究——基于技术经济范式的定性比较分析［J］．科研管理，2023，44（3）：65 - 74．

［203］肖宏伟，牛犁．我国经济发展动力结构特征与变革方向［J］．经济纵横，2021（5）：85 - 92．

［204］协天紫光，李江龙．资源依赖、投资便利化与长期经济增长［J］．当代经济科学，2019，41（2）：51 - 65．

［205］谢里，陈宇．节能技术创新有助于降低能源消费吗？——"杰文斯悖论"的再检验［J］．管理科学学报，2021，24（12）：77 - 91．

［206］谢卫红，闫成银，郑迪文，等．制造企业数字化水平如何测度？以广东省制造企业为例［J］．科技管理研究，2023，43（3）：66 - 76．

［207］谢贤君．要素市场扭曲如何影响绿色全要素生产率——基于地级市经验数据研究［J］．财贸研究，2019，30（6）：36 - 46．

[208] 邢小强，周平录，张竹，等．数字技术、BOP 商业模式创新与包容性市场构建 [J]．管理世界，2019，35（12）：116 - 136.

[209] 徐佳，崔静波．低碳城市和企业绿色技术创新 [J]．中国工业经济，2020（12）：178 - 196.

[210] 徐美，刘春腊．湖南省资源环境承载力预警评价与警情趋势分析 [J]．经济地理，2020，40（1）：187 - 196.

[211] 徐维祥，周建平，周梦瑶，等．数字经济空间联系演化与赋能城镇化高质量发展 [J]．经济问题探索，2021（10）：141 - 151.

[212] 徐晓光，樊华，苏应生，等．中国绿色经济发展水平测度及其影响因素研究 [J]．数量经济技术经济研究，2021，38（7）：65 - 82.

[213] 徐盈之，杨英超，郭进．环境规制对碳减排的作用路径及效应——基于中国省级数据的实证分析 [J]．科学学与科学技术管理，2015，36（10）：135 - 146.

[214] 许光清，陈晓玉．考虑能源的中国经济要素再配置效应 [J]．中国人口·资源与环境，2021，31（3）：128 - 137.

[215] 许宪春，任雪，常子豪．大数据与绿色发展 [J]．中国工业经济，2019（4）：5 - 22.

[216] 许竹青，骆艾荣．数字城市的理念演化，主要类别及未来趋势研究 [J]．中国科技论坛，2021（8）：101 - 107，144.

[217] 晏晓娟．数字驱动还是技术掣肘：数字城市治理的反思与实践 [J]．江西社会科学，2022，42（10）：27 - 36.

[218] 杨辰凌，左佐卉，赵振江．关于数字技术引发"数字鸿沟"问题的研究 [J]．新型工业化，2023，13（11）：51 - 58.

[219] 杨达，鲁大伟．基于数字孪生技术的城市绿色治理路径探析 [J]．湖南大学学报：社会科学版，2023，37（5）：64 - 72.

[220] 杨慧慧．环境管制对能源效率与回弹效应的影响研究 [D]．北京：首都经济贸易大学，2019.

[221] 杨俊，李小明，黄守军．大数据、技术进步与经济增长——大数据作为生产要素的一个内生增长理论 [J]．经济研究，2022，57（4）：

103 – 119.

　　[222] 杨岚，周亚虹．环境规制与城市制造业转型升级——基于产业结构绿色转型和企业技术升级双视角分析 [J]．系统工程理论与实践，2022，42（6）：1616 – 1631.

　　[223] 杨思远，王康．数字技术能提升企业业绩吗？——来自中关村海淀技术园的微观证据 [J]．科研管理，2023，44（1）：26 – 36.

　　[224] 杨秀云，从振楠．数字经济与实体经济融合赋能产业高质量发展：理论逻辑，现实困境与实践进路 [J]．中州学刊，2023（5）：42 – 49.

　　[225] 杨学军，徐振强．智慧城市中环境保护智慧化的模式探讨与技术支撑 [J]．城市发展研究，2014，21（7）：1 – 4.

　　[226] 杨艳，王理，廖祖君．数据要素：倍增效应与人均产出影响——基于数据要素流动环境的视角 [J]．经济问题探索，2021，42（12）：118 – 135.

　　[227] 杨友才，王玉聪，魏涛．数字经济是否提高了绿色全要素生产率？[J]．学习与探索，2022（12）：114 – 123.

　　[228] 姚圣文，赵兰香，张耀坤．智慧城市建设提高企业全要素生产率了吗？[J]．科学学研究，2022，40（11）：1957 – 1967.

　　[229] 殷冠文，刘云刚．区划调整的城市化逻辑与效应 [J]．经济地理，2020，40（4）：48 – 55.

　　[230] 殷群，田玉秀．数字化转型影响高技术产业创新效率的机制 [J]．中国科技论坛，2021（3）：103 – 112.

　　[231] 尹翀，贾永飞．政府科技投入影响企业创新的机制分析——基于认知及信息反馈视角 [J]．科技管理研究，2019，39（22）：1 – 10.

　　[232] 尹红，林燕梅．数字环境保护维度的我国环境保护公众参与制度建构 [J]．东南学术，2016（4）：95 – 100.

　　[233] 尹洪英，李闯．智能制造赋能企业创新了吗？——基于中国智能制造试点项目的准自然试验 [J]．金融研究，2022（10）：98 – 116.

　　[234] 于法稳．基于绿色发展理念的精准扶贫策略研究 [J]．西部论坛，2018，28（1）：84 – 89.

[235] 于世海，许慧欣，孔令乾．数字经济水平对中国制造业资源配置效率的影响研究［J］．财贸研究，2022，33（12）：19-34.

[236] 余东华，李云汉．数字经济时代的产业组织创新——以数字技术驱动的产业链群生态体系为例［J］．改革，2021（7）：24-43.

[237] 余妙志，方艺筱．数字化投入与制造业全球价值链攀升——基于49国面板数据的实证分析［J］．工业技术经济，2022，41（10）：24-31.

[238] 余维臻，刘娜．政府如何在数字创新中扮演好角色［J］．科学研究，2021（1）：139-148.

[239] 余伟，陈强．"波特假说"20年——环境规制与创新、竞争力研究述评［J］．科研管理，2015，36（5）：65-71.

[240] 袁航，朱承亮．智慧城市是否加速了城市创新？［J］．中国软科学，2020（12）：75-83.

[241] 袁澍清，王刚．区块链技术与数据挖掘技术对数字经济发展的推动作用研究［J］．西安财经大学学报，2022，35（4）：54-64.

[242] 原毅军，陈喆．环境规制、绿色技术创新与中国制造业转型升级［J］．科学学研究，2019，37（10）：1902-1911.

[243] 岳立，薛丹．黄河流域沿线城市绿色发展效率时空演变及其影响因素［J］．资源科学，2020，42（12）：2274-2284.

[244] 曾刚，胡森林．技术创新对黄河流域城市绿色发展的影响研究［J］．地理科学，2021，41（8）：1314-1323.

[245] 湛泳，李珊．智慧城市建设、创业活力与经济高质量发展——基于绿色全要素生产率视角的分析［J］．财经研究，2022，48（1）：4-18.

[246] 张阿城，王巧，温永林．智慧城市试点、技术进步与产业结构转型升级［J］．经济问题探索，2022（3）：158-175.

[247] 张帆，施震凯，武戈．数字经济与环境规制对绿色全要素生产率的影响［J］．南京社会科学，2022，10（6）：12-20，29.

[248] 张国兴，雷慧敏，马嘉慧，等．公众参与对污染物排放的影响效应［J］．中国人口·资源与环境，2021，31（6）：29-38.

[249] 张华, 冯烽. 非正式环境规制能否降低碳排放？——来自环境信息公开的准自然实验 [J]. 经济与管理研究, 2020, 41 (8): 62 – 80.

[250] 张华. 低碳城市试点政策能够降低碳排放吗？——来自准自然实验的证据 [J]. 经济管理, 2020, 42 (6): 25 – 41.

[251] 张建鹏, 陈诗一. 金融发展、环境规制与经济绿色转型 [J]. 财经研究, 2021, 47 (11): 78 – 93.

[252] 张可, 汪东芳, 周海燕. 地区间环保投入与污染排放的内生策略互动 [J]. 中国工业经济, 2016 (2): 68 – 82.

[253] 张昆贤, 武常岐, 陈晓蓉, 等. 数字化转型对企业环境治理责任主体意识的影响研究——来自环境治理费用的经验证据 [J]. 工业技术经济, 2022, 41 (11): 3 – 12.

[254] 张丽梅, 王亚平. 公众参与在中国城市规划中的实践探索——基于 CNKI/CSSCI 文献的分析 [J]. 上海交通大学学报（哲学社会科学版）, 2019, 27 (6): 126 – 136, 145.

[255] 张辽, 黄蕾琼. 中国工业企业绿色技术创新效率的测度及其时空分异特征——基于改进的三阶段 SBM – DEA 模型分析 [J]. 统计与信息论坛, 2020, 35 (12): 50 – 61.

[256] 张凌洁, 马立平. 数字经济、产业结构升级与全要素生产率 [J]. 统计与决策, 2022, 38 (3): 5 – 10.

[257] 张任之. 数字技术与供应链效率：理论机制与经验证据 [J]. 经济与管理研究, 2022, 43 (5): 60 – 76.

[258] 张荣博, 钟昌标. 智慧城市试点、污染就近转移与绿色低碳发展——来自中国县域的新证据 [J]. 中国人口·资源与环境, 2022, 32 (4): 91 – 104.

[259] 张瑞. "能源—环境—经济中的倒逼" 理论与实证：环境规制, 能源生产力与中国经济增长 [M]. 西安：西南交通大学出版社, 2015.

[260] 张省, 杨倩. 数字技术能力、商业模式创新与企业绩效 [J]. 科技管理研究, 2021, 41 (10): 144 – 151.

[261] 张小筠, 刘戒骄. 新中国 70 年环境规制政策变迁与取向观察

［J］. 改革，2019（10）：16 - 25.

［262］张昕蔚，蒋长流. 数据的要素化过程及其与传统产业数字化的融合机制研究［J］. 上海经济研究，2021（3）：60 - 69.

［263］张修凡，范德成. 数字经济发展赋能我国低碳经济转型研究——基于国家级大数据综合试验区的分析［J］. 科技进步与对策，2023，40（19）：118 - 128.

［264］张修凡，范德成. 碳排放权交易市场对碳减排效率的影响研究——基于双重中介效应的实证分析［J］. 科学学与科学技术管理，2021，42（11）：20 - 38.

［265］张颖，何贞铭.“智慧环保”助力数字环保智慧化［J］. 科技与创新，2021（17）：128 - 129，132.

［266］张永恒，王家庭. 数字经济发展是否降低了中国要素错配水平？［J］. 统计与信息论坛，2020，35（9）：62 - 71.

［267］张泽义，罗雪华. 中国城市绿色发展效率测度［J］. 城市问题，2019（2）：12 - 20.

［268］张志彬. 公众参与、监管信息公开与城市环境治理——基于35个重点城市的面板数据分析［J］. 财经理论与实践，2021，42（1）：109 - 116.

［269］张治栋，秦淑悦. 环境规制、产业结构调整对绿色发展的空间效应——基于长江经济带城市的实证研究［J］. 现代经济探讨，2018（11）：79 - 86.

［270］张中祥，邵珠琼. 辩证和发展地看待“杀手锏”技术和“卡脖子”技术的关系［J］. 国家治理，2020（45）：9 - 14.

［271］张梓妍，徐晓林，明承瀚. 智慧城市建设准备度评估指标体系研究［J］. 电子政务，2019（2）：82 - 95.

［272］赵卉心，孟煜杰. 中国城市数字经济与绿色技术创新耦合协调测度与评价［J］. 中国软科学，2022（9）：97 - 107.

［273］赵建军，贾鑫晶. 智慧城市建设能否推动城市产业结构转型升级？——基于中国285个地级市的“准自然实验”［J］. 产经评论，2019，

10 (5)：46 - 60.

[274] 赵娟，孟天广．数字政府的纵向治理逻辑：分层体系与协同治理 [J]．学海，2021 (2)：90 - 99.

[275] 赵黎明，陈妍庆．环境规制、公众参与和企业环境行为——基于演化博弈和省级面板数据的实证分析 [J]．系统工程，2018，36 (7)：55 - 65.

[276] 赵领娣，张磊，徐乐，等．人力资本、产业结构调整与绿色发展效率的作用机制 [J]．中国人口·资源与环境，2016，26 (11)：106 - 114.

[277] 赵路，高红贵，肖权．中国工业绿色创新效率动态演变趋势及其空间溢出效应研究 [J]．统计与决策，2020，36 (7)：95 - 99.

[278] 赵昕，茶洪旺．信息化发展水平与产业结构变迁的相关性分析 [J]．中国人口·资源与环境，2015，25 (7)：84 - 88.

[279] 赵星，李若彤，贺慧圆．数字技术可以促进创新效率提升吗？ [J]．科学学研究，2023，41 (4)：732 - 743.

[280] 赵云辉，张哲，冯泰文，等．大数据发展、制度环境与政府治理效率 [J]．管理世界，2019，35 (11)：119 - 132.

[281] 郑德凤，臧正，孙才志．绿色经济、绿色发展及绿色转型研究综述 [J]．生态经济，2015，31 (2)：64 - 68.

[282] 郑金辉，徐维祥，陈希琳，等．长江经济带多维产业结构对资源环境承载力影响的空间效应 [J]．长江流域资源与环境，2023，32 (1)：1 - 13.

[283] 郑少华，王慧．大数据时代环境法治的变革与挑战 [J]．华东政法大学学报，2020，23 (2)：77 - 87.

[284] 周迪，周丰年，王雪芹．低碳试点政策对城市碳排放绩效的影响评估及机制分析 [J]．资源科学，2019，41 (3)：546 - 556.

[285] 周冯琦，陈宁，程进．上海低碳城市建设的内涵、目标及路径研究 [J]．社会科学，2016 (6)：41 - 53.

[286] 周亮，车磊，周成虎．中国城市绿色发展效率时空演变特征及

影响因素 [J]. 地理学报, 2019, 74 (10): 2027 - 2044.

[287] 周念利, 包雅楠. 数字服务市场开放对制造业服务化水平的影响研究 [J]. 当代财经, 2022 (7): 112 - 122.

[288] 朱巧玲, 闫境华, 石先梅. 数字经济时代价值创造与转移的政治经济学分析 [J]. 当代经济研究, 2021, 313 (9): 17 - 27.

[289] 逯进, 王晓飞. 低碳试点政策对中国城市技术创新的影响——基于低碳城市试点的准自然实验研究 [J]. 中国地质大学学报 (社会科学版), 2019, 19 (6): 128 - 141.

[290] 庄贵阳, 周枕戈. 高质量建设低碳城市的理论内涵和实践路径 [J]. 北京工业大学学报 (社会科学版), 2018, 18 (5): 30 - 39.

[291] Blanken I, Van De Ven N, Zeelenberg M. A meta-analytic review of moral licensing [J]. *Personality and Social Psychology Bulletin*, 2015, 41 (4): 540 - 558.

[292] Bourbia R, Benslimane A, Teguig D. Blockchain in environmental applications: A systematic literature review, synthesis and roadmap for future research [J]. *Environmental Science and Pollution Research*, 2020, 27 (35): 44248 - 44271.

[293] Bresciani S, Ciampi F, Meli F, et al. Using big data for co-innovation processes: Mapping the field of data-driven innovation, proposing theoretical developments and providing a research agenda [J]. *International Journal of Information Management*, 2021 (60): 102347.

[294] Cai X, Zhu B, Zhang H, et al. Can direct environmental regulation promote green technology innovation in heavily polluting industries? Evidence from Chinese listed companies [J]. *Science of the Total Environment*, 2020 (746): 140810.

[295] Cao X, Deng M, Song F, et al. Direct and moderating effects of environmental regulation intensity on enterprise technological innovation: The case of China [J]. *PloS one*, 2019, 14 (10): 0223175.

[296] Chatti W, Majeed M T. Information communication technology

(ICT), smart urbanization, and environmental quality: Evidence from a panel of developing and developed economies [J]. *Journal of Cleaner Production*, 2022 (366): 132925.

[297] Cheng H K, Feng J, Koehler G J, et al. Entertainment without borders: The impact of digital technologies on government cultural policy [J]. *Journal of Management Information Systems*, 2010, 27 (3): 269 – 302.

[298] Cheng Y, Zhang Y, Wang J, et al. The impact of the urban digital economy on China's carbon intensity: Spatial spillover and mediating effect [J]. *Resources, Conservation and Recycling*, 2023 (189): 106762.

[299] Chitnis M, Sorrell S. Living up to expectations: Estimating direct and indirect rebound effects for UK households [J]. *Energy Economics*, 2015 (52): S100 – S116.

[300] Choi Y S. Smart city development projects in the Republic of Korea [J]. *R – Economy*, 2020, 6 (1): 40 – 49.

[301] Dou Q, Gao X. The double-edged role of the digital economy in firm green innovation: Micro-evidence from Chinese manufacturing industry [J]. *Environmental Science and Pollution Research*, 2022, 29 (45): 67856 – 67874.

[302] Dumitrescu E – I, Hurlin C. Testing for Granger non-causality in heterogeneous panels [J]. *Economic Modelling*, 2012 (29): 1450 – 1460.

[303] Elmagrhi M H, Ntim C G, Elamer A A, et al. A study of environmental policies and regulations, governance structures, and environmental performance: The role of female directors [J]. *Business strategy and the environment*, 2019, 28 (1): 206 – 220.

[304] Estrada – Solano F, May D, Yarime M. Blockchain for sustainability: Applications, challenges, and research opportunities [J]. *Environmental Science & Policy*, 2020 (109): 72 – 84.

[305] Fan F, Lian H, Liu X, et al. Can environmental regulation promote urban green innovation Efficiency? An empirical study based on Chinese cities [J]. *Journal of Cleaner Production*, 2021 (287): 125060.

［306］Fankhauser S. A practitioner's guide to a low-carbon economy: lessons from the UK ［J］. *Climate Policy*, 2013, 13 (3): 345 - 362.

［307］Fare R, Grosskopf S, Lovell C. A. K. Production frontiers ［J］. *Economic Journal*, 2008, 105 (430).

［308］Feng S, Zhang R, Li G. Environmental decentralization, digital finance and green technology innovation ［J］. *Structural Change and Economic Dynamics*, 2022 (61): 70 - 83.

［309］Gao K, Yuan Y. Is the sky of smart city bluer? Evidence from satellite monitoring data ［J］. *Journal of Environmental Management*, 2022 (317): 115483.

［310］Gillani F, Chatha K A, Jajja M S S, et al. Implementation of digital manufacturing technologies: Antecedents and consequences ［J］. *International Journal of Production Economics*, 2020 (229): 107748.

［311］Guo Q, Wang Y, Dong X. Effects of smart city construction on energy saving and CO_2 emission reduction: Evidence from China ［J］. *Applied Energy*, 2022 (313): 118879.

［312］Hai T N, Van Q N, Thi Tuyet M N. Digital transformation: Opportunities and challenges for leaders in the emerging countries in response to COVID - 19 pandemic ［J］. *Emerging Science Journal*, 2021, 5 (1): 21 - 36.

［313］Haini H. Examining the impact of ICT, human capital and carbon emissions: Evidence from the ASEAN economies ［J］. *International Economics*, 2021 (166): 116 - 125.

［314］Hao X, Li Y, Ren S, et al. The role of digitalization on green economic growth: Does industrial structure optimization and green innovation matter? ［J］. *Journal of Environmental Management*, 2023 (325): 116504.

［315］Heo P S, Lee D H. Evolution of the linkage structure of ICT industry and its role in the economic system: The case of Korea ［J］. *Information technology for development*, 2019, 25 (3): 424 - 454.

［316］Hevner A, Gregor S. Envisioning entrepreneurship and digital innovation through a design science research lens: A matrix approach [J]. *Information & Management*, 2022, 59 (3): 103350.

[317] Hurlin C. Testing Granger causality in heterogenous panel data models with fixed coefficients [J]. *LEO Documents de recherche*, 2004 (10).

[318] Ksy A, Ho B. Impacts of ETS allocation rules on abatement investment and market structure [J]. *Energy Economics*, 2021 (5): 142 –158.

[319] Laudien S M, Pesch R. Understanding the influence of digitalization on service firm business model design: a qualitative-empirical analysis [J]. *Review of Managerial Science*, 2019 (13): 575 –587.

[320] Li Z, Wang J. The dynamic impact of digital economy on carbon emission reduction: Evidence city-level empirical data in China [J]. *Journal of Cleaner Production*, 2022 (351): 131570.

[321] Liu D, Jiang J, Feng Y, et al. Data-driven approaches for environmental regulation: Progress, challenges, and future trends [J]. *Environmental Science & Technology*, 2020a, 54 (10): 5900 –5912.

[322] Liu Y, Li Z, Yin X. Environmental regulation, technological innovation and energy consumption-a cross-region analysis in China [J]. *Journal of Cleaner Production*, 2018 (203): 885 –897.

[323] Liu Y, Liu Y, Xiong H, et al. Environmental monitoring in the era of big data: Development and application [J]. *Big Data Research*, 2020b (21): 100158.

[324] Loiseau E, Saikku L, Antikainen R, et al. Green economy and related concepts: An overview [J]. *Journal of Cleaner Production*, 2016 (139): 361 –371.

[325] Lopez L, Weber S: Testing for Granger causality in panel data, IRENE Working Paper 17 – 03, Institute of Economic Research, University of Neuchatel, https: //ideas. repec. org/p/irn/wpaper/17 –03, html, 2017.

[326] Lopez L. Weber S. Testing for Granger causality in panel data [J]. *The Stata Journal*, 2017, 17 (4): 972 –984.

［327］ Nambisan S, Wright M, Feldman M. The digital transformation of innovation and entrepreneurship: Progress, challenges and key themes ［J］. *Research Policy*, 2019, 48 (8): 103773.

［328］ Nilssen M. To the smart city and beyond? Developing a typolny of smart urban innovation ［J］. *Technolnical Forecasting and Social Change*, 2019 (142): 98 – 104.

［329］ Obashi A, Kimura F. New Developments in International Production Networks: Impact of Digital Technologies ［J］. *Asian Economic Journal*, 2021 (8): 1326.

［330］ Pargal S, Wheeler D. Informal regulation of industrial pollution in developing countries: evidence from Indonesia. Journal of political economy, 1996, 104 (6): 1314 – 1327.

［331］ Purnomo A, Susanti T, Rosyidah E, et al. Digital economy research: Thirty-five years insights of retrospective review ［J］. *Procedia Computer Science*, 2022 (197): 68 – 75.

［332］ Rani U, Furrer M. Digital labour platforms and new forms of flexible work in developing countries: Algorithmic management of work and workers ［J］. *Competition & Change*, 2021, 25 (2): 212 – 236.

［333］ Santarius T, Soland M. How technological efficiency improvements change consumer preferences: towards a psychological theory of rebound effects ［J］. *Ecological Economics*, 2018 (146): 414 – 424.

［334］ Shi B, Qiu M. Innovation suppression and migration effect: the unintentional consequences of environmental regulation ［J］. *China Economic Review*, 2017 (4): 173 – 180.

［335］ Si S, Hall J, Suddaby R, et al. Technology, entrepreneurship, innovation and social change in digital economics ［J］. *Technovation*, 2022: 102484.

［336］ Song M, Fisher R, Kwoh Y. Technological challenges of green innovation and sustainable resource management with large scale data ［J］. *Technolog-*

ical Forecasting and Social Change, 2019 (144): 361 – 368.

[337] Song M, Zheng C, Wang J. The role of digital economy in China's sustainable development in a post-pandemic environment [J]. *Journal of Enterprise Information Management*, 2022, 35 (1): 58 – 77.

[338] Tapscott. The Digital Economy Anniversary Edition: Rethinking Promise and Peril in the Age of Networked Intelligence [J]. *Innovation Journal*, 1999, 19 (5): 156 – 168.

[339] Tucker C. Digital data, platforms and the usual [antitrust] suspects: Network effects, switching costs, essential facility [J]. *Review of industrial Organization*, 2019, 54 (4): 683 – 694.

[340] Ulas D. Digital transformation process and SMEs [J]. *Procedia Computer Science*, 2019 (158): 662 – 671.

[341] Wang J, Dong X, Dong K. How digital industries affect China's carbon emissions? Analysis of the direct and indirect structural effects [J]. *Technolny in Society*, 2022 (68): 101911.

[342] Wang L, Chen Y, Ramsey T S, et al. Will researching digital technology really empower green development [J]. *Technology in Society*, 2021 (10): 101638.

[343] Wang X, Zhang L, Zhang X, et al. An IoT-based real-time monitoring system for pollutant emission and environmental quality evaluation [J]. *Journal of Cleaner Production*, 2020 (246): 119057.

[344] Wu H, Hao Y, Ren S. How do environmental regulation and environmental decentralization affect green total factor energy efficiency: Evidence from China [J]. *Energy Economics*, 2020 (91): 104880.

[345] Wu S. Smart cities and urban household carbon emissions: A perspective on smart city development policy in China [J]. *Journal of Cleaner Production*, 2022 (373): 133877.

[346] Wu Y, Yang S, Zhu S, et al. Blockchain technology in environmental governance and management: A systematic review of the literature and future

research directions [J]. *Environmental Science and Pollution Research*, 2021, 28 (17): 20613 – 20634.

[347] Yan Z, Sun Z, Shi R, et al. Smart city and green development: Empirical evidencefrom the perspective of green technological innovation [J]. *Technological Forecasting and Social Change*, 2023 (191): 122507.

[348] Yang H, Lee H. Smart city and remote services: The case of South Korea's national pilot smart cities [J]. *Telematics and Informatics*, 2023 (79): 101957.

[349] Yang Y, Xue X, Li Z, et al. Data analytics and environmental regulation: A systematic literature review and future research directions [J]. *Journal of Cleaner Production*, 2020 (273): 122977.

[350] Yao S, Liao H, Liu Y, et al. Environmental governance by artificial intelligence: Insights from China [J]. *Journal of Cleaner Production*, 2020 (244): 118895.

[351] Zhang W, Liu X, Wang D, et al. Digital economy and carbon emission performance: Evidence at China's city level [J]. *Energy Policy*, 2022 (165): 112927.

[352] Zhang Y, Teoh B K, Wu M, et al. Data-driven estimation of building energy consumption and GHG emissions using explainable artificial intelligence [J]. *Energy*, 2023 (262): 125468.

[353] Zhao Y T, Li X. Research on green innovation countermeasures of supporting the circular economy to green finance under big data [J]. *Journal of Enterprise Information Management*, 2022, 35 (4/5): 1305 – 1322.

[354] Zhou S, Tong Q, Pan X, et al. Research on low-carbon energy transformation of China necessary to achieve the Paris agreement goals: A global perspective [J]. *Energy Economics*, 2021 (2): 105137.